“十二五”应用型规划教材

新型公共关系实践教程

（第2版）

杨　俊　编著

電子工業出版社

Publishing House of Electronics Industry

北京·BEIJING

内 容 简 介

本书共分六大模块：现代公关导论、公关程序、公关专题活动、公关技能、公关礼仪和公关成功之路。

本书强调“学”“术”并举，以“学”引“术”，以“术”导“学”，一切围绕当前国际国内所发生的最新公关事件，突出热点、焦点问题，真正贴近社会、贴近生活、贴近教学。

本书适合各类高校的经济管理、市场营销、文秘、旅游、物流、外贸、法律、工商等专业，既可作为本科院校的公选课教材，又可作为高职高专的实训课教材，还可作为中专、夜校短训班的参考教材和培训教材。

图书在版编目(CIP)数据

新型公共关系实践教程/杨俊编著. —2 版. —北京：电子工业出版社，2015.12
“十二五”应用型规划教材
ISBN 978-7-121-24355-4

Ⅰ. ①新… Ⅱ. ①杨… Ⅲ. ①公共关系学－高等学校－教材 Ⅳ. ①C912.3

中国版本图书馆 CIP 数据核字（2014）第 213918 号

策划编辑：贾瑞敏
责任编辑：周宏敏　　文字编辑：韩　蕾
印　　刷：三河市华成印务有限公司
装　　订：三河市华成印务有限公司
出版发行：电子工业出版社
　　　　　北京市海淀区万寿路 173 信箱　邮编 100036
开　　本：787×1092　1/16　印张：17.25　字数：441.6 千字
版　　次：2009 年 5 月第 1 版
　　　　　2015 年 12 月第 2 版
印　　次：2015 年 12 月第 1 次印刷
印　　数：3 000 册　　定价：37.00 元

凡所购买电子工业出版社图书有缺损问题，请向购买书店调换。若书店售缺，请与本社发行部联系，联系及邮购电话：（010）88254888。

质量投诉请发邮件至 zlts@phei.com.cn，盗版侵权举报请发邮件至 dbqq@phei.com.cn。

服务热线：（010）88258888。

前言

PREFACE

在国家十二五规划正式启动的时刻，我们遵循高等教育重点培养产业升级和企业技术创新的发展型、复合型和创新型技术技能人才的目标，围绕国家创新型发展规划纲要，结合中国公关产业、行业与学科发展的现状，撰写新型实用型公共关系实践教科书，期望将其打造成中国特色的现代公共关系教育教学的精品、典范。

从 20 世纪 80 年代初，公共关系伴随着改革开放的东风传进中华，亿万中华儿女为之而欢呼雀跃，中国公关已经融入世界公关的大潮之中。2008 年 11 月 13 日～15 日，第十八届世界公共关系大会在北京举行，此次会议的主题是“公共关系——构建全球化时代的和谐社会”。这无疑将为中国公关业的腾飞和提升创造良好的机遇，也必将对中国咨询业市场、政府、企业及社会各界产生深远的影响。作为中国公关教育界的一名教授，我为此感到自豪！潮起潮落，几经风雨，几经坎坷，敢问路在何方？路在脚下！我们与公关共舞，我们与世界共舞！因为，我们是中国公关 30 多年历程的创造者与见证者。

在中国高等教育的讲坛上，我们传递公关的火种，如今，亿万学子已经成为社会的栋梁、基石，公关已真正成为当今中国社会不可忽视的力量。

如何打造一本富有时代特色、经典的公关学实践专著？这是摆在中国和世界公关教育者面前的一大难题。我们在浏览国际国内 2000 多种公关教科书、专著的基础上，秉承问题导向，以实践为主、以理论为辅，理论与实践相结合，以敢为天下先的精神，积极探索公关教育教学的新路径。运用国际流行的模块式结构，打破以往的章节形式，以单元为教学单位、以培养学生技能为导向，强调应用，实施目标、任务驱动的崭新教学方式，以“案例学习与分析”为导引，采用“案例讨论”、“关联知识”、“实践与评价”的教学过程，避免传统的“满堂灌”的单向教学范式，始终以学生学习为主导，让学生真正成为学习的主动者，教师成为教学的引导者。我们在教学中一直强调以学生为主体，一切围绕提高学生的学习效率为基本目标，通过典型的案例学习，使学生懂得相关的知识背景，能够独立地分析相关事例，采取科学、客观的方法处理相关的问题，在判断力、敏感性、洞察力和创造力上取得显著的进步。

我们必须改变以往以主观性为主的教学考查范式来评判教学效果，必须面对学生、面对当前的社会生活状况，以“双向沟通”的方式，设计“单元评估”模块，以“单元课程评价表”、“基本能力测评表”和“单元能力测评表”为考查教学双方教学效果的崭新形式，使教学检验有据可依、有法可依、有案可查、有备无患。经过多年的教学检验，这一教学方式具有一定的科学性、客观性和示范性。

我们在当前创建国家级精品课程的基础上，积极推出这一崭新的公关实践教程，目的就是为中国公关教育张目。作为拥有 2000 多年教育史的中国教育工作者、孔子的后裔，我们有义务、也有责任为创造今日世界公关教育的新范式而努力拼搏！

由于我们的学术能力所限，书中可能存在不当与疏漏之处，敬请各位专家、学者不吝赐教！

杨俊

目　录

CONTENTS

第一模块　现代公关导论 /1

第一单元　公共关系、公共关系学、公关员 /2

案例学习与分析 /2

案例讨论 /4

关联知识 /5

一、公共关系含义 /5

二、公关的特征 /6

三、公关的基本原则 /7

四、公关职能 /9

五、公关员 /13

实践与评价 /16

第二单元　公关结构 /21

案例学习与分析 /21

案例讨论 /22

关联知识 /22

一、公关要素 /22

二、社会组织 /22

三、公众 /23

四、传播 /25

实践与评价 /27

第三单元　公关历程 /31

案例学习与分析 /31

案例讨论 /32

关联知识 /32

一、世界公共关系史前史 /32

二、中国公共关系史前史 /32

三、公共关系的职业化阶段 /33

四、现代公共关系产生与发展的条件 /35

五、世界视野中的公共关系 /36

六、中国公共关系发展概况 /38

实践与评价 /45

第二模块　现代公关程序 /49

第一单元　公关调查 /50

案例学习与分析 /50

案例讨论 /51

关联知识 /51

一、公共关系调查的含义、意义和作用 /51

二、公关调查的基本原则 /52

三、公共调查内容 /52

四、公关调查的基本程序 /53

五、公关调查的方法 /54

实践与评价 /55

第二单元　公关策划 /59

案例学习与分析 /59

案例讨论 /62

关联知识 /63

一、公关策划的要素与特征 /63

二、公关策划的原则 /64

三、公关策划的方法与技巧 /64

实践与评价 /65

第三单元　公关实施 /69

案例学习与分析 /69

案例讨论 /73

关联知识 /73

一、公关实施的原则 /74

二、公关活动方式的选择 /74

三、公关方案的有效实施 /77

实践与评价 /78

第四单元　公关评估 /83

案例学习与分析 /83

案例讨论 /84

关联知识 /85

一、公关效果评估的作用 /85

二、公关效果评估的内容 /85

三、公关效果评估的程序 /86

四、公关效果评估的方法 /86

实践与评价 /88

第三模块　现代公关专题活动 /93

第一单元　新闻发布会 /94

案例学习与分析 /94

案例讨论 /96

关联知识 /96

一、新闻发布会的含义和特点 /96
二、新闻发布会的策划和组织 /96
三、策划和组织新闻发布会的注意事项 /98
实践与评价 /98
第二单元　庆典 /105
案例学习与分析 /105
案例讨论 /106
关联知识 /106
一、举行庆典活动的意义 /106
二、庆典类型 /107
三、庆典的组织与安排 /107
实践与评价 /108
第三单元　展览 /117
案例学习与分析 /117
案例讨论 /120
关联知识 /120
一、展览的含义与特点 /120
二、展览的类型 /120
三、展览的组织与策划 /121
四、组织与策划展览的注意事项 /123
实践与评价 /123
第四单元　参观 /127
案例学习与分析 /127
案例讨论 /128
关联知识 /128
一、开放参观的含义与作用 /128
二、开放参观的组织与策划 /128
三、组织和策划开放参观活动的注意事项 /129
实践与评价 /129
第五单元　赞助 /133
案例学习与分析 /133
案例讨论 /134
关联知识 /134
一、赞助的含义和目的 /134
二、赞助的类型 /134
三、赞助活动的组织与策划 /135
四、组织与策划赞助活动的注意事项 /136
实践与评价 /136
第四模块　现代公关技能 /141
第一单元　演讲 /142
案例学习与分析 /142
案例讨论 /144
关联知识 /145
一、演讲的概念 /145
二、演讲的特点 /145
三、公关演讲的作用 /146
四、公关演讲词的结构与撰写规范 /146
五、公关演讲应注意事项 /147
实践与评价 /149
第二单元　谈判 /153
案例学习与分析 /153
案例讨论 /157
关联知识 /157
一、公共关系谈判的含义 /157
二、公共关系谈判的作用 /158
三、公共关系谈判的特征 /158
四、公共关系谈判的原则 /159
五、公共关系谈判的程序 /159
六、公共关系谈判的策略 /160
实践与评价 /162
第三单元　写作 /167
案例学习与分析 /167
案例讨论 /168
关联知识 /168
一、文书的分类 /168
二、公共关系文书的特点 /168
三、公关文书的写作原则 /169
四、公关简报的制作 /170
五、公关简报的特点 /171
六、公共关系宣传资料与自办刊物 /172
七、公共关系新闻的写作要求 /173
八、公共关系礼仪文书 /174
实践与评价 /175
第四单元　广告 /181
案例学习与分析 /181
案例讨论 /182
关联知识 /182
一、公关广告的概念 /182

二、公共关系广告的特点 /183
三、公共关系广告的作用 /183
四、公关广告的类型 /183
五、公关广告运作程序 /185
六、公关广告策划 /187
七、公关广告的制作 /187
八、公关广告效果的检测 /190
实践与评价 /190
第五单元　推销 /195
案例学习与分析 /195
案例讨论 /196
关联知识 /196
一、推销的常见方法 /196
二、推销的程序 /197
实践与评价 /201
第六单元　CI 策划 /205
案例学习与分析 /205
案例讨论 /206
关联知识 /206
一、理念识别系统（MI） /206
二、行为识别系统（BI） /207
三、视觉识别系统（VI） /208
四、CI 与 CS 战略 /209
五、从 CI 到 EPIS——形象构建的新命题 /209
六、CI 导入时机的选择及程序安排 /210
实践与评价 /212
第七单元　危机处理 /217
案例学习与分析 /217
案例讨论 /218
关联知识 /218
一、公关危机的含义和特点 /218
二、公关危机的成因与处理原则 /220
三、公关危机处理程序 /222
四、公关危机处理对策与技巧 /223
五、危机的预防与监控 /225
实践与评价 /226
第五模块　现代公关礼仪 /231
第一单元　日常交往的礼仪 /232
案例学习与分析 /232
案例讨论 /232
关联知识 /232
一、静态礼仪 /232
二、动态礼仪 /234
实践与评价 /240
第二单元　特定场合的礼仪 /243
案例学习与分析 /243
案例讨论 /243
关联知识 /243
一、宴会礼仪 /243
二、舞会礼仪 /245
三、外事礼仪 /245
四、涉外交往礼仪 /246
实践与评价 /247
第六模块　现代公关成功之路 /251
第一单元　公关员的修炼 /252
案例学习与分析 /252
案例讨论 /252
关联知识 /252
公关人员的基本素质 /252
实践与评价 /256
第二单元　公关与谋业 /259
案例学习与分析 /259
案例讨论 /259
关联知识 /259
一、公共关系人员的能力 /259
二、自我推销的方法与技巧 /262
实践与评价 /263
参考文献 /267

第一模块

Module ton

现代公关导论

学习目标

知识学习目标

- 了解公关的概念、特征、原则和职能，认知公关结构、历程，掌握现代公关的定位、学科特征及发展趋向。

能力培养目标

能力模块	能力要求	关键知识
现代公关的目标与要求	1. 能认知现代公关的概念、特征 2. 能运用公关原理分析相关案例 3. 公关员、公共关系、公共关系学的界定	1. 公关、公关员、公共关系学 2. 公关结构 3. 公关发展历程
公关原理与实务	1. 能通过公关实践认知公关原理 2. 能辨析公关与伪公关 3. 能判断现代公关的价值	1. 公关要素 2. 公关特征 3. 公关原则 4. 公关职能 5. 公关历程

第一单元　公共关系、公共关系学、公关员

案例学习与分析

农夫山泉“标准门”风波

一、风气水生的端倪

3月15日，某南方网站报道农夫山泉水中现黑色不明物。对此，农夫山泉回应称，含有天然矿物元素的瓶装水在运输、储存过程中，有时会受到温差等影响而析出矿物盐，但不影响饮用。

3月22日，中国广播网报道，有消费者投诉农夫山泉瓶中有不少棕红色的漂浮物。经销商在未取走问题样品的情况下回复表示，自己是从湖北丹江口工厂进的货，经过厂家检测得出的结果是：棕红色的不明物质为矿物质析出所致，水可以正常饮用。农夫山泉总裁办主任钟晓晓在接受采访时也坚称，农夫山泉的生产工艺肯定没有问题。

二、水源地质疑

3月25日，某南方网站再次报道农夫山泉丹江口水源地污染。报道称，在农夫山泉取水点周边水域岸上，遍地都是各种各样的生活垃圾，其中不乏大量疑似医用废弃药瓶，俨然“垃圾围城”之势。对此，农夫山泉回应称，媒体所报道的不整洁区域距离其公司取水口下游约1.4公里，对取水质量并无影响。此外，农夫山泉取水口水源符合DB 33/383—2005《瓶装饮用天然水》天然水源水的质量要求。

三、标准之争

4月9日，《国际金融报》报道，农夫山泉在广东万绿湖水源地、浙江千岛湖水源地和湖北丹江口水源地均采用的是“DB 33/383—2005”标准，而该标准是浙江的地方标准。但令人奇怪的是，广东也有本省的饮用天然水标准，但广东万绿湖水源地的产品却未采用该标准，仍采用对水质要求较低的浙江标准。

4月9日，华润怡宝在钓鱼台国宾馆发起2013《中国瓶装水企业社会责任倡议书》，向国内瓶装饮用水企业发起全面承担企业社会责任的倡议，旨在倡导做有责任的企业，做有责任的品牌。

陷入“标准门”之后，农夫山泉一直保持沉默。4月11日，农夫山泉终于在其官方微博作出郑重声明：农夫山泉饮用天然水的产品品质始终高于国家现有的任何饮用水标准，远远优于现行的自来水标准。农夫山泉产品的砷、镉含量低于检测限值，含量低至无法检出，霉菌和酵母菌亦均无法检出。

此外，农夫山泉还将矛头指向了华润怡宝。农夫山泉在声明中指出，近期针对农夫山泉的一系列的报道是蓄意策划的，隐藏在幕后的就是国有控股饮用水企业——华润怡宝。

农夫山泉罗列了一系列怡宝的“罪证”，并表示，“作为国有控股的饮用水企业，利用民众对食品安全和环境污染的恐慌心理作为行销手段，以达到打击竞争对手、扩大市场份额的目的，这一做法令人遗憾”。

农夫山泉所列的证据包括已被删除的华润怡宝此前推出“中国饮用水之殇”的网页和广告的截图，以及“华润怡宝用‘大自然搬运过来的水，你还敢喝吗？’将矛头直指农夫山泉公司

广告语‘大自然的搬运工’”等。

农夫山泉并引用《21世纪网》的调查新闻标题，暗示《21世纪网》参与其所谓“策划”。对此，《21世纪网》已发表严正声明予以驳斥。

农夫山泉还邀请电视、报纸和网络媒体以及消费者对农夫山泉的水源、生产过程和产品品质进行全面的实地访问和监督，拟邀请人数不少于5000人。

4月11日晚，华润怡宝发布声明称：“我司从未以任何方式对农夫山泉声明中所提到的做法予以任何形式的参与；作为一家有社会责任的企业，我司一贯反对任何企业不正视自身问题、推卸自身责任，通过利用媒体转移公众视线将自身危机转嫁给竞争对手的任何行为；我司保留对农夫山泉采取法律行动的一切权利。”

四、农夫山泉与《京华时报》之争

4月16日，华润怡宝声明称，为维护自身的合法权益，已向深圳市南山区人民法院对农夫山泉提起诉讼，该诉讼已于2013年4月15日被该院正式受理。

同时，农夫山泉也将矛头对准了曝光媒体。《京华时报》等媒体报道农夫山泉水质标准低于国家标准，4月14日，农夫山泉进行回应，称《京华时报》所谓的“相对于农夫山泉从未从严修订标准的是，其从宽修订标准却显得非常积极”完全是置事实于不顾，颠倒黑白，并声称《京华时报》无知，甚至在15日的微博中放出狠话：“你跑不掉，也别想跑。”

对此，“京华时报官方微博”16日上午回应，“标准面前，你跑不掉，也别想跑”。

4月15日，农夫山泉声明其标准中甲苯、亚硝酸盐指标限值是严于自来水标准的，并称，“就一两项指标就判定整个标准谁高谁低是毫无法律依据的”。对此，中国民族卫生协会健康饮水专业委员会马锦亚表示：“我们看一个标准的高与低，更重要的是关注其中对人体有害的指标，哪怕你只有一项低于国家标准，你的标准就是不如国标”。

4月18日，中国民族卫生协会健康饮水专业委员会秘书长马锦亚表示，农夫山泉不仅没有正视自己的问题，还公开指责该协会是“莫名其妙的协会”、“信口雌黄”，所以决定将农夫山泉从协会中除名。

4月19日，《京华时报》发表声明称，对于本社指出的农夫山泉执行的地方标准在部分指标上低于国家标准一事，农夫山泉不正视自身存在的问题，反而反复通过强调“产品品质高于国家标准”来混淆视听、转移视线，并通过言语恐吓、制造舆论影响等手段，打压媒体责任，挑战新闻媒体的舆论监督职责，严重侵犯了本社的名誉权。本社保留对农夫山泉股份有限公司的上述行为采取法律行动的一切权利。

从4月10日开始，《京华时报》连发多篇文章，报道农夫山泉的“标准门”。与此同时，农夫山泉也连续4次回应。

在此过程中，北京市桶装饮用水销售行业协会下发了《关于建议北京市桶装饮用水行业销售企业对“农夫山泉”品牌桶装水进行下架处理的通知》，要求北京市桶装饮用水行业各销售企业即刻对农夫山泉桶装饮用水产品做下架处理。

5月2日，农夫山泉官网上更是发出了题为“《京华时报》&农夫山泉到底谁在说谎”的文章，指责《京华时报》在发难前，从未就自来水问题采访过农夫山泉方面。

5月6日，农夫山泉发布消息称，已经向法院提起诉讼，向《京华时报》索赔6000万元。

当天，农夫山泉在北京召开了长达3个小时的新闻发布会，会场上农夫山泉与《京华时报》正面交锋对质、现场激辩，场面一度混乱。期间，曾有现场工作人员对《京华时报》记者喊“滚出去”。

发布会上，农夫山泉一方表示，指责其产品水质不如自来水是无稽之谈，阐述其执行的DB 33/383—2005浙江标准是科学可靠的地方标准，表示其虽未在产品包装上标识GB 19298—2003卫生（安全）标准，却并不代表农夫山泉未执行此强制标准；公司更列出早前在美国所做的水质监测报告，以证其清白。而《京华时报》一方认为，农夫山泉所执行的浙江地方标准中有多项指标低于国家标准，且不认同农夫山泉关于国家卫生（安全）标准和质量标准的解释。在现场，双方就“标准”一事，各执一词。

钟睒睒还在发布会现场宣布，将关闭农夫山泉位于北京的工厂。对于如此结果，钟睒睒在会上表示，很遗憾仅仅因为一个行业协会的决定导致农夫山泉的产品在北京下架。钟认为，对这样的市场环境，农夫山泉只能选择退出，公司关闭北京工厂是为了“维护其品牌尊严”。

从4月10日到5月7日，连续28天、74个版面，《京华时报》对农夫山泉的追踪报道“锲而不舍”、一步未停。对此，钟睒睒直指《京华时报》“开辟了一家媒体批评一个企业的新闻纪录”。

5月7日，《京华时报》再次投入包括头版在内的7个整版，继续猛烈抨击农夫山泉。《京华时报》在报道中称，农夫山泉在京停产是因其质量不符合标准，北京质监局已经介入调查；需要明确的是北京质监部门依法监管市场，而不是农夫山泉主动“退出”。报道还针锋相对地提出，农夫山泉在16个省市的媒体上曾刊登公告“谩骂《京华时报》”。“从2013年4月16日到2013年5月6日，农夫山泉在全国10多个省市的数十个渠道刊登含有谩骂京华时报内容的公告，1个月内超过了120个版面。……这些公告明显针对京华时报依法依规的舆论监督横加指责，其刊登范围之广、时间跨度之长，史所罕见、中外罕见”。

《人民日报》在5月9日的报道中称：农夫山泉一直执行高标准、严要求，2009年至今，浙江省质监局多次检查农夫山泉的多个工厂及多批次产品，全部合格。总算为此次事件暂时画上了一个大大的句号。

这是2013年度发生的最引人关注、最令人揪心与费解的危机事件，从涉事各方来衡量，争执了3个多月之久，均没有解决关键的问题：水的标准究竟以何为准？为何要如此纠结于无关标准的旁枝末节？从“饮用水的标准”的争执到相互诋毁、谩骂，媒体充当的角色是救火者，还是点火者？“媒体暴力”在其中起到了不可低估的作用，还是违背职业道德的底线？

面对媒体和公众质疑，农夫山泉始终没有正视自身问题，而是一味地归罪于竞争对手栽赃陷害，指责行业协会、媒体的负面报道。其最大的问题是试图用主观一己之私来解决今日面临的问题，忽略了公众与媒体的力量。与《京华时报》的直接对立，导致了不可收拾的后果。退出北京市场，就是失败的标志。试想，作为一家地方企业，能够打进北京市场十分不容易，付出了几多沉重的代价。没有得到首都行业、媒体和消费者的认可，终究是地方品牌，也难以成为中国乃至世界的知名品牌。也许，5月9日的《人民日报》报道总算为农夫山泉的危机事件给出了一个公正的结果。

在此事件中，面对媒体的狂轰滥炸，主管部门一直不露面，仿佛在回避、躲猫猫，实际上正暴露出管理的不规范和乱象丛生，直接挑起事端，无法给公众以交代，实质是管理与行政的“不作为”而使然。

案例讨论

（1）农夫山泉的危机事件实质是什么？为什么？

（2）《京华时报》的做法有道理吗？为什么？
（3）引起争执的原因是什么？请从现代公关原理角度进行分析。

关联知识

一、公共关系含义

“公共关系”源于英文 Public Relations 的译名，缩写为 PR。

自 19 世纪中叶，公共关系学在美国诞生以来，人们对其的认识一直众说纷纭。随着社会的进步，其内涵日益丰富，据悉，目前世界各国对公共关系的定义达“400 多种”[①]，概括起来，有代表性的权威定义主要有如下几个：

1. 咨询说

国际公共关系协会于 1978 年 8 月发表了《墨西哥宣言》：“公共关系是一门艺术和社会科学。它分析趋势、预测后果，向机构领导人提供意见，履行一系列有计划的行动，以服务于本机构和公众的共同利益。”

2. 管理说

美国《公共关系新闻》杂志的定义是：“公共关系是一种管理职能，它评估公众的态度，检验个人或组织的政策、活动是否与公众的利益相一致，并负责设计与执行旨在争取公众理解与支持的行动计划。”

3. 传播说

英国著名的公关学者弗兰克·杰夫金斯认为：“公共关系就是一个组织为了达到与它的公众之间相互了解的确定目标，而有计划地采用一切向内和向外的传播沟通方式的总和。”

4. 传播管理说

当代美国公共关系学术权威、马里兰大学的詹姆斯·格鲁尼格认为：“公共关系是一个组织与其相关公众之间的传播管理。”

5. 社会关系说

美国普林斯顿大学蔡尔兹认为：“公共关系是我们所从事的各种活动、所发生的各种关系的通称，这些活动与关系都是公众性的，并且都有社会意义。”

6. 协调说

中山大学王乐夫认为：“公共关系主要是协调组织与公众之间的社会关系，维持企业的营利性和社会性之平衡就是公共关系。”

7. 形象说

深圳大学熊源伟认为：“公共关系是社会组织为了塑造组织形象，通过传播、沟通手段来影响公众的科学与艺术。”

---

① （英）萨姆布莱克：《当代国际公共关系》，上海，复旦大学出版社，1995。

8．现象描述说

美国公共关系协会征询了2000多名公关专家的意见，从中归纳出了四种公关定义，带有较浓的现象描述色彩。

（1）公共关系是组织经过自我检讨与改进后，将其态度公诸社会，借以获得顾客、员工及社会的好感和了解的经常不断的工作。

（2）公共关系是一个人或一个组织为获取大众之信任与好感，借以迎合大众之兴趣而调整其政策与服务方针的一种经常不断的工作。

（3）公共关系是一种技术，此种技术在于激发大众对于任何一个人或一个组织的了解并产生信任。

（4）公共关系是工商管理机构用以测验大众态度、检查本企业的政策与服务方针是否得到大众的了解与欢迎的一种职能。

这类定义或过于抽象、或过于单调、或太过于烦琐，由于所站角度不同，便形成林林总总的新说。从学科角度看，它们只是揭示了公关的部分含义，缺乏科学的整体性、全面性、严谨性与逻辑性。

综上所述，从公共关系学科的性质出发，结合中外公关历史发展趋势，适应我国国情和语言表达习惯，我们认为公共关系就是一定的社会组织运用传播、沟通等手段在公众中塑造良好形象，建立双向沟通的一门科学和艺术。在现代社会，从宏观上来衡量，公共关系是充满智慧的谋略论；从微观上考查，公共关系是任何组织与个人取得成功的法宝。

二、公关的特征

公共关系的特征是体现其特点的征象和标志。作为组织外求发展、内求团结的一种社会实践活动，其主要特征体现为以下几点：

1．以良好信誉、形象为基本目标

建立良好信誉、塑造美好形象，是社会组织开展公共关系的基本目的，也是其孜孜以求的长期目标。

2．以真诚、互惠为基本原则

公共关系只有以组织与公众之间相互真诚、平等、互惠、互利为基础，才能赢得组织和公众的支持，最终实现双赢的目的。

3．以长远发展为基本方针

建立组织与公众的良好关系，赢得组织的良好声誉，并让公众获益，从而达成公关目标。这决非一朝一夕就能取得的，必须依赖长期、有计划、有目的、持久不断的艰苦努力，是一项长期的战略性任务。

4．以双向传播、沟通为基本手段

为了维持组织与公众之间的良好关系，一方面要及时、全面地了解、收集信息，为改善组织的决策和行动提供依据；另一方面又要迅速、有效地将组织的各方面信息传播给相关公众，争取公众的全面认识、了解、拥护和支持。双向传播与沟通是实现公关目标的最佳方式。

5．以目标公众为基础对象

公共关系是社会组织与构成其生存环境的内外部公众之间的关系，组织是其主体，公众是其客体，它与主体构成了公关的基本矛盾。一切工作均应围绕公众而展开，目标公众便成为了公关的基本研究对象。

三、公关的基本原则

公共关系的基本原则是指社会组织在开展公关活动中，必须遵循的指导思想和行为准则，也是公关的性质、目的、职能和工作方法的高度概括。

公共关系作为一门科学与艺术，任何组织在开展公关工作时，务必遵循共同的基本原则。这些原则主要有真实性原则、公众利益优先原则、创新原则、互惠互利原则、全员公关原则。

1．真实性原则

真实性是公关活动成败的关键，也是公关总原则的核心所在。它要求以事实为基础，以信用为目标，尊重客观现实。

（1）以事实为基础。

事实是公关活动的前提和依据，公关人员的一项主要工作就是传播与沟通，而了解和掌握信息的真实准确性则是关键。

制订公关计划的第一步就是调查研究，收集各种信息资料。只有在充分掌握足够事实的基础上，公关人员才能制订出切实可行的公关计划。

（2）以信用为目标。

公关工作以事实为依据，向公众提供真实性的信息，目的就是为了赢得公众的信任、理解与支持。

获得信用作为公关工作的目标，要求公关人员向外发布信息时，要确保真实、客观、全面、公正，绝不隐瞒和文过饰非。

（3）尊重客观事实。

公关是建立信誉、塑造形象的艺术，客观、真实是其生命所在。

塑造形象、建立信誉的基础就是客观、真实，即提供的材料必须真实可信、实事求是，绝不能有任何虚假。

真实的客观事实是决策的依据，也是取信于民的根本所在，公关人员绝不能违背客观事实，报喜不报忧，要说真话、重事实。

2．公众利益优先原则

公众利益优先既是公关人员的一项职业道德准则，也是公关工作的一项基本原则。

组织的公关工作首先就要从满足公众利益出发，时时处处为公众的利益着想，坚持公众利益至上，有时甚至要牺牲暂时、局部的利益以换取长期、整体的利益。

公众利益优先，要求组织及公关人员必须做到以下几点：

（1）勇于承担社会责任。

公关组织及人员要将公众的利益作为工作的前提，必须勇于承担社会责任，敢于冒风险，即使面临灾难，也绝不退缩而明哲保身。

（2）不断提供优质产品与服务。

公关组织只有源源不断地向公众提供优质产品和服务，才能赢得社会的承认和公众的认同，这是公众利益得到优先保障的关键所在。

（3）关注社会问题。

公关组织及人员要肩负社会历史使命，关心社会、大众，关切并尽力解决由自身行为或非自身行为所引发的社会问题，心系社会、魂牵公众，把公众的利益优先落到实处。

3．创新原则

公共关系是一门富有超前意识的经营管理艺术，创新性是永葆青春魅力的所在。

从现代公关诞生的那一天起，公关人员无不以无穷无尽的创新精神来丰富和发展其自身的思想、理论并与时俱进，不断适应社会历史发展的新趋势。创新性体现在以下几点：

（1）别出心裁，与众不同。

面对世俗的冷眼，公关人员以火热的心、智慧的脑、辛勤的手，矗立起一座座“公关”大厦，打破常规、面向市场，不断地向思想禁地迈进，敢于独树一帜、标新立异，创造出诸多政治、经济、文化领域的“新神话”。

（2）善于综合，汇集成章。

在公关活动中，要善于学习各家之长，汲取精华，对于相关情况，要认真观察、勤于思考，取长补短、集腋成裘，综合中求新。

（3）变换角度，识人未见。

在具体工作中，要针对相关情况、相关要素，变换角度，从新的角度、按新的思路进行新思考，探索前人未见、今人难见的新思路、新结构和新功能。按照客观规律，创新工作方法，从而促进工作迈上新台阶。

众所周知，公关的生命在于创新，无论促销策划、传播策划、公共广告、处理危机，无不显示出人人创新、代代相传的光荣历史传统。没有创新的公关是蹩脚的，也是无生命力的。

4．互惠互利原则

互惠互利原则，是指组织在公关活动中，应当正确认识和处理主客体关系，摆正组织与公众之间的利益关系，切实取得双方获利、共同发展的预期效果，从而实现双赢的目的。

（1）树立互惠互利的观念。

在当今竞争激烈的社会，组织开展公关活动，务必摒弃传统的将自身利益置于首位的利己主义观念，摆正组织与公众之间的利益关系，树立互惠互利的“双赢”观念，创造互惠互利的生存环境，在满足公众利益的同时，实现自身利益的价值最大化。

（2）“利己”与“利他”的均衡统一。

在公关活动中，由于双方利益的差异，常常导致僵局、冲突的出现，只有站在长远发展的立场上，认真审视双方利益，通过双方的真诚合作、平等互利，在双方的利益都获得满足的条件下，寻求“利己”与“利他”均衡统一的途径，才能取得双方互利共进的良好效果。

“互惠”只有以“利他”为出发点，才能达到“互利”的结果。组织务必向社会负责，高度关注自身行为对公众的影响，取得公众的理解、信任与合作。满足公众的正当利益要求，在“利他”的基础上谋求自身合理的利益。韩国三星公司在国际化经营中提出，将企业国际化经营利润的一部分留给消费者，一部分留给销售与协作伙伴，一部分留给自己，以互利的经营策略和高品质、全方位的服务培养出源源不断的消费者群体。只有互惠互利，才能建立最稳定、最可靠的关系；也只有以“利他”为基础，才能建立起正常、平等、互利、互惠的社会关系。

5．全员公关原则

全员公关原则是指全体人员都具有公关意识，按照公关工作的要求，提高公关行为的自觉性，加强整体的公关配合与协调，努力将日常工作与塑造组织良好形象相联系，形成浓厚的公关氛围与公关文化。

（1）良好的公关氛围必须依靠全员努力。

公关是组织的全方位、立体化的工作，不能仅仅依赖于某些职能部门或个别领导人，需要上下齐心合力、团结一致、同甘共苦，才能建立和维持良好的组织形象，在组织内部形成一种公关氛围，营造一种融洽、和谐的公关环境。

（2）全员公关需要全体员工精诚合作、开拓进取。

全员公关是现代公关的最佳范式，打破了传统的“文人相轻”、“同行冤冤相报”的旧观念，代之以友好、协作的新型合作关系与观念，拓宽了经营理念，改变了传统思维方式，使全体员工将本职工作与组织的公关目标相联系，形成人人为公关出力、个个对公关负责的可喜局面，努力开拓新的发展空间，扩大组织的影响力，提高组织的竞争力。

四、公关职能

1．收集信息、监测环境

（1）信息构成。

① 组织形象信息。公共关系就是塑造形象的艺术，以维护组织良好形象作为根本目的。而组织形象就是指社会公众对组织机构的全部认识和总体评价。

公共关系首先就要注意与本组织形象评价相关的各种信息。这些信息主要包括：公众对组织机构及其效率的看法和评价、公众对组织管理水平的评价和看法、公众对组织人员素质的评价或看法和公众对服务质量的评价。

② 产品形象信息。产品形象信息是公众对产品和服务的质量、价格、性能、款式、包装和用途等主要指标的反映和建议。产品不仅有实用价值，而且具有形象价值。主要包括：

a．产品知名度信息。

b．公众对品牌商标的认知度、公众对产品功能和外观特征的了解程度、公众对产品包装的印象、公众对产品广告的记忆等。

c．产品美誉度信息。

d．公众对产品质量、性能、用途、包装、款式、售后服务等的认同程度。

e．社会环境信息。

f．社会环境信息包括政策指导信息、社会政治信息、经济金融信息、市场动态信息、文化科技情报、新闻舆论热点、时尚潮流变化等。注意分析各种社会动态对组织的直接或间接的影响，充分把握环境中的有利因素和时机，及时避免和处理各种不利因素的影响，确保组织与社会环境的变化保持良性状态和动态平衡。

g．组织运行状态及其发展趋势信息。

h．组织自身运行情况及其与组织预定总目标的要求之间的距离及可能发展的趋势。

i．所有对社会组织运行及其发展趋势发生或将要发生影响的情况。

（2）采集信息的方法。

① 文献法。文献法就是指从文献、档案、报刊、报表、报告、总结、计划等已有的文字、

书面材料中收集所需要的相关信息资料的一种方法。其优点是全面、系统。

② 观察法。观察法就是从相关商店、市场去倾听顾客的评价与反映，或直接深入用户家中观察了解产品的使用与消费情况。其优点是省时、省钱、省事，资料真实可靠。

③ 调查法。调查法是指公关人员运用科学手段和方法，对相关社会现象进行有目的、系统化的考察，在收集大量资料的前提下，对其所进行的定性分析和定量分析。具体有普查、抽样、典型、个案调查等。

④ 专家法。专家作为某一行业的权威，掌握大量专门化的权威信息，与政府各相关部门有着密切联系，甚至直接参与拟定相关政策法规。公关人员通过聘请专家，掌握他们对经济趋势的分析、市场动态的预测、组织形象评估等重要资讯，为组织发展提供科学、合理的思路与对策。

⑤ 会议法。利用各种会议，如新闻发布会、学术交流会、展览会、纪念会、庆典会、演讲会、座谈会、宴会等，收集各种相关信息资料，特点是面广、量大，成本低。

（3）采集信息的原则。

① 全面性原则。组织与社会环境之间联系广泛，公关活动的目的就是为组织创设最佳的生存环境，公关人员首先就要发挥主观能动性，全面采集组织所处环境的各种有价值的信息，确保面广量大，为决策提供有价值的信息参考。

② 科学性原则。为保证信息有价值，必须首先确保信息来源的真实可靠、准确无误，以便对其进行科学的加工、整理和分析。

③ 连续性原则。不间断地收集和积累有关信息，才能揭示事物发展的规律性；要求公关人员所收集的信息能连续地反映事物发展的全过程及其规律性，确保获取的信息科学性强、价值大。

④ 时效性原则。要求收集的信息及时、准确，快速接收，迅速处理，特别是同行业与竞争者的最新信息，以便尽快采取相应举措。

2. 咨询建议、参与决策

（1）咨询建议的内容。

① 关于组织形象的咨询。组织形象的优劣是组织生存的一个重要因素，其硬性指标便是知名度和美誉度。公关人员以组织形象为核心，全面收集公众对组织形象的信息，诊断组织存在的问题，有针对性地提出建设性的意见，为正确决策奠定坚实的基础。尤其是当组织形象受损时，应当及时反映现状，提出良好整改措施，不断改善组织形象。

② 关于产品形象的咨询。产品质量是组织的生命，只有优质的产品才能获得公众的认可，才能被公众接受、赞赏，其价值也才能被社会所承认。公关人员必须利用各种渠道、方式收集关于产品的评价，进行综合分析，提供给决策者借鉴、参考。

③ 关于市场动态和公众意向的咨询。在市场日益成熟的信息社会，是否能迅速预测和掌握市场发展变化的趋势，将对一个企业起到决定性作用。公关人员能够凭借自己丰富的经验和娴熟的技能，从获取的大量信息中捕捉市场变化迹象、公众心理态势，向决策者提出科学、合理的建议，确保在动荡变化的市场中站稳脚跟。

④ 关于不同状态下的咨询。在信息时代，激烈竞争使企业处于波澜壮阔的海潮中，潮涨潮落，向公关人员提出了严峻的挑战。为了使企业永续发展，必须应对不同状态的考验。

当组织与公众关系紧张，并有冲突意向时，公关人员务必积极调整经营方针、政策和策略，适应公众的需求与愿望，协调组织机构各方面与公众之间的关系，预防失误，确保良好形象不遭损害。

当组织与外部环境，即与左邻右舍、消费者、政府等有关部门发生冲突时，公关人员务必抓住有利时机主动积极地向决策层建言献策、主动出击、协调关系、化解纠纷。

（2）咨询建议的特征与作用。

① 咨询建议的特征。

a．信息性。咨询建议本身是一种信息工作，公关部门和人员向决策层提供的有价值信息服务，通过平时的积累与定向获取，进而灵活运用，发挥其高效率。

b．层次性。公关人员的咨询建议应从全局出发，又要考虑事情本身的轻重缓急，优先安排重大事件和紧急事件的处理，体现管理辅助的层次性，有利于提高工作效率。

c．变通性。公关部不像其他职能部门有着十分明显的分工，工作的综合性、复杂性使得公关人员必须是通才，能适应各种因素的变化。一旦面临紧急大事，公关人员必须暂停手边的工作全力以赴，协助领导采取应急措施，完成主要工作。

d．主动性。咨询建议是一种主动性行为，尽管公关人员是领导的辅助人员，但在为决策层提供的咨询建议中却时时处处都要体现出主动性、积极性。如积极收集情报，主动甄别、筛选、整理，为制订决策方案提供有价值的参考等。

② 咨询建议的作用。

a．有利于决策的民主化。公关部门和人员通过调研掌握大量市场信息，经过科学合理的加工处理，并利用舆论导向，吸纳正确合理的意见和建议，及时反馈给决策层，使决策趋于民主化。

b．有利于决策的科学化。公关部门和人员利用收集来的各种信息资料，广泛征询内外部公众的不同意见，同时监控环境的变化，预测社会的变化趋势，促进领导决策的科学化。

c．有利于不断完善组织形象。公关咨询建议的最终目标就是在公众中树立良好的组织形象，而决策的民主化、科学化有利于这一目标的最终实现。咨询建议就是不断随着客观环境的变化而变化的过程，一次次的合理化建议，一次次的科学决策，使组织的良好形象日臻完善。

3．平衡利益、协调关系

（1）沟通协调的内容。

① 组织内部沟通协调。组织内部关系是组织生存和发展的根基，“内求团结”是一切工作的基础。

上下级之间的沟通协调。这是在根本利益一致的前提下，非同一等级状态条件下的领导与被领导的沟通协调关系。只有在相互信任的基础上，上情下达、下情上传，恰如俗语所云“上下同心，其利断金”。

平级之间的沟通协调。这是处于同一等级状态下的各管理部门之间的关系，只有相互谅解、相互支持，才能协调一致、化解矛盾、发挥整体优势。

② 外部沟通协调。组织外部关系是组织发展与壮大的必要条件与趋向，“外求发展”是公关工作的出发点与目标。

组织与顾客之间沟通协调。顾客是上帝，组织的存在正是依靠顾客的信赖与支持，这关系到组织对市场的占有与控制，只有树立“顾客至上”的观念，正视顾客的要求，妥善处理其投诉和建议，才能赢得事业的永续发展。

组织与政府之间沟通协调。政府是组织的权力公众，争取政府的支持、理解是组织生存的关键，只有与政府保持和谐的沟通，才能取得社会各界的广泛认同，为发展奠定良好的基础和条件。

组织与社区之间沟通协调。社区是组织的“邻里”，也是其生存与发展的根据地。良好的“邻里”关系是获得社会公众信任、支持、合作的基础与起点。

组织与新闻媒介之间沟通协调。新闻媒介是控制社会舆论的权威机构，也是组织与社会公众之间信息沟通交流的加速器。良好的新闻媒介关系是组织巨大的无形财富，随时为媒介提供最新、最有价值的组织信息，引起关注，见诸报端，扩大影响，赢得知名度和美誉度。

（2）沟通协调的原则。

① 适时性原则。时间是沟通协调中最关键的因素，适时性就是恰到好处地把握时机、选择时间、抓住最恰当的契机开展沟通协调工作。

当组织之间、部门之间、人员之间发生危机矛盾时，为防止事态恶化，组织就应当适时调解、及时处理，将事态控制住，以缓和矛盾、化解危机。

② 可信性原则。“信，国家之宝也，民之所凭也”。诚信是沟通协调的前提，也是对传播信息内容的最基本要求。

当组织传播沟通建立在可信性基础之上时，就会提高传播效果，加强沟通的吸引力与感染力，从而尽快实现目标。

③ 平等性原则。平等是建立良好沟通协调关系的最近法则，不平等是一切矛盾、纠纷、隔阂的根源所在。只有在平等的前提下交流，才能减轻压力、缓和抵触情绪，真正做到公平、公正、合理、客观地处理组织之间、部门之间、人员之间的矛盾、纠纷、冲突，构建起和谐的关系网络。

④ 互利性原则。互利互惠是沟通协调的最佳手段，利益的冲突是一切矛盾纠纷之源，在公关冲突中绝大多数是利益纠纷，解决问题的前提就是协调利益关系，使利益共享、实现双赢。

⑤ 全局性原则。全局性原则是协调组织与公众关系的基本点和出发点。一方面，在处理协调时，要以国家根本利益为前提，凡涉及国家方针、政策等原则性的大局问题，应当毫不动摇地坚持以大局为重，局部服从国家；另一方面，要确保在国家利益的前提下，正确处理组织内外的各方利益关系，求同存异，但绝不化公为私，迁就某一方而损害另一方或大多数。

（3）沟通协调的方法与艺术。

① 针对法。在公关工作中，若要做好沟通协调，首先必须有针对性地面对客观实际状况，依据对象（客体）的年龄、职业、文化水准等采取有的放矢的形式，“投其所需”。其次，还要针对公众的阅历、个性、心理特征等，“投其所好”。

② 协同法。公关活动离不开主体（社会组织）与客体（公众）之间的相互支持、理解与配合，缺少任何一方的合作，沟通协调工作便无从做起。两者必须紧密配合、相互协调、共同沟通，才有利于调动传播者的主导作用，调动公众参与的积极性和主动性，从而使主客体相互融洽，共创佳绩。

③ 座谈法。对于较为重要、涉及许多部门、单位的事项需要沟通协调时，最好采取会议座谈方式。公关人员在做好充分准备的基础上，联络相关部门、单位一起开会协商，提出存在问题，交换意见、沟通思想，研究协商以求大同存小异，达到步调一致、行动一致、目标一致。

④ 情感法。在处理协调相关事务的过程中，公关人员总是首先与各种人打交道，具体主管和办事人员之间关系融洽，事情处理就顺利；相反，则会造成矛盾以阻碍工作顺利进行。因此，公关人员必须善于运用心理情感的效应，缩短与公众（或组织）的心理距离，以情动人、以情感人、以情“笼”人，建立起良好的合作关系。

⑤ 自律法。当组织与公众之间因关系处理不妥、行为不当而引起种种纠纷时，公关人员就应当率先自我检查、自我监督，严于律己、宽以待人，将矛盾、纠纷解决于萌芽状态。这样，组织内部干群之间、部门之间、社区之间的矛盾就会得到缓解，以便及时采取对策，处理危机、化解冲突。

4. 传播沟通、塑造形象

（1）组织形象的构成要素。

组织形象是由丰富的内容和多样的形式所构成的一个完整的综合形象。它主要包括产品形象、员工形象、管理形象、文化形象、实力形象和标志形象等。

① 产品形象。指社会公众对组织所生产的产品和所提供的劳务的总体评价。它包括产品或服务的质量、性能、包装、商标等方面的形象，实用、优质、新颖、简洁、全面及合理的价格，热情、主动、耐心、周到、规范和公正的服务正是其丰富的内涵和附加值。

② 员工形象。指员工的技术水准、精神风貌、服务态度、职业道德和仪表装束等给公众的整体印象。员工形象主要包括以下几方面：

a．领导者形象。领导是组织的代表，其才能、资历、胸襟、作风和政策水平将引领组织的总体水平。

b．公关员形象。他们是组织的特定代表，其品质、仪表、才能将决定其形象价值。

c．典型人员形象。其包括先进典型和落后典型。先进典型形象是组织蓬勃发展的标志和动力，落后典型形象则是组织危机征兆的显露。

d．群体形象。包括组织成员的群体形象和某些群体的形象。良好的群体形象与良好的组织形象往往是等同的。

③ 管理形象。指通过组织的经营管理活动所展现的形象，包括经营作风、管理效率、信誉、责任、技术开发、营销谋略、人事制度、福利待遇、售后服务等。

④ 文化形象。指通过组织文化要素所展现出来的形象，包括组织的价值观念、管理哲学、组织历史、职业道德等。

⑤ 标志形象。指通过标志和其他可视系统所展现的组织形象，包括组织名称、品牌、商标。

（2）塑造组织形象的方法。

① 扩大组织的知名度。知名度是指一个组织被公众知道和了解的程度以及组织社会影响的广度和深度，是评价组织名气大小的客观尺度。公关人员应当利用各种媒介和手段将组织的性质、现状推向公众，赢得社会的广泛认知与了解。

② 提高组织的美誉度。美誉度是一个组织获得公众欢迎、接纳和信任的程度，是评价组织声誉好坏的社会指标。如果说知名度主要侧重于“量”的评价，即组织对公众影响的广度和深度，那么，美誉度则侧重于“质”的评价，即组织社会影响的好坏。组织美誉度是社会组织最珍贵的无形财富，纵观世界一流企业，如可口可乐、IBM、沃尔玛、通用、奔驰、百事可乐、富士通、惠普、柯达、富士、三菱公司等，无不以美誉度享誉天下。

美誉度体现于组织经营的各个层次、多个方面，但一般凭借积极参与社会公益活动的方式来取得。

五、公关员

公共关系人员，指在一定组织中从事公共关系工作的专职人员。我国在改革开放初期，一般把从事公关工作的年轻女性称为“公关小姐”，把从事公关工作的男性称为“公关先生”。1999

年5月，国家劳动和社会保障部正式出版了《国家职业分类大典》，首次将公共关系人员列入“大典”第3条。它标志着国家已经正式承认了“公关员”这一职业。

我国从2000年开始，由国家劳动和社会保障部组织进行公关员资格全国统一考试，分初、中、高三个级别。初级属于国家职业资格五级，中级属于国家职业资格四级，高级属于国家职业资格三级。鉴定方式，采用理论知识考试和技能操作两种方式，两门考试（考核）均采用百分制，皆达60分以上者为合格。2003年6月，国家职业资格工作委员会公关专业委员会在劳动和社会保障部职业技能鉴定中心的指导下，组织相关专家对《公关员国家职业标准》进行了修订，在原有初、中、高三级公关员的基础上，增设了“公关师”（国家职业资格二级）和“高级公关师”（国家职业资格一级），并对五个等级的申报资格提出了明确要求。同时，对“公关师”和“高级公关师”的考核办法作了新规定，除技能知识闭卷考试外，还增加了专业技术报告和答辩的专家评审考核。

公关员国家职业标准（新版）：

中级公关员（四级）

职业功能	工作内容	能力要求	相关知识
一、沟通协调	（一）接待联络	1. 能按礼仪规范进行中外接待 2. 能撰写社交公关文书	1. 中外礼仪的基本内容和要求 2. 社交文书的类型和写作要求
	（二）演讲介绍	1. 能介绍组织的历史和现状 2. 能组织小型演讲活动	1. 演讲的基本技巧 2. 演讲活动的程序
	（三）公众关系处理	1. 能处理日常公众问询 2. 能与主要公众进行信息沟通 3. 能安排领导与公众进行沟通	公众关系协调的主要方法和基本要求
二、信息传播	（一）媒介联络	1. 能进行媒体联络 2. 能安排记者采访 3. 能追踪监测采访结果	1. 记者职业特点 2. 新闻传播的基本程序 3. 新闻追踪和监测的基本要求
	（二）新闻发布	1. 能检查发布资料的准备情况 2. 能接待现场媒体采访活动	新闻发布的性质、特点
	（三）宣传稿编写	1. 能撰写新闻通信稿 2. 能编写组织内部刊物 3. 能编写组织对外宣传册	1. 新闻稿的类型和撰写要求 2. 新闻编写的基本要求 3. 公众的特点和心理需求
三、调查评估	（一）方案准备	1. 能提供与调查相关的背景资料 2. 能起草小型调查方案	1. 小型调查的基本程序 2. 调查方案的写作要求
	（二）方案设计	1. 能设计小型观察调查提纲 2. 能设计小型访谈提纲 3. 能设计媒介文献调查方案	1. 调查方法的类型与特点 2. 调查方法的运用及其原则 3. 调查问卷文案写作知识
	（三）方案实施	1. 能用观察法进行调查 2. 能用访谈法进行调查 3. 能进行各种媒介的文献进行调查	1. 观察调查法的步骤与技巧 2. 访谈调查法的步骤与技巧
	（四）统计分析	1. 能对调查数据进行统计分析 2. 能编制调查评估图表	1. 常用的数据统计的方法 2. 调查评估分析的原则和方法

续表

职 业 功 能	工 作 内 容	能 力 要 求	相 关 知 识
四、专题活动	（一）活动策划	1. 能制订简单策划方案 2. 能编制行动方案和时间表	1. 专题活动目标和主题的确定 2. 策划构思的方法
	（二）活动实施	1. 能按要求执行活动方案 2. 能收集活动物品市场信息	1. 音像宣传品制作的有关知识 2. 活动物品的市场信息
五、危机处理	（一）舆论监测	1. 能监测媒体负面报道 2. 能监测公众关系中的消极信息	1. 危机处理的基本概念 2. 危机处理的程序和技巧
	（二）危机传播	1. 能应对日常公众投诉 2. 能准备危机传播材料	1. 危机传播管理的原则 2. 危机处理中的新闻发布要点

高级公关员（三级）

职 业 功 能	工 作 内 容	能 力 要 求	相 关 知 识
一、沟通协调	（一）接待联络	1. 能制订接待计划 2. 能负责业务谈判接待工作	1. 接待程序、特点和基本要求 2. 谈判知识和技巧
	（二）演讲介绍	1. 能介绍组织政策和远景情况 2. 能组织演讲活动，充当主持人	1. 演讲类型、功能和基本要求 2. 主持人的功能和基本要求
	（三）公众关系处理	1. 能制订外部公众沟通计划 2. 能制订内部公众沟通计划	1. 公众关系沟通的原则和策略 2. 公众关系沟通的主要方法和基本技巧
二、信息传播	（一）媒介联络	1. 能规划媒介数据库的建设 2. 能安排记者采访组织或代表组织接受记者采访 3. 能制订简单媒介传播计划	1. 信息传播的基本原则 2. 中国媒介特点 3. 媒介传播组合及传播技巧
	（二）新闻发布	1. 能制订新闻发布计划 2. 能组织新闻发布活动	新闻发言人制度的内容和要求
	（三）宣传稿编写	1. 能编写各种新闻稿件 2. 能起草组织内部刊物及音像资料的编写方案	1. 内部沟通的原理和方法 2. 内部通信的设计原则
三、调查评估	（一）方案准备	1. 能洽谈和承接调查项目 2. 能撰写调查项目方案 3. 能撰写评估项目方案	1. 调查项目的要求和技巧 2. 各种调查的基本程序 3. 评估的原理及其应用
	（二）方案设计	1. 能设计观察调查方案 2. 能设计各种调查问卷 3. 能设计实验调查方案	1. 各种调查方法的取舍原则 2. 各种调查方法的原则及技巧
	（三）方案实施	1. 能执行调查方案的实施工作 2. 能执行评估方案的实施工作	1. 实施调查的知识与技巧 2. 实施评估的知识与技巧
	（四）报告编写	1. 能对调查数据进行分析 2. 能撰写小型调查报告 3. 能撰写小型评估报告	1. 数据统计类型、方法与技巧 2. 调查报告的类型和写作技巧 3. 评估报告的类型、写作技巧
四、活动管理	（一）活动策划	1. 能组织小型活动的策划工作 2. 能起草简单的策划建议书 3. 能对活动效果进行基本预测	1. 主题构思的技巧 2. 策划创意的技巧 3. 大型活动相关的政策法规

续表

职业功能	工作内容	能力要求	相关知识
四、活动管理	（二）活动实施	1．能对中型活动进行管理 2．能制订具体的行动方案 3．能编制活动预算 4．能对中型活动进行现场监控	1．可行性研究的方法 2．专题活动的流程管理 3．预算的基本常识和技巧
五、危机处理	（一）舆论监测	1．能对媒介负面报道进行分析 2．能提出危机处理意见	1．危机的处理程序 2．危机预警的基本原则
	（二）危机处理	1．能根据危机处理计划进行危机处理工作 2．能根据危机处理计划进行危机传播管理	1．危机处理工作要点 2．危机期间媒介关系的协调与沟通
六、公关咨询	（一）一般性咨询	能处理日常工作中的咨询工作	1．公关咨询的工作原理 2．咨询业务的一般工作流程
	（二）咨询建议	能起草日常服务公关建议书	公关建议书的写作技巧

实践与评价

1．能力训练

（1）案例分析。

下面几则案例，生动地体现了现代公共关系在实践中的作用与价值，从中反映出哪种公关功能及其意义？

微软的“便条”

比尔·盖茨在微软公司有个习惯，就是随时随地用电子“便条”与人沟通，而且不受层级关系限制，即使是普通员工也可以给他本人发便条。微软同时还有另一个习惯，就是收到便条后要立即回复。

后来，公司规模扩大了，盖茨建立了一些200人以下的小团队，这样做一方面可以保证工作质量，另一方面也便于团队内部的信息沟通。此后，比尔·盖茨更加重视“便条”沟通。同时，他要求团队领导必须处在团队中，随时与队员保持“热线沟通”，不可延误。

“情报比导弹更重要”

这是美国在“9·11”事件后所得出的深刻而沉痛的反思结论。一项对国内3539位企业经营者的权威调查数据显示，在企业发展中最容易出现的问题里，“决策失误”以39%的选择率排在第一位，远远高于选择率，分列其后的“用人不当”（22%）、“经济问题”（11%）、“独断专行”（10%）、“腐败”（10%）、“政治问题”（3%）、“弄虚作假”（2%）和其他（3%）因素。作为成功的决策者，李嘉诚每天上午9时至10时都专心阅读秘书为其收集的有关竞争对手、大客户的情报和媒体对其企业的新闻报道。戴尔公司的麦克尔·戴尔也是注重依靠情报来制定企业决策的CEO典范。他每天都仔细研究、分析由专人为他收集、整理的大量外部情报，努力做到知己知彼，并在此基础上谋划企业的短期和长远的经营战略。

（根据中国新闻网中国危机公关网等资料改写）

（2）比较现代公关与传统宣传的差异。

比　较	目　的	方　式
公共关系		
宣　传		

2．测试题

（1）请列出5种有关公关的富有代表性的定义，谈谈你的看法。

（2）请指出公关的基本职能，如何在相关的实践中灵活运用？

（3）制订计划，如何在2～3年里达到中级公关员（四级）的基本要求？

（4）如何在3～5年里达到高级公关员（三级）的基本要求？

3. 单元评估

表 1　单元课程评价表

单元内容　　　　学号　　　姓名　　　班级　　　时间

1. 本单元最有价值的内容是：
2. 以下问题需要进一步了解或得到指导：
3. 教师讲授的思路是否清晰？教学态度如何？
4. 教学方法对你的学习是否有帮助？
5. 你的学习计划是否完成?
6. 教学目标是否达到？
7. 对于教学有何建议？
学生签字： 组长签字： 学习委员签字： 教师签字：

表 2　基本能力测评表

单元内容　　学号　　姓名　　班级　　时间

基本能力	评价指标	测评结果（通过√，没通过×）	备注
判断能力			
管理能力			
交流能力			
创新能力			
其他			
教师评语： 教师签字：　　年　月　日			
成绩：		学生签字：	

表 3　单元能力测评表

单元内容　　学号　　姓名　　班级　　时间

关键能力	评价指标	测评结果（通过√，没通过×）	备注
其他			
教师评语： 教师签字：　　年　月　日			
成绩：		学生签字：	

第二单元　公关结构

案例学习与分析

苹果“服务门”事件

2013 年，央视 3·15 晚会曝光苹果手机在中国市场实施不同于国外的售后政策，其在中国宣称的“以换代修”、“整机交换”并没有真正实现更换整机，而通常沿用旧手机后盖，以逃避中国手机的“三包”规定，涉嫌歧视中国消费者。

随后，在没有开通企业微博的情况下，苹果公司通过@新浪科技发布名为《苹果回应央视315 报道》的官方声明，声称“苹果公司致力于生产世界一流的产品，并为所在市场的消费者提供无与伦比的用户体验。这也是为什么我们在每一家苹果零售店的 Genius Bar 天才吧提供深受消费者喜爱的面对面支持。我们也与全国 270 多个城市的超过 500 个授权服务点密切合作。我们的团队一直努力超越消费者的期望，并高度重视每一位消费者的意见和建议”。

【相关链接】3·15 晚会结束后，大批媒体记者一起来到苹果西单大悦城店。在现场，一些消费者看了电视节目后来讨说法。对于苹果手机如何执行整机交换政策，店内工作人员表示暂时还不能回答，会通知苹果公司公关人员予以解释。该店负责人王先生联系了苹果公司公关部门，王先生称相关负责人将来到店内，但记者始终未见到。

这位王先生提供的媒体热线座机号码也无人接听。3 月 16 日上午，多名记者来到苹果公司北京办公地点进行采访，虽然灯是亮着的，但始终没有人出现。

之后连续多天，央视《新闻联播》、《焦点访谈》、CCTV2《经济半小时》等不断曝光苹果的相关问题。

3 月 23 日，苹果公司二度回应：中国消费者享有苹果最高标准的服务，“我们的政策完全符合本地法律法规，苹果在中国所提供的保修政策和在美国及世界各地的大致相同”。

3 月 25 日，《人民日报》连续 5 天“炮轰”苹果。

3 月 29 日，央视记者采访苹果总部未果，被拒视频网上疯传。

4 月 1 日晚间，苹果中文官网在主页醒目位置，增加了苹果 CEO 提姆·库克《致尊敬的中国消费者的一封信》。苹果表示，对过去两周里收到的在中国维修和保修政策的反馈意见进行了“深刻的反思”，意识到对外沟通不足而导致外界认为苹果“态度傲慢，不在意或不重视消费者的反馈”，并对此表示“诚挚的歉意”。同时，苹果提出 4 项改进，包括 iPhone4 和 iPhone4S 的维修政策、在 Apple 官方网站上提供简洁清晰的维修和保修政策说明、加大力度监督和培训 Apple 授权服务提供商，以及确保消费者能够便捷地联系 Apple 以反馈服务的相关问题。

对于此前被广泛质疑的保留后盖的维修方式，苹果称，对 iPhone4 和 iPhone4S 维修政策进行改进，自 2013 年 4 月起，Apple 将 iPhone4 和 iPhone4S 服务包升级为全部采用新部件的设备更换，并且自更换之日起重新计算 1 年保修期。

被曝光后，苹果手机通过微博发布声明，但声明内容并未流露出一丝道歉的意味。这则不足 200 字的声明被网友称为是“官方回复假、大、空的经典范文”。

苹果公司不但在官方声明上毫无歉意，而且在晚会结束后，对于媒体与公众沟通，苹果公司的工作人员与公关部门相互推诿、三缄其口，延误了最佳沟通的时间和机会，违背了真诚沟通的原则。

案例讨论

（1）有人认为苹果公司在危机爆发后仅仅在微博上发布一个官方声明，自说自话，并没有邀请第三方进行佐证，是彻头彻尾的“伪公关”。

（2）在被央视315曝光后，苹果公司第一时间通过微博声明，对曝光问题予以回应，符合“速度第一”原则，你以为如何？

（3）被曝光后，苹果公司除了在微博上发布声明外，接下来并没有其他与媒体和公众沟通的举措，严重违背了系统运行原则，你认为有道理吗？

关联知识

一、公关要素

作为一门现代意义的新兴学科，公共关系学具有严谨的结构，一般把它分为社会组织、公众、传播三大组成结构。

二、社会组织

1. 社会组织的含义

社会组织泛指为实现一定目的、履行一定职能而组成的团体。社会组织在公共关系主体的意思是，社会组织是公共关系活动的发起者和受益者，是向公共关系的客体主动施加影响的团体。

2. 社会组织的特征

（1）稳定性。

稳定性是指社会组织不会因为组织中的人事变更而中止运行，哪怕是高层管理人员的更迭。

（2）目的性。

任何组织的形成都是为了一定的目的，组织的内外种种活动和交往都是为了实现组织的目的。

（3）整体性。

任何社会组织都有一套完整的领导体系、组织架构、规章制度，将组织的各种活动结合起来，使之有序、高效地发挥作用，成为一个“命运共同体”，从而实现组织目标。

（4）适应性。

社会组织应随社会环境的变化而不断调整自身的行为、政策、甚至目标。环境的变化会对组织的生存空间产生影响，组织应当主动研究环境的变化，并且在适应变化的基础上把握环境变化给组织带来的机遇。

（5）系统性。

社会组织是由各种要素所构成的一个有机系统，又是处于整个社会大系统中的一个小系统。如上海是中国的一个城市，而中国又是国际社会的一个成员。

3. 社会组织的类型

社会组织的类型可以有不同的划分方法，根据组织的性质不同，可以将社会组织划分为以下几类。

（1）公益性组织。

公益性组织是为全社会服务、为整个社会公众谋利益的组织，如政府部门、法律、军队、交通安全、气象预测、环境保护、消防部门等公共事业管理机构。他们的公众对象最为广泛，包括社会各行业和各阶层。他们公共关系的根本任务是，树立廉洁奉公的形象，保证公众的利益。

（2）营利性组织。

营利性组织是以生产、流通、咨询等营利为目标的经营性组织。营利性组织主要是向社会公众提供有形或无形的物质和精神商品来获得利润，如各类工商企业、金融机构、艺术团体、广播、电视、电影、及旅游服务等。公共关系对这类组织尤为重要，他们的公共关系的根本任务是树立企业和产品的品牌形象，处理好内外公众关系，尤其要处理好与消费者之间的关系。

（3）互益性组织。

互益性组织是以本组织利益为目标的非营利性组织，如群众性组织，即工会、妇联、科协、文联、工商联合会、各类学会等。这类组织主要是维护相关群体的利益，或为相关群体提供服务的。他们的公共关系任务是保持与相关群体的沟通，及时了解他们对组织的要求，争取他们对组织的理解、支持与合作。

（4）服务性组织。

服务性组织是以全社会公众为服务对象的非营利性组织，如医院、学校和文化组织。这类组织中的大部分，在改革中已经出现了产业化的倾向，虽然他们不以营利为目的，但是他们在一定程度上追求经济利益。这类组织的公共关系任务是，要确立社会公众利益至上的思想，提高服务意识。如医院首先要考虑患者的利益，把“救死扶伤”放在首位；学校要把提高教学质量、培养合格人才放在首位，其次才应当考虑合理的经济收入。服务性组织也要高度重视自身的组织形象建设，如果一所医院没有人来就诊，一所学校没有生源，那么这些组织不仅没有社会效益，同样也没有经济效益。

三、公众

1．公众的含义

《公共关系辞典》（中国国际出版社）对公众的定义为：“与某一特定组织机构相联系的、所处地位相似或相同、具有共同的目的、共同的利益、共同的问题、共同的兴趣、共同的意识或共同的文化心理等合群意识的社会群体。”这一概念具有特殊的含义。

（1）公众必须是与某一社会组织发生联系的社会群体。从这一概念出发，公共关系所研究的群体不是抽象的、独立的存在，而是相对于某特定的主体存在。比如，某企业的一系列的经营行为的发生就会随之产生其特定的公众群体，广告受众、产品的消费者、中间商、政府管理部门等。

（2）公众必须是面临共同问题而形成的社会群体。“共同问题”是这个社会群体存在的依据。比如，某企业向社会销售了一批质量有潜在问题的产品，现在质量问题已经显现。所有的购买者，不论他是何种人、身处何处、是自然人还是法人，都面临一个共同问题，即他们的消费者权益受到了侵害，该企业应采取何种方式解决。

2．公众的特征

从公众定义中分析，公众有如下特征。理解这些特征，可以更清楚地认识公众、了解公众，使组织能够有针对性地开展公共关系工作。

（1）同质性。

同质是指公众面临共同问题，这些问题的产生是由于组织的政策、行为对公众产生影响，使公众获得利益或利益受到损失。

（2）群体性。

组织的行为所涉及的公众是以群体的形式出现的。表现方式有可能是群体，有时可能是代表某类群体的个人。当公众群体的利益以个人形式出现时，组织不能够只看到个体，而应考虑到群体环境。

（3）多样性。

公众的多样性表现在，公众存在的形式是多样的。公众是一个统称，具体的公众既可以是个人，也可以是群体；既可以是一个具有严密组织结构的团体或组织，也可以是松散的群体。

（4）动态性。

组织所面临的公众不是静态的，而是动态的。处在不断变化发展的过程之中，是一个可变的社会群体。

（5）主动性。

公众与组织之间的联系，公众不仅仅是只作为公共关系的客体，而是从自身的利益和需求出发，积极主动地影响某一组织的决策和行为，这就是公众的主动性。

3．公众的分类

对公众进行必要的分类是十分重要的。它有助于公共关系人员明确工作对象，掌握公众对象的特点，制定适宜的公共关系政策。通过对公众的科学分类，还能提高公共关系活动的效率，下面介绍几种常用的分类方法。

（1）根据公众对组织的重要程度可分为首要公众、次要公众和边缘公众。

① 首要公众，是关系组织生存与发展，决定组织成败的公众，如企业内部的职工和外部的消费者。组织在开展公共关系工作时，要投入大量的人力、物力、财力，以保证维持和改善与首要公众的关系。

② 次要公众，是指那些对组织的生存和发展有一定影响，但不起决定作用的那部分公众，如新闻媒介、社区公众、金融、税务、工商等。尽管这些公众对组织的生存和发展不起直接的作用，但他们从多方面对组织产生制约的作用。组织在做好首要公众的公共关系工作的同时，也要做好次要公众的公共关系，为组织的发展营造有利的环境。

③ 边缘公众，是指与组织利益相关，但只能间接对组织产生影响的公众，如竞争对手、职工家属等。在公共关系工作中，不能忽视边缘公众的影响力。

应当指出的是首要公众、次要公众和边缘公众在一定的情况下是可以转化的，公共关系工作者应注意这种转化对组织产生的影响。

（2）根据组织机构内外可以分为内部公众和外部公众。

① 内部公众，主要指组织内部的成员，如企业中的员工、股东等。内部公众是企业发展的基础，企业目标的实现依赖内部员工的积极性、主动性、创造性。企业的发展更依赖股东的资金支持和决策上的支持。对任何组织来说，都需要高度重视内部公众。“内求团结”是处理内部公众关系的依据。

② 外部公众，主要是指除内部公众以外的所有与组织发生关系的公众，如企业的消费者、供应商、经销商、社区公众、政府、新闻媒介、合作者等。企业与他们的关系是互惠互利的关系，并且在处理好这些关系中获得发展。

（3）根据公众对组织的态度分为顺意公众、逆意公众和中立公众。

① 顺意公众，是对组织的政策、行为和产品持赞成意向和支持态度的公众。这类公众是组织发展可依赖的对象。顺意公众的意见、态度和行动对组织目标的实现和公共关系工作具有十分重要的影响。组织的公共关系人员要保持与顺意公众的联系，争取依靠顺意公众对组织持续不断地支持。

② 逆意公众，是对组织的政策、行为和产品持否定意向和反对态度的公众，逆意公众的存在往往是不可避免的，逆意公众的形成，一是由于组织本身的行为不当；二是由于公众对组织的误解；三是不同的人对同一问题在客观上会存在分歧。公共关系工作人员应当高度重视逆意公众的存在，并加以认真的研究、分析，有针对性地开展公共关系工作，促使逆意公众的态度转变或减少逆意公众对其他公众的影响。

③ 中立公众，是对组织持中间态度，其观点和意向不明朗的公众。他们既可能转变为顺意公众，也可能转变为逆意公众。争取中立公众转变为顺意公众是公共关系工作的重点。

（4）根据公众发展过程的不同将公众划分为非公众、潜在公众、知晓公众和行动公众。

① 非公众，是公共关系特定的概念，它指处在组织的影响范围之内，但既不受组织的影响，也不对组织产生任何作用。引入非公众的概念，可以减少公共关系工作的盲目性，减少不必要的浪费。

② 潜在公众，是指将来可能与组织发生关系的群体，因为由于某些问题没有显现，公众没有意识到利害关系，但随着问题的发展，这部分群体会成为该组织的公众。潜在公众对组织既有有利的一面，也有不利的一面。如当企业开发新产品时，企业会存在潜在的顾客，企业希望通过信息交流，使潜在顾客能够成为现实的顾客。如果企业向顾客提供的产品有可能有质量隐患的时候，会形成对企业不利的潜在公众，企业应当及时发现，将问题解决在萌芽状态。潜在公众形成时期，是开展公共关系工作的有利时机。

③ 知晓公众，是由潜在公众发展而来的。他们已经知道自己的处境，明确知道自己的问题与特定的组织有关。如已经购买了有产品质量隐患的顾客，他们迫切需要了解企业就这一问题的处理意见，企业应当积极沟通，妥善处理问题，争取顾客的谅解，使问题的解决能够朝着有利于企业的方向发展。

④ 行动公众，由知晓公众发展而来，如果问题没有得到解决，如上述质量问题，顾客就有可能采取行动，或向有关部门投诉企业或诉讼法律，或向新闻媒介披露等，都会对企业造成很坏的影响。企业公共关系人员要对此密切关注，防止事态的进一步发展，紧急采用“危机公关”以寻求问题的解决。

四、传播

信息传播是公共关系的过程和方式，是联系公共关系主体与客体的中介手段，是公共关系主体与客体交互作用的途径。

1．信息传播的含义与要素

（1）信息传播的含义。

传播是个人、组织和团体主要通过符号向其他个人或团体传递信息、观念、态度和情意，以达到互相交流为目的的沟通活动。

传播具有以下几个方面的要点：第一，传播表现为传播者（传播主体）、传播渠道（媒介）、接收者（传播客体）之间一系列传播要素之间的传播关系；第二，传播过程是信息传递和信息接收的过程，也是传播者与接收者信息资源共享的过程；第三，传播者与接收者、相关人群之间，由于信息的交流而互相影响、互相作用。

（2）信息传播的要素。

① 信源（传播者）。信源是信息的发源地，是信息传播的基础。组织在开展公共关系工作或专项的公共关系活动时，是信息的发布者。

② 信息。信息是指组织在开展公共关系工作或专项的公共关系活动时要发布的内容，内容的选择与具体的公共关系活动有关。

③ 编码。编码是指传播者把所要传递的信息制成外界所能接受和理解的符号过程，如新闻稿的写作过程、广告的制作过程等都是编码的过程。

④ 媒介。媒介是指进行信息传播过程中的中介物，是连接传播者和接收者的桥梁。公共关系传播中常用的媒介主要有：新闻媒介，如报纸、杂志、广播、电视等；实物媒介，如展览会、展销会等；人际媒介，如人际交往、各种类型的会议；资料载体媒介，文献资料、视听资料、软件资料等。

⑤ 信道。信道是指传递各种信息的流通渠道，如信邮系统，文献资料传输系统；电报、电话、广播、电视等视听资料传输系统；电子计算机网络，是软件资料传输的主要渠道。

⑥ 信宿（接收者）。信宿是到达的目的地。在公共关系活动中，信宿一般是与组织有关的公众。组织的公共关系传播活动就是为他们设计的，组织希望在传播活动中能够准确而又迅速地将信息传递给目标公众。

⑦ 译码。译码是指信宿接到信息后，对信息的理解过程。由于不同的人，其文化、价值观、性格、所处的环境等不同，有可能对同一信息会产生不同的理解。因此，传播者要研究接收者的心理，适应接收者的要求，尽可能避免接收者对信息的曲解。

⑧ 共同经验范围。共同经验范围是指传播者与接收者之间所具有的共同元素，如语言、文化、价值观、共同感兴趣的问题等。共同经验的范围越是广泛，传播效果就越好。

⑨ 反馈。反馈是指信息传播者对发出去的信息对接收者所产生的效果进行收集的过程。在公共关系活动过程中，信息反馈工作十分重要，它是调整传播活动使之达到传播目的的依据。

⑩ 环境。环境是指能够对公共关系传播活动产生影响的因素。任何传播活动都是在一定的环境中进行的，如物质环境、自然环境对组织的发展有一种自然生态的要求；社会环境要求组织的发展要考虑社会整体利益和顺应公众的要求；心理环境要求组织在传播中要符合公众的心理需求。组织在传播活动中尽可能避免环境所带来的不利影响，利用环境所给予的有利因素，顺应环境的要求，传播就会有好的效果。

2．信息传播的基本类型

（1）人际传播。

人际传播是发生在人与人之间的个人传播行为，即有一个人发出信息，另一个人接收信息，并对接收的信息予以反馈。人际传播主要有以下两种形式：

① 亲身传播。亲身传播是发生在两个人之间的面对面的信息交流。

② 个体媒介传播。个体媒介传播是指传播者和受传者之间使用媒介进行传播。

（2）组织传播。

组织传播是通过组织形式进行的传播活动，它的表现形式有以下几种：

① 小组传播。小组传播是指人数在6～10人之间进行的信息交流活动，如小组交流会、座谈会等。这种传播形式适用于组织就某个问题向有关人员通报并达成共识。它的侧重点是通

过交流让其成员真正理解组织所传递的信息，以便实施。

② 群体传播。群体传播是指一个人对多数人的传播，如上课、开会、演讲等。这种传播通常是一人发出信息，一群人接受信息。发出信息者或代表组织阐明某项政策和观点；发布组织某方面的信息，使与会者接受某种政策、观点或分享某方面的信息。这种传播带有一定的强制性，传播速度快、范围广、效率高，是组织传递信息常用的方法。由于这种传递仅有有限的反馈，组织要了解公众的反映需要进行专门调查。

③ 组织媒介传播。组织媒介传播是指组织通过一定的传播媒介对组织内部公众和外部公众进行信息交流，这是组织对内对外交互信息的主要方式。

（3）大众传播。

大众传播是指专业性的信息组织和机构通过媒介向为数众多、范围广泛、互不联系、不可预知的公众传播信息的过程。大众传播媒介一般有报纸、杂志、广播、电视、书籍及电影等。

（4）网络传播。

网络传播就是指互联网上的传播。在新经济时代，网络传播作为一种新的传播模式，正逐步成为公共关系工作中最重要的传播工具之一。今天的互联网已经延伸到世界的每一个角落，信息在网上流通已经不再受到时空的限制。互联网将全世界的计算机网络连接起来，从而形成一个巨大无比的数据库。任何组织和个人，都可以从互联网上发现对自己有用的信息。互联网还可以综合大众传播媒介中不同媒体的优势，可以集文字、图形、声音和图像于一体，起到“多种媒体”整合的传播效果。网络传播还可以克服大众传播“单向性”的局限性，采用多种形式的互动，有利于公共关系信息传播和信息收集。

实践与评价

1. 能力训练

（1）案例分析。

下面几则案例，生动地体现了现代公共关系在实践中的作用与价值，从中体现出公关要素的价值与意义。

分众“短信门”

① 事件回顾。

央视在 2008 年“3.15”晚会上突然曝光分众无线是国内最大的垃圾短信制造者，由此国内大众对分众无线的谴责声此起彼伏。3 月 16 日，央视《新闻联播》针对此事做了一个后续报道，分众传媒的一位女性副总裁矢口否认。3 月 17 日，分众股价大幅下跌 26.59%。

3 月 18 日，分众和江南春分别向媒体和投资者发布了声明。江南春表示，分众个别业务部门及其收购的一些下属公司在去年承接了大量的商业广告，投放给了未经定制或许可的用户，分众表示歉意。第二天，分众发布了其 2007 年第四季度财报。

根据财报，分众第四季度来自于分众传媒无线的广告营收 1600 万美元，手机无线广告收入占到广告总收入的 9.2%。同一天，江南春表示将在未来一周内，亲自督促“深查分众无线各下属公司及其员工是否拥有其他非正常途径取得的用户信息”。但是江南春坚称，分众的客户资源均来自正规渠道和网络，且认为“分众无线未经许可发出的短信至多也不会超过市场的 2%”。

② 专家点评。

张会亭——高盛（北京）传播集团北京高盛灵锐公关公司董事会副总裁。

树大必然招风，分众早晚都会有被盯上的这一天。此外，当越来越多的这类、那类屏幕或看板都叫做所谓“媒体”的时候，它已经越来越陷入老百姓的抵制和厌烦之中。再加上数亿用户每天频繁接到大量垃圾短信或是诈骗短信，于是乎“气不打一处来”，现在终于逮住了分众这个“大牌贼首”，当然就要“人人喊打”了。

不过，江南春的反应还是很快的。他首先积极认错，然后马上去亲手督办，这都能为他的分众挽回一部分形象，速度、诚恳、深度说明等都为他加分不少。笔者曾经在点评王石“捐款门”事件时说过，中国人对认错态度的关注往往更胜于改错本身。所以，分众“短信门”事件也就很快过去了。

可口可乐“广告门”

① 事件回顾。

在西藏“打、砸、抢”事件后不久，有网民在互联网上贴出图片表明，可口可乐公司新的广告海报在德国一个火车站出现，一群僧侣乘坐一辆过山车，配以“梦想成真”（Make It Real）的标语。这名网友形容广告中的 3 名僧侣便是代表西藏喇嘛，而过山车代表自由，“Make It Real”则代表“实现西藏自由”。大批网民支持该网友的说法，誓言从此不碰可口可乐。

可口可乐发布的声明称，该广告是 2003 年德国推出的一组主题为“Make It Real”（中文为“勇于尝试”）的系列营销广告之一，旨在鼓励人们勇于尝试新鲜事物，感受生活的快乐，没有任何干涉政治与宗教事务的含义，目前该广告已经撤下。但网友认为，即使可口可乐的广告是“被误解”的，不良反应却已经形成。企业为了迎合某一地区的消费者，而伤害另一个地区的消费者，这是营销策略的失败。同时有网友质疑，按照可口可乐营销主题的节奏，2003 年的广告活动不可能一直延续到 2008 年。

② 专家点评。

庞亚辉——上海卓跃管理咨询有限公司首席咨询师。

根据卓跃咨询的研究，越知名的公司其面临的危机风险就会越大，哪怕极为细小的一个环节没有考虑周全，都有可能被无限放大并快速传播，形成危机冲击波。

这次可口可乐与僧侣的广告，从本质上应该不会暗指中国“藏独”事件，但很容易让人产生联想，再加之德国政府与达赖关系暧昧，而广告又在德国，可口可乐更容易被联想到支持“藏独”。因此，在信息极度发达的“地球村时代”，可口可乐应该有这种危机的预见和预防能力，主动地撤下该广告以避免产生误解。好在可口可乐反应很快，在一定程度上控制了危机的进一步蔓延，这也是危机管理中很重要的一个要素。

（2）比较题。

① 你认为上述专家的点评正确吗？为什么？

② 试比较人际传播、组织传播、大众传播和网络传播的差异。

2．测试题

（1）请指出公关要素之间的关系，谈谈你的看法。

（2）请指出公众的分类，如何在相关的实践中灵活运用？

（3）公益性组织与互益性组织有何差异？

（4）谈谈网络传播的利弊。

3. 单元评估

表 1　单元课程评价表

单元内容　　　　　学号　　　姓名　　　班级　　　时间

1. 本单元最有价值的内容是：
2. 以下问题需要进一步了解或得到指导：
3. 教师讲授的思路是否清晰？教学态度如何？
4. 教学方法对你的学习是否有帮助？
5. 你的学习计划是否完成？
6. 教学目标是否达到？
7. 对于教学有何建议？
学生签字： 组长签字： 学习委员签字： 教师签字：

表 2　基本能力测评表

单元内容　　　学号　　　姓名　　　班级　　　时间

基本能力	评价指标	测评结果（通过√，没通过×）	备注
判断能力			
管理能力			
交流能力			
创新能力			
其他			
教师评语： 教师签字：　　　　年　月　日			
成绩：		学生签字：	

表 3　单元能力测评表

单元内容　　　　　学号　　　　姓名　　　　班级　　　时间

关键能力	评价指标	测评结果（通过√，没通过×）	备注
其他			
教师评语： 教师签字：　　　　年　月　日			
成绩：		学生签字：	

第三单元 公关历程

案例学习与分析

全世界第一家专业公关公司成立

1877 年，艾维·李出生于美国佐治亚州塞达拉镇一个卫理公会牧师的家庭。青年艾维·李是普林斯顿大学的高材生，后在哈佛大学法律研究所学习，但在中途辍学。辍学后，艾维·李到纽约发展，成为了一名职业记者。他曾在《纽约日报》、《纽约时报》和《纽约世界报》等多家报社工作，主要报道财经和商业方面的新闻。后来，凭借自己在新闻宣传方面的天赋，艾维·李辞去了《纽约世界报》记者的职务，投身公共关系工作。

1903 年，艾维·李开始从事竞选助理工作，为雇主提供公关宣传服务。随后艾维·李和朋友 Parker 合作开设了一家叫“派克与李合伙公司”的机构，这是第一家真正向顾客提供专业服务并收取费用的公关顾问公司。这家公司专门为企业或其他社会组织机构提供传播和宣传服务，协助客户建立、维持其与公众的沟通以及与媒体的联系。

艾维·李是从事公共关系实践活动的先驱，凭借其“是第一个以现代眼光来看专业公关从业员”的身份，同时又因促成公共关系成为一种职业而享有“公关之父”的盛誉。

【相关链接】 第一个行业宣言的诞生

19 世纪下半叶，美国的商品经济得到了高度发展，资本主义从自由竞争走向垄断。少数经济巨头控制了美国的经济命脉，他们为了巩固这种垄断地位，对内无视员工利益，对外损害公众利益，奉行所谓“只要我能发财，让公众利益见鬼去吧”的经营哲学。这些做法引起了社会公众的强烈不满，一批有良心的记者发起了著名的“扒粪运动”（又称“揭丑运动”），发表了 2000 多篇揭露实业界丑闻的文章，艾维·李就是他们的代表之一。

“扒粪运动”使美国许多资本家和大企业声名狼藉。大财团为挽回声誉，一方面对新闻界进行威胁、起诉；另一方面创办自己的报刊，试图制造“新闻”来掩盖公司不正当经营行为的本质，但虚假宣传带来的效果适得其反。

在这场运动中，资本家和大企业为挽回声誉的“软硬兼施”的手法宣告失效之后，“说真话、讲实情”的主张被提出。作为倡导“说真话”的主要代表人物，艾维·李认为，一个企业或组织要想获得良好的声誉，不应该向公众封锁消息或欺骗、愚弄民众，而应将公众关心的真实情况披露于世，以此获得公众的信任。

1906 年，艾维·李向报界发表《原则宣言》，其中明确提出了“说真话”的主张。同时，《原则宣言》还是现代公关行业的第一个宣言，明确了公关应扮演的社会角色。

【案例分析】艾维·李的生平暨思想证明，他开创了现代公关行业，并将其系统化，把新闻记者的素养融于公关业，激励着后代公关业仁人志士不畏艰难，为真理和正义而勇敢奋斗。他发表的《原则宣言》倡导“说真话”。这既是西方古代公关思想的基本体现，又是现代公关人砥砺意志、建立独立人格暨精神的基础，对于网络时代的公关人为了理想而奋力拼搏提供了不可多得的范本。这些思想与现代西方公关理念、精神相比，似乎毫不逊色，我们中国公关人应当将其当作取之不尽、用之不竭的思想与精神宝库。

案例讨论

（1）你认为艾维·李的公关思想与现代公关有关联吗？为什么？

（2）对于“说真话”的主张，你认为应如何理解与评判？

（3）在网络时代，我们应如何把东西方古代经典的公关思想与现代公关实践相联系？如何古为今用、洋为中用？

关联知识

一、世界公共关系史前史

纵观人类文明史，早在远古时期，统治者就懂得用宣传舆论来控制社会，处理与被统治者——民众的关系。统治者用大量的人力、物力去营造彰显自身伟业、功绩的神道器具、寺庙、陵基、塑神像、刻石碑、赞美诗等，以期望使自己的伟绩、美名万世流芳。这就相当于今天公共关系学中所倡导的“公关意识”，知名度、美誉度。

考古学家在伊拉克发现了一份距今3790年的农业公告，告诉人们如何播种、灌溉、收获、应付田鼠等，相当于今日政府组织开展公关活动所发布的农业公告。——政府的“公益广告”。

早在2300年前，古希腊著名学者亚里士多德在《修辞学》中指出政治家与公众之间的桥梁是靠修辞艺术来奠定的，详尽地概括了运用语言来影响民众的思想与艺术，被西方公共关系界誉为最早的公共关系理论著作。

古罗马时代，人们普遍认为，“公众的声音就是上帝的声音”。独裁者儒略·凯撒是一位精于沟通技术的专家，在被派往高卢统率军队作战的过程中，经常派人把他和军队的情况写成报告送往罗马，由于使用了公众容易接受的语言，生动传神，经常在罗马广场被人们竞相传诵。为标榜和宣传自己，赢得罗马人民的爱戴拥护，将作战的实绩、功劳整理撰写成了《高卢战记》，为当代西方著名公关专家所赞赏，被誉为“第一流公共关系著作”。

公元1世纪，保罗和彼得通过布道演讲、策划事件、寄送各类函件等类似的公关活动，宣扬基督教教义。在耶稣死后40年写的《新约》4部福音书也可视作公共关系资料，其主旨在于宣传对基督教的信仰。

二、中国公共关系史前史

中国作为四大文明古国之一，类似现代公关的思想与活动可上溯到有文字记载的远古时代。

在《尚书》中，就有诸多用口头传播去影响和争取将士、臣民的“公关”故事。公元前2100年夏启在甘与有扈氏决战，曾有78个字的战前动员讲话，富于鼓动性而激励将士同仇敌忾，取得辉煌胜利。盘庚迁都，曾三次公开发表演说，说服臣民与其合作，终于如愿以偿。

《诗经》“颂”篇多是对统治者的赞美与颂扬，相当于现代公关中的“塑造形象”。

周朝时，朝廷已有“采诗”制度，目的就是以此来体察民情民意。

战国时的两位纵横家苏秦、张仪是富有代表性的“公关专家”，苏秦游说燕、赵、韩、齐、魏、楚六国以合纵抗秦；张仪则游说六国与秦连横，拆散合纵关系，使秦得以“远交近攻”，各个击破，并吞六国、统一天下。

秦国商鞅用“徙木赏金”的事实来取信于民，表达变法革新的决心，在民众中树立了可信赖的形象。

战国时代四大公子之一孟尝君礼贤下士，食客冯谖为其“焚券市义”，后来孟尝君因政治失意逃亡时受到薛地人民的热烈欢迎，得以休养生息、重整旗鼓，最终东山再起。冯谖的行为恰似今日的“公关投资”。

三国时代，诸葛亮舌战群儒，说服了孙权联合抗曹；“七擒七纵”孟获，化干戈为玉帛，终于感化孟获归顺汉室、成为盟友，成为蜀国可靠的大后方。

历代农民起义领袖们也都十分注重利用各种传播手段来制造舆论，从陈胜、吴广到李自成、朱元璋、洪秀全，他们各有“绝招”。

在思想领域，以孔子、孟子为代表的儒家文化通过“仁”、“义”、“礼”、“信”，强调“天时不如地利，地利不如人和”，协调人与人之间的关系，调和社会矛盾，蕴涵着丰厚精湛的公关思想。

在经济活动中，公关意识不胜枚举。诸如酒店、茶肆门前，挑出“酒”、“茶”旗帜以招徕顾客，恰似今日的广告宣传。许多老字号打着“百年老店”、“童叟无欺”、“以诚待客”的招牌，无不流露出现代公关沟通的手段与技巧，闪烁着现代公关思想的光彩。至于汉代张骞出使西域，展开经济文化交流；明代郑和七下西洋，历时 28 年，途经 30 余国，用瓷器、丝绸等物品与当地交换产品，并与亚非各国加强了经济和文化联系，这些都是古代国际公关活动的突出体现。

综上所述，无论东西方均有诸多类似现代公关的思想及意识的活动。但是，从严格意义上来衡量，古代的这些公关活动，均非真正的现代意义上的公共关系，只能是现代公关的思想库和精神栖息地。

三、公共关系的职业化阶段

1. 现代公共关系的前奏曲

现代公共关系的诞生，一般以 19 世纪中叶在美国风靡的制造新闻式的报刊宣传活动为标志。所谓报刊宣传活动就是指一个组织为了自身的目的和利益，雇佣报刊宣传员在报刊上进行制造舆论、扩大影响等宣传活动。这被认为是现代公共关系诞生的前奏，其中杰出代表人物是巴纳姆。

19 世纪 30 年代，由《纽约太阳报》牵头，美国报界掀起了一场史无前例的“便士报运动”。这场运动完成了报纸向大众化、通俗化的过渡，也推动了报刊宣传活动的兴起，是现代公共关系的先导。

巴拉姆（T • Barnum）是美国最善于创新和最受人赞赏的游艺节目演出经纪人，因制造舆论宣传、推动马戏演出而闻名于世。他以“全球最伟大的献技”为口号，利用报纸制造过汤姆将军、海斯“乔治 • 华盛顿奶妈”的神话等新闻，引起了美国社会的轰动，又匿名向报纸寄出多封“读者来信”，引起了一场大讨论。他每周可从那些一睹海斯风采的美国人那里获得 1500 美元的门票收入。他奉行“凡宣传皆好事”的信条，为获利可以置公众利益于不顾，无中生有，任意编造谎言和神话，利用新闻媒介愚弄公众。所以，这一时期被人们称作“愚弄公众的时期”、“反公共关系的时期”或“公共关系的黑暗时期”。

1882 年，美国律师、文官制度倡导者多尔曼 • 伊顿在耶鲁大学法学院发表了题为《公共关系与法律职业的责任》的演讲，首次使用“公共关系”一词。1877 年，美国铁路协会主办的《铁路文献年鉴》第一次正式使用了“公共关系”这一概念。

在“愚弄公众”的前提下，诸多正直之士利用报纸杂志率先揭露了实业界那些“强盗大王”的恶劣丑闻。据统计，从1903～1912年的10年间，有2000多篇揭丑文章发表，同时还配有社论和漫画，形成了美国历史上著名的“清垃圾运动”（又称“扒粪运动”、“揭丑运动”）。

2．艾维·李时期（又称单向传播的公共关系“讲真话”时期）

艾维·李，1877年7月出生于美国佐治亚州一个牧师的家庭，毕业于普林斯顿大学，曾就读于哈佛大学法学院，早年曾在《纽约日报》、《纽约时报》和《纽约世界报》当过记者。1903年，他在纽约开办了第一家宣传顾问事务所，成为向顾客提供劳务而收取费用的第一个职业公共关系人。这是现代意义上的公共关系诞生的标志。

1906年，他向新闻界发表了著名的具有里程碑性质的《原则宣言》，全面系统化地阐明了他的宗旨：“我们的计划，是代表企业单位及公众组织，对与公众有影响且为公众乐闻的课题，向报界和公众提供迅速而准确的消息。”这就是他所崇尚的“门户开放政策”。他倡导“说真话”，并将“公众必须被告知”作为信条和宣传的基本原则。

他开展了一系列公关咨询活动，为洛克菲勒集团、宾州铁路公司、美国电报电话公司（AT&T）等提供专门的咨询服务。他帮助美国烟草公司制定分红制度，劝说电影业停止夸张的广告，倡导与前苏联进行贸易往来等。由此，他被誉为“公共关系之父”。

3．公共关系学科化阶段

爱德华·伯尼斯（Edward·Blernays），1891年出生于奥地利，次年随父母移居美国。1912年毕业于康乃尔大学，随即从事新闻工作。1913年受聘担任福特汽车公司公关部经理。第一次世界大战期间，他在威尔逊总统成立的官方公共关系机构“克里尔委员会”即“公共信息委员会”专门负责向新闻界提供有关美国参战的背景及解释性材料。1919年，他和夫人在纽约开办了一家正式的公共关系公司。1923年，他出版了公共关系理论的第一部经典著作《舆论》。同年，他在纽约大学讲授公共关系，成为讲授该课的第一人。1925年，他又出版教科书《公共关系学》。1928年出版了《舆论明鉴》一书并发表多篇论文，从而使公共关系学成为了一门独立的新兴学科，使理论与方法相统一成为了一个较为完整的体系。

他在《舆论明鉴》一书中首次提出“公共关系咨询”的概念及其作用，“公共关系咨询有两种作用：一是向工商企业组织推荐它们应采纳的政策，这种政策的实施可以保证工商企业组织行为符合社会利益；二是把工商企业组织执行的合理政策、采取的有益社会行为向社会广为宣传，帮助工商企业组织赢得公众的好感、信任和支持”。在此基础上，他又提出了公共关系活动的基本程序，即公共关系的全过程应该包括从计划到反馈到最后重新评估等8个方面。他的公关理论的核心是：提出“投公众所好”的公关原则，即强调在公关活动中首先应了解公众的要求，在确定公众价值观念和态度的基础上，再进行有计划、有组织的宣传。

他又是一位出色的公关实践家，为提高美国的全民素质所倡导的“读书运动”；为美国P&G公司的“象牙”牌香皂策划的赞助广播轻喜剧的活动（被人称之为“肥皂剧”）；为“象牙”品牌在美国市场上百年不倒立下了汗马功劳。为向公众宣传镭这种放射性元素的安全性，他专门乘火车把1克镭带在身上送到医院，消除了公众的顾虑，确保了美国镭业公司对镭的日常运输，也为现代放射性疗法在医学界的广泛运用开辟了道路。

他对公共关系的原理和方法进行了较为系统化的研究，使之从新闻传播领域内分离开来，成为一门系统化、完整的独立的新立学科。

他因此被世界公认为现代公共关系学的创始人，国际公共关系的泰斗。

四、现代公共关系产生与发展的条件

现代意义上的公共关系产生于 20 世纪初的工业大国——美国绝非偶然，而是与当时的经济、政治、文化、技术等方面有着十分广泛而密切的联系。

1. 经济发展——现代公关产生的物质基础

社会生产分工的加剧、商品经济的高度发展，特别是买方市场的形成，市场经济取代小农经济，这是公共关系产生和发展的基础与条件。

20 世纪初，美国的经济发展建立在社会、政治环境相对稳定的基础上，大工业的商品经济生产方式突破了传统的以血缘、地缘为主的小生产（小农经济）方式，重新建立起以市场为轴心的极广泛的社会分工协作方式。在此前提下，能否争取市场、争取顾客、争取公众支持，便成为企业生存的关键。这便直接促成了现代公共关系的诞生。

2. 民主政治——现代公关产生的必要条件

社会政治生活的民主化，是现代公共关系赖以产生与发展的社会政治条件。

从封建社会进入资本主义社会，资产阶级在革命后所推行的共和制、立宪制，变独裁为民主、变专制为共和制、变世袭为民主选举，民众不仅有选举权，还有知情权、议政权和监督权。“官怕民”成为可能，政府首脑和各级官员必须取得民众的信任和选举才能产生。政府的决策必须赢得民众的赞同才能得以实施，从而迫使政府和社会组织必须重新塑造自己的良好形象，争取广大社会民众的信任和支持，从而有效地实施既定方针、计划，提高政府、组织和个人的威望和声誉。现代意义上的公共关系应运而生。

3. 文化发展——现代公关产生的主要条件

现代意义上的公共关系产生于美国，得益于美国文化里人文、开放、尊重人性的基本因素的综合而使然。

美国文化体系中的三大特性，个人主义、英雄主义、理性主义，是现代公共关系产生的基础。

社会政治民主化和经济发展的超前性实现了人性由理性向感性化的回归。现代社会，由于大众传播的发展，社会化大生产对传统文化形成冲击，使社会生活、交往更趋于开明化、开放性。个人主义使美国人富于自由浪漫；英雄主义使美国人崇拜伟人，富于竞争；理性主义使他们尊重严密的法规，崇尚教条、数据和实效。人文主义回归，促使美国人在管理中注重人性、注重个人的文化观念迅速赢得大众的认同与赞赏，充满人文主义色彩的现代公关闪亮登场。

4. 传播技术——现代公关产生的技术条件

科技的发展，使大众传播与现代通信手段的发展超越了个体传播，为现代公关的产生提供了物质技术条件。

科技的日新月异，促进了现代化交通工具和信息传播技术的飞速发展。火车、汽车、飞机、飞船的发明和应用，极大地缩短了人们之间的空间距离；电报、电视的发明，开创了信息革命的新纪元；印刷、广播、电视的发展和普及，扩大、提高了现代公关的物质手段和方法。电子计算机的发明、应用与普及，极大地更新了公关的手段与方法。这些为人们之间的社会交往提供了需要和可能，于是便成为孕育现代公共关系的必要的技术条件。

五、世界视野中的公共关系

1．美国公共关系的鼎盛

美国作为现代公共关系的诞生地，“二战”期间，公关呈现旺盛势头，率先成立了战时政府公关机构——战时新闻局，培育了75 000多名公关人员，将他们派到美国及盟国军队中，在海外还设立了该局的分部。

据1937年美国《商业周刊》的统计，当时美国已有5000余名公关从业人员，有250家公关公司，最大的公司中有20%设有公关部。

1939年《公共关系季刊》出版，1944年《公共关系新闻》（周刊）出版，1945年《公共关系杂志》（月刊）出版。

1960年，美国公共关系公司已增至1350家，从业人员近10万人，全美数百家大公司中有75%设有公共关系部。1983年，美国公关公司达20 000多家，85%以上的企业都设有公共关系部或外聘公共关系顾问，每年总预算超过20亿美元，从业人员达15万人以上。

1947年，波士顿大学成立了第一所公共关系学院，培养公关学士及硕士。1952年，卡特利普和森特出版了权威性的公关专著——《有效的公共关系》，论述了“双向对称”的公关模式，首次完整地概括和描述了公关的“四步工作法”，该书第六版从系统论的角度提出了“调整和适应”这一面向开放系统的公关理论模式，从而促使人们更深刻地理解组织与其公众在开放的社会环境中的动态关系，以及公关在协调这种关系时的积极作用，提示了未来公关研究的新方向。该书于1994年已出第7版，不断更新、完善，保持着永久的生命力，有“公关圣经”之美誉。

另一位美国公关界大师级人物是马里兰大学新闻学院教授——詹姆斯·格鲁尼格。代表作为《公共关系管理》，发现并论证公关实践的4种模式：新闻代理模式、公共信息模式、双向非对称模式和双向对称模式。其中“双向对称模式”的提出，提示了公共关系实践发展的方向，真正体现了公共关系的本质。

目前，美国公关从业人员已多达20余万人，其中1/3在工商企业界，其余分布于政界、军界、宗教等各种社会组织。美国政府每年要雇用12 000人来处理公共关系事务。

1978年，全美已有300多所大学开设公共关系课程，100余所大学设置了公共关系专业，其中10所大学设立了公共关系博士学位，23所大学设立了硕士学位，93所大学设立了学士学位。目前，美国公关从业人员中有4/5是大学毕业生，1/5是研究生。高学历、高素质、高地位是美国公关队伍的特点，一项调查表明，美国公关从业人员的地位已与物理学家、律师、工程师和大学教授相接近。

从巴拉姆、艾维·李、伯尼斯到卡特利普、森特、格鲁尼格，美国公关经历了由不自觉、幼稚到成熟的不断完善的非凡历程，于20世纪50年代，终于踏上了理论科学化、职业规范化的康庄大道。

2．欧洲公共关系的发展

早在20世纪20年代，公共关系就传入英国。

1926年，英国“公共关系之父”斯蒂芬·特伦茨在担任英国政府的公关机构——“帝国市场委员会”秘书长期间，通过传播手段支持英国首相“买英国货”等倡议，使政府赢得了公众的广泛认同。

1926年，英国成立第一个正式的官方公关机构——“皇家营销部”。

1946 年，荷兰出现首批公共关系事务所。

1948 年，英国公关协会宣告成立。

1955 年，法国公共关系协会成立，挪威、意大利、比利时、瑞典、芬兰、德国等也纷纷成立了公关组织。

3．美洲公共关系的发展

加拿大公共关系是在美国文化的直接影响下于 1940 年前后涌现。1947 年成立了公共关系协会，目前有 7 个分会，会员达数千人。协会与大学联合举办短期的公关讲习班，推广公关知识，培养公关专门人才。

1959 年，墨西哥在首都主持召开泛美公关大会，美国和大多数拉美国家派代表出席会议。

1966 年，南美洲国家各公关职业组织成立了泛美公关协会。近年，巴西的公共事业蓬勃发展，成立了全国性公关协会，制定了一系列服务标准，其服务水准已接近西方发达国家水平。

4．亚洲公共关系的发展

日本是亚洲最早运用公共关系的国家。1931 年，日本占领中国东北三省，受到世界各国的谴责而退出国际联盟。为争取国际舆论的支持，找到高尔德公关公司为其制定公关计划，于是“PR”（公共关系）一词在日本流行起来。

1947 年，美国盟军将公共关系引入日本，强行设立公共关系机构并举办多种演习会、培训班，在日本掀起公关热潮。

1957 年，日本成立首家公关公司，1964 年，日本公关协会成立。

日本在公关活动中，注重与广告宣传相联系，日本电通广告公司首任公关部长田中宽次郎，开创了“公共关系广告”新形式，在广告业务中积极研究和推广公共关系，电通广告公司被誉为日本的“PR 王国”。

1959 年，日本公共关系研究所在东京主持召开大规模亚、非、拉公共关系大会。

亚洲其他国家和地区也于 20 世纪 50 年代引进公共关系的新理念与组织形式，并于 1967 年建立了泛亚公共关系协会。

5．世界公共关系的发展促进了国际公共关系协会的产生

公共关系在世界范围内迅速传播与发展，促进了各国之间理论与实践的国际交流与合作。1955 年 5 月，国际公共关系协会（IPRA ）在英国伦敦成立，总部设在瑞士日内瓦。当时拥有来自 60 多个国家的 760 多名会员，颁发“金纸奖”和“总统奖”，出版了《国际公共关系协会通信》（不定期）和《国际公共关系协会评论》（季刊）。

1959 年，英、法、德、比利时、芬兰、希腊等国联合发起在比利时成立欧洲公共关系同盟，目的旨在协调各国公关协会的活动，目前已拥有 142 个集体会员和数百名个人会员。同年，法国公关协会在奥尔良主持召开欧美公关会议。

1960 年，美国公关学会通过《公共关系实务职业规范准则》；1961 年，国际公关协会第二届世界大会在维也纳召开，制定并通过《国际公共关系行为规则》；1965 年，国际公关协会在希腊雅典召开第三届世界大会并通过《国际公共关系协会大会行为规则》。另外，欧洲、亚洲、非洲和南美洲也相继成立了公共关系联盟。公关从美国走向了世界，以其迅雷不及掩耳之势席卷全球，真正实现了国际化、规范化。

公共关系国际化发展趋势证明，公共关系已成为一门世界范围内发展最快、日益系统化、科学化，并具有继往开来、与时俱进的学科与产业。

六、中国公共关系发展概况

现代意义上的公共关系作为一种全新的思想理论与社会化职业，伴随着中国改革开放的春风吹遍神州大地。20世纪70年代末至80年代初，公共关系首先作为一种崭新的经营管理技术与方法，从南向北、从东向西，由沿海向内陆，逐步在中国迅速传播。尽管在20世纪60年代，现代公共关系已开始传入台湾、香港地区，但是相对于大陆来讲，公共关系还是陌生的。20多年来，中国的公共关系发展经历了以下几个时期。

1．初步模仿时期（20世纪70年代末至1984年）

20世纪70年代末至80年代初，中国政府确定东南沿海地区为对外开放的前沿地区——“四大经济特区”，公共关系首先在这一地区的服务性企业中兴起。

1980年，《广东省经济特区条例》颁布，设立深圳、珠海、汕头3个经济特区。1981年，深圳、珠海一些三资企业中有些宾馆、饭店学习海外、国外的一些管理模式，率先设立公共关系部，开展公关业务。广州、北京、上海一些中外合资或独资宾馆、饭店也相继效仿，演绎了一个个精彩纷呈的富有中国特色的公关经典案例。广州白天鹅宾馆、中国大酒店、北京长城饭店成为当时中国公关的典范。广州中国大酒店首任公关部经理美籍华人田士玲小姐、第二任公关经理常玉萍小姐的公关业绩，在1989年拍摄播出的电视连续剧《公关小姐》中得到了生动形象的再现，既有效地传播了公关观念和知识，也形象地展示了早期处于模仿阶段的中国公关历史。

1984年4月28日，北京长城饭店所策划的美国总统里根答谢宴会堪称中国早期公关最杰出的典范之作。

1984年，广州白云山制药厂率先在国营企业中设立公关部，投资120万元开展公关活动，举办了广州“白云杯”城市国际足球邀请赛，广州歌舞团也被纳入其麾下。1984年12月26日，《经济日报》以“如虎添翼”为题报道了白云山制药厂的公关工作，并编发了《认真研究社会主义公共关系》的社论，《文汇报》、《北京日报》、《广州日报》、《世界经济导报》等35家报刊先后载文报道、评论公共关系，较系统地阐述了公共关系在中国兴起发展的必然性与必要性。一时间，大江南北，公共关系如雨后春笋蓬勃生长。

1984年10月底，世界第二大公共关系公司——“希尔·诺顿”公司在北京设立办事处。11月底，第一个公关课题组——中国社会科学院新闻研究所，开始了中国公关的富有前瞻性的研究。

这一时期以模仿和照搬为主流，显示了全面开放引进的大趋势。

2．兴盛发展时期（1985—1991年）

经过5年多的仿效摸索，公共关系已在中华大地生根。随着改革开放的纵深发展，公关事业蒸蒸热上、如火如荼。1985年1月，深圳市总工会举办了国内第一个公共关系培训班，2月，经济学家于光远在广州青年经济研究协会成立典礼上呼吁重视公共关系研究。

1986年1月，中国内地第一个公共关系民间团体——广东地区公共关系俱乐部成立；同年6月，第一家由官方组织的公关机构——上海市公关协会成立；同年9月，深圳大学开设公共关系必修课和选修课；同年11月，科学普及出版社出版中国社科院新闻研究所公关课题组编著的《公共关系学概论——塑造形象的艺术》，这是国内最早出版的公共关系理论与实践的专著。

1987 年 6 月 22 日，中国公共关系协会在北京成立，安岗任协会主席，标志着公共关系已被政府组织所接受和正式确认。紧随其后，深圳、北京、浙江、天津、南京、武汉、陕西、四川、安徽、福建等省市分别成立了省市级公关协会、学会、研究会和俱乐部等社团组织，开展公关活动，为普及知识、培训人才、完善学科、规范职业奠定了良好的基础。

1985 年 4 月，北京师范大学开设公共关系讲座；同年 6 月，北京大学研究生院举办公共关系讲座；《深圳工人报》5 月 8 月至 8 月 8 日刊登《公共关系系列讲座》；下半年，中山大学成立国内第一个公共关系研究会，该会与广州青年经济协会和广州财贸管理干部学院联合举办了三期公共关系讲习班。8 月，第一家应用传播学研究所在珠海经济特区成立。9 月，深圳大学开设公众传播专业。

1986 年，中国环球公共关系公司成立，独家代理世界上最大的公关公司——博雅公司在中国国内的公关业务。

1987 年，国家教委正式把公共关系列入行政管理、工业经济、企业管理、旅游经济、市场营销、广告学、新闻学等专业的必修课。全国大约有 300 多所大学开设了公共关系课程，复旦大学、中山大学、兰州大学、杭州大学、中国科技大学、安徽大学等均是较早引入公共关系这门学科的大学。

1988 年 1 月 31 日，由浙江省公共关系协会主办的国内第一张公关专业报纸《公共关系报》在杭州正式面世。1989 年 1 月 25 日，国内第一份公关杂志《公共关系》在西安问世，由陕西省公关协会与中国公共关系专业委员会联合主办。同年，《公共关系导报》在山东青岛创刊。

1989 年 3 月 24 日，中央电视台第一套节目《文化生活》专栏播出《公共关系浅说》专题片。同年 5 月，当时的中共中央政治局常委李瑞环同志在全国经济联合工作会议上就公共关系发表重要讲话。

1989 年 10 月 22 日，广东电视台开播 24 集电视连续剧《公关小姐》。

1989 年 11 月 13 日，北京公关学会、北京公关报接受北京市政府协调办公室委托，开展亚运会公众心理调查活动。这是我国公关界首次承担政府部门交办的大型公关调查。

1989 年 12 月 15 日至 20 日，由深圳大学、杭州大学、兰州大学、中山大学、复旦大学发起，深圳大学大众传播系主办的全国高等院校公关研讨会在深圳举行。

1990 年 7 月，中国公关协会在河北新城召开全国首届公关理论研讨会，围绕“公共关系与社会发展”进行广泛热烈讨论，鲜明提出要研究中国的公共关系。同年，深圳大学的公关项目《在中国创立并推进公关教育》在国际公关协会举办的 1990 年世界公关最佳金奖评选中荣获国际金奖。这是中国公关界所获的第一枚世界唯一金奖。

1991 年 1 月，由深圳大学发起，中国公关协会、国际公关协会深圳分会、深圳大学大众传播系、《公共关系》杂志、《公共关系导报》、《公共关系报》、《北京公关报》联合举办了“中国十大杰出企业公关评优活动”。

1991 年上半年，由北京市公关协会和中央电视台联合举办的《企业实用公共关系》电视讲座与观众见面。

1991 年 4 月 26 日，中国国际公关协会在北京成立。

1991 年 11 月，第二届全国公关理论研讨会在上海举行，主题是“公共关系与改革开放”。

这一时期，公共关系在中国蓬勃发展，难免鱼龙混杂、泥沙俱下，但公关事业的健康、有序迈进已势不可挡。

3．走向成熟时期（1992 年至 2014 年 1 月）

从 1992 年开始，中国社会发展进入新时期，市场经济发展推动了公关业进入全面整合、深入发展的时期。

1992 年 4 月 30 日至 5 月 5 日，美国著名公关专家、曾任尼克松总统高级助理的汉斯·沃斯博士访问北京，同中国国际公关协会、中国公关协会领导及专家、学者进行了交流，促进了中外公关思想理论的密切沟通。同年 12 月，第三届全国公关理论研讨会在福州举行，主题是“公共关系与经济建设”。

1993 年 8 月，中国最大的公共巨著——《中国公共关系大辞典》出版，吴学谦、邵华泽作序；同年，《公关世界》在河北石家庄创刊。 据统计，到 1992 年年底，全国专业性公关报刊已有 29 种，大力推动了公关的普及和良性发展。

1994 年，国家教委正式批准中山大学创办我国第一个公共关系本科专业，同时在行政管理专业硕士点招收公共关系研究方向的硕士研究生，从而使我国公共关系的学科化建设迈上一个新台阶。同年 3 月，全国哲学社会科学规划办公室发布的《国家社会科学基金资助项目申报数据代码表》中，将公共关系学归为社会学类，代码为 SHP，标志着公共关系学已正式登上全国学术论坛。同年 9 月在宁夏回族自治区银川召开全国第 7 次公关组织联席会议，达成共识：公共关系的发展是衡量市场经济发展的重要标志。会上成立了“全国公关实务协作会”，建议将每年 9 月的第三个星期日定为“全国公关日”。同月，中国国际公关协会和中国环球公关公司共同举办“中国公关市场高级研讨会”。会议认为，中国公关市场已由潜在市场转化为现实市场，中国特色的公关市场健康发育、成长的关键是加速中国公关的规范化、职业化和法制化。

1995 年 6 月，中国高等教育公关专业委员会成立，为全国高等院校公共关系学教学、科研和实践提供了一个交流的平台。

1999 年 5 月，国家劳动和社会保障部正式出版了《国家职业分类大典》，首次将公共关系人员列入“大典”第 3 条。它标志着国家已正式承认“公关员”这一职业。

1999 年年初，经国家劳动和社会保障部批准，国家职业资格工作委员会公关专业委员会正式成立，并开始制定公关职业标准；同年 12 月 29 日，在广州举行“公关员职业资格”试点通考，这是国家举行的首次全国统一鉴定考试。2000 年 12 月 3 日，全国首届公关员职业资格统考在全国 24 个省市自治区直辖市顺利举行，近 7000 人参加了初、中、高三个级别的职业资格统考，标志着中国公关业已进入职业化、专业化和规范化的新阶段。

2000 年年初，中国国际公共协会与中国环球、海天网联、方圆、爱德曼、博雅等中外公关公司及壳牌、可口可乐等一些著名企业公关部，对北京、上海、广州等地几十家中外公关公司和企业公关部进行问卷调查和走访，结果证明，日益活跃的公关业已成为中国经济的一个朝阳产业。

2001 年 8 月，“中国公关网”和“中国国际公关协会网站”相继投入使用，标志着中国公关界首次有了自己的门户和宣传平台。

2002 年 3 月，按中国国际公关协会统计，全球排名前 20 位的国际公关公司已有一半进入中国，成为“入世”后中国公关业与国际接轨的标志和良好的开端。

2002 年 6 月 26 日至 27 日，第四届中国国际公关大会在北京举行，会议主题是中国公关如何应对入世。外经贸部副部长龙永图、北京市副市长刘敬民、国际公关协会现任主席雅克·迪南、美国可口可乐全球副总裁、中国环球公关公司总经理等分别在大会上发表了主题演讲。

2002 年 10 月 2 日，安徽蚌埠市公关协会举行首届“公关节”命名暨咨询服务大会，为企、事业单位展示形象提供了平台，丰富了市民的文化生活，扩大了组织的影响力。同年，《中国公共关系大百科全书》出版，上海视点公关公司朱艳艳总经理荣获国际商业传播者协会（IABC）颁发的“金鹅毛奖”，充分显示了中国公关业的巨大进步和实力。

2003 年 3 月，全面技术提升后的行业门户——“中国公关网”为行内外人士了解中国公关业发展情况提供了更为便捷有利的条件。据悉，目前“中国公关网”浏览人数已由改版前的 6 万人次激增到了目前的 36 万多人次。

2003 年 2 月，中国国际公关协会、中国工业经济联合会等行业协会在北京联合主办了“首届企业危机管理论坛”，将邀请国内危机管理专家、学者就企业危机管理预案、危机传播、危机管理培训等问题进行了深入探讨。这次论坛对与会企业及时应对随后发生的“非典”危机事件起了十分积极的作用。

2003 年 7 月，中国国际公关协会在抗击“非典”中，由于向中央抗击非典部门及时报送“抗击非典危机管理方案”，研究提出并向全国公关界公布了“抗击非典行业自救指导意见”等卓有成效的工作，被国家民政部授予“抗击非典先进全国性社会团体”荣誉称号。

2003 年 6 月，国家职业资格工作委员会公关专业委员会在劳动和社会保障部职业技能鉴定中心的指导下，组织相关专家对《公关员国家职业标准》进行了修订，在原有的初级、中级和高级公关员基础上，增设“公关师”（国家职业资格二级）和“高级公关师”（国家职业资格一级），对五个等级的申报资格提出了明确要求。同时，对“公关师”和“高级公关师”的考核办法作了新规定，除技能知识闭卷考试外，还增加了专业技术报告和答辩的专家评审考核。新版《标准》的实施，将使我国公关职业的专业认证和教育培训工作迈上新台阶，对于加强公关人才队伍建设和促进公关行业的发展必将意义深远。

2003 年 7 月，中国公关协会学术委员会、《公关世界》杂志社与安徽省公关协会在安徽省蚌埠市联合举办“新世纪中国首届市县形象建设论坛”，围绕全面建设小康社会战略主题，深入探讨促进市县经济快速发展、全面提升市县综合实力和区域整体形象的新思路、新途径和新方法。全国 17 个省市县 100 余位专家、学者、代表进行了热烈的研讨，对于在市县基层拓展公关服务新领域、全面贯彻落实“十六大”提出的全面建设小康社会的战略任务将起到积极而深远的影响。这项活动被中国公关协会评为 2003 年中国公关 10 项要闻的头条。

2003 年 11 月，中国公关协会、《公关世界》杂志在广西柳州联合举办“新世界中国首届公关市场理论研讨会”，中心议题是以党的十六届三中全会《决定》精神为指导，深入探讨中国公关市场的走势、特点和规律。来自全国 18 个省市自治区的专家学者、协会、学会组织负责人以及企事业单位领导莅会研讨，对落实完善社会主义市场经济体制的重大战略任务，启动公关市场效应、提升公关服务品质与实效，起到了十分积极的影响和作用。

2004 年，中国公关界发生的重大事件与影响力空前绝后，中国公关协会专家在《公关世界》广泛征求意见的前提下确定 10 大要闻：

（1）党的十六届四中全会首次提出“构建社会主义和谐社会”，这不仅是我国社会主义现代化建设总体布局的一个重大突破和补充，也为中国公关业指明了更高的发展目标。

（2）纪念小平同志百年诞辰，全国公关界热评小平同志的“公众意识”、“稳定”、“协调”原则和处事风格。

（3）我国各级政府普设新闻发言人，有些省市经贸、银行、税务甚至公安机关都设立了公共关系部门，说明公共关系已被引进到国家许多重要职能部门。

（4）中国申办 2008 年世界公关大会，喜获世界公关协会批准。

（5）第五届中国国际公关大会暨第六届中国公关案例大赛颁奖典礼在京隆重举行。

（6）中国第二届公关市场理论研讨会暨优秀论文颁奖会在浙江省湖州市成功举行。

（7）中国首届咨询业大会暨中国咨询业协会发起大会在京隆重举行。

（8）江苏省副省长吴瑞林在庆祝江苏省公关协会成立 10 周年大会上，要求协会担起政府“公关智囊”的重任。

（9）上海成功举办“公关新星大赛”。

（10）中国公关界和有关各界对美国阿尔·里斯新著中文版《公关第一，广告第二》反响强烈。

2004 年还有中国 10 大企业社会责任案例：

（1）川化沱江污染。

（2）海信集团董事长周厚健提案家电节能。

（3）皇明公司投资开发太阳能地产。

（4）万通地产打造中国首个绿色社区标准指标体系。

（5）中石油总经理马富才引咎辞职。

（6）阜阳奶粉事件。

（7）红蜻蜓集团冠名赞助首届希望小学运动会。

（8）阿拉善 SEE 生态协会成立。

（9）太子奶事件。

（10）河南、陕西等地系列矿难事件。

2004 年 12 月 4 日至 5 日，安徽省公共关系学会在合肥召开第 11 届年会暨“构建社会主义和谐社会”学术研讨会。这是一次公关界与企业界的双向沟通交流会，也是在全国范围内首次就十六届四中全会提出“构建社会主义和谐社会”为中心议题所作的学术研讨活动。会议围绕公共关系在构建社会主义和谐社会中的作用、任务、目标展开广泛深入研讨，一致认为，社会主义“和谐社会”的构建为新形势下公共关系工作指明了方向，体现了时代性、把握规律性、富于创造性，不仅是执政党的执政目标，也是执政党的公关目标，更是公关人为之奋斗的重要目标。

2005 年中国公关翻开了新的历史性篇章：

2005 年 1 月 18 日，卡塔尔半岛电视台报道努曼旅绑架 8 名中国人质，中国政府当即指示中国外交部和驻伊大使馆迅速采取有力措施，全力解救。经多方努力，中国政府成功化解了人质危机，8 名中国公民获救，既维护了国家的尊严，又提高了中国政府的声誉。

面对印度洋海啸，中国政府立即做出反应：海啸发生后的第 2 天，中国政府承诺提供 260 万美元援助；1 月 6 日，温家宝总理出席在印尼雅加达举行的 22 国政府和国际组织参加的救灾峰会上发表《同舟共济，共建美好家园》的讲话，并积极响应联合国呼吁，决定在已有承诺基础上再增加 2000 万美元。中国红十字会通过媒介发出爱心慈善倡议，掀起一场全国性捐助热潮。卫生部相继派出 3 支国家卫生救援队和医疗专家小组赶赴印尼、泰国和斯里兰卡等重灾地区开展医疗、救援以及遗体 DNA 的鉴定工作。截至 2 月 28 日，中国内地民间捐款已达 5.9 亿元人民币。一时间，国际社会好评如潮，显示着中国作为一个正在“和平崛起”的大国的良好形象与声誉如日中天，提高了中国致力于为本地区和世界承担责任、做出贡献的大国风范与公信力。中国政府的“海啸”公关，不失为一次十分成功的国际公关大演练。

3 月 7 日，《国际公关》杂志在京举办首发式宣告创刊，由国家新闻出版总署批准，外交部主管，中国国际公关协会主办，以“秉承传播公关观念，引导正确舆论，交流技术经验，促进市场繁荣，推动中国公关咨询业的职业化、专业化、规范化发展”为办刊宗旨。

在3月初举行的全国人大全国政协十届三次会议上，胡锦涛总书记就新形势下发展海峡两岸关系提出“四点意见”，十届人大三次会议高票通过《反分裂国家法》，温家宝总理称是一部加强和推进两岸关系法，是一部和平统一法。紧接着，应胡锦涛总书记邀请，台湾国民党主席连战、亲民党主席宋楚瑜于4月、5月间相继率团访问大陆，掀开了海峡两岸和平统一的新篇章，既是中国共产党和祖国大陆对台政策调整的一个重要标志，也是推动两岸共同发展，“合作”、“和解”和“搭桥”，更是中国共产党成功运用公共关系实现“反台独”，共谋和平发展、实现统一的重大举措。

5月底，在美国纽约举行的SABRE奖年度颁奖仪式上，博雅公关有限公司中国公司及其客户思科系统公司共同荣获一项SABRE奖。

这项题为《网络创新与发展的历史之旅：思科在中国市场推出运营商线路由系统一号（CRS—1）》因独特创意而获得“B2B（企业对企业）营销：新产品上市”类别金奖。

这一奖项的获得说明在中国及亚洲开展的公关项目已达到了世界级的水准。

6月26日至28日，中国公关代表团应国际公关协会邀请，专程前往土耳其伊斯坦布尔参加第16届世界公关大会暨IPRA 50周年庆典活动。本届会议的主题是“沟通：走向诚信的持久之路”，郑砚农常务副会长代表中国公关界发表了“中国公关发展状况”的主题演讲并接受与会者提问和土耳其媒体的专访。28日下午4：30，大会举行2008北京世界公关大会交接仪式，郑砚农常务副会长在大会上热情洋溢地介绍了2008北京大会的准备情况，宣传片《北京欢迎你》在低沉的击鼓声中推出，向与会代表展示了中国博大精深的文明、开放活跃的市场、飞速发展的公关业，同时胜利完成了2008北京世界公关大会交接工作。

2006年，中国政治、经济、文化等领域发生了许许多多重大的公关事件，从“海选红楼梦中人”到“《疯狂的石头》口碑传播”，无处不在体现公共关系的价值。随着Web 2.0的兴起和新媒体平台的不断拓展，公共关系环境不断成熟，中国公关业无论是在专业水平还是市场份额方面，都得到了很大的发展。

中国社会正在全面建设小康社会，构建和谐社会、构建和谐世界已成为当前中国政治经济领域的主旋律，公共关系作为不断调整、改善组织环境的一种科学方法和专业服务，正日益得到全社会的高度重视，中国公关业及其广大从业人员正不断努力，促进各级组织与其公众之间的广泛沟通与合作，为创建和谐环境做出了自己应有的努力。越来越多重大社会事件背后，处处可见公关专业人员的身影，他们正用忘我的激情在努力创造卓越的价值。

2003年12月20日，作为中国公关人的纪念日，自创立以来，不断得到业界的广泛关注和支持，每年都举办一次盛大的晚会来庆贺这个中国公关从业人员的共同节日。该节日已成为中国公关业、营销界及新闻界广泛关注的年度盛会，是传播领域专业人士相识相知和沟通交流的重要契机和平台。2006年又适逢中国国际公共关系协会（CIPRA）15周年，各界精英汇聚第四届中国公关节，思想碰撞，群星璀璨。

据中国国际公共关系协会常务副会长兼秘书长郑砚农介绍，该协会自1991年4月在京成立以来，坚持“让世界了解中国、让中国走向世界”的办会宗旨和“指导、监督、服务、协调”的工作方针。15年来，一直致力于中国公共关系行业的职业化、规范化和国际化发展，积极从事公共关系的理论研究和实践探索，多方面地创造条件促进公共关系行业的国内外沟通与交流，其所属的学术、公司、组织三个工作委员各司其职；其开办的《国际公关》杂志和中国公关网在全社会宣传推广公关理念，为我国公共关系事业的发展做出了巨大的贡献。

第四届中国公关节活动由中国国际公共关系协会（CIPRA）主办，汉扬传播/汉扬智讯公关策划公司承办，《国际公关》杂志、和讯网协办，国务院新闻办、外交部、商务部、国资委、体育总局等部委相关负责人，新华社、人民日报、经济日报等新闻机构负责同志，以及 200 多名来自政府、企业、媒体、教育等机构的资深专家、管理人员和新闻发言人出席了本次庆典活动。

2006 年度中国的一些公关事件（排名不分先后）：

（1）吉利打造中国最高级别方程式赛车（企业传播）。

（2）中非合作论坛北京峰会（国家形象）。

（3）“康佳号”帆船出战国际帆船邀请赛（企业传播）。

（4）重拍红楼梦——海选红楼梦中人（影视传播）。

（5）东风日产“绝对挑战巅峰营销”招聘活动（企业传播）。

（6）《疯狂的石头》的口碑效应（口碑营销）。

（7）国美收购永乐开始多品牌战略（投资者关系）。

（8）青藏铁路全线开通（政府公关）。

2007 年是个非凡的年度，20 多年的中国公关实践与专业的积累在 2007 年度有了质的飞跃。从联想奥运火炬手选拔、“倡导文明、传递爱心”公益短信大赛到“快乐男声”闪亮选秀等热点新闻事件来看，公共关系在社会各层面发挥着越来越重要的作用，公关行业正在稳步发展中逐步走向成熟。

2007 年度中国的一些公关事件（排名不分先后）：

（1）“快乐男声”闪亮选秀（娱乐传播）。

（2）“嫦娥一号”探月卫星发射（国家形象）。

（3）国家法定节假日调整（网络公关）。

（4）“倡导文明传递爱心”公益短信大赛（社会公益）。

（5）阿里巴巴香港上市（财经公关）。

（6）中国铁路第 6 次大提速（政府公关）。

（7）“中国制造”舆论管理重塑声誉（国际公关）。

爱德曼集团全球总裁/首席执行官理查德 • 爱德曼盘点 2013 年度世界公关大事件，指出 10 大点：

（1）营销与企业公关融合趋势更加显现。

（2）两大营销传播巨头阳狮集团与宏盟集团合并。

（3）蓝标收购 We Are Social 显示中国公关公司在国际化游戏中的角色开始浮现（中国已经成为继美英之后的全球第三大公关市场）。

（4）大型公关公司与中型公司的差距增大，大者恒大并且更大。

（5）公关服务呈多样性。

（6）亚太和拉美的大型跨国公司愈加需要跨国公关服务。

（7）跨国公司客户的目标市场数目减少，欧洲公司尤为如此。

（8）媒体越加成为公关公司的合作伙伴而非仅是购买对象。

（9）科技公司超越健康和消费品行业而成为公关服务使用的大户。

（10）公关行业的领导层更新换代，并且薪火相传。

中国市场已经成为国际公司和本土企业竞相角逐的世界级舞台，越来越多的本土企业也开始重视公共关系，关注企业的声誉。中国的公共关系实践以其高度的专业性日益为社会所认可和尊重，面临着前所未有的发展机遇。据最新数据显示，目前，中国公关人员已突破 180 万人，整个行业营业额达 300 亿元人民币，增长率达 33.3%，仅公关公司就已超过 2000 家。

事实证明，中国公关已步入市场化、规范化、科学化的轨道，成为世界公关发展的一个亮点所在。我们坚信，随着知识经济时代的来临，经济全球化势不可挡，网络化、人性化、智能化、数字化已成为现代公共关系无法回避的挑战与机遇，中国公关必将昂首阔步，勇往直前！

实践与评价

1. 能力训练

（1）案例分析。

① 虽然西方的一些公共关系学者曾自豪地宣称亚里士多德的《修辞学》是人类历史上最古老的公共关系经典，但他们也不能回避这样的事实：早在 2500 多年前我国的春秋战国时期，就已经存在着公共关系思想的萌芽。如郑相子产的“不毁乡校”，让公众在合法场所发表意见，议国政、听民声；孔子的“己所不欲，勿施于人”、“仁”、“和为贵”等思想，表现出对和谐关系的重视与期盼；墨子的“兼相爱，交相利”主张，体现出对良好公众关系的追求；冯谖客孟尝君，为替孟尝君树立爱民如子的新形象，实施“狡兔三窟”计划，则是一次古代成功的公关策划活动。孟子的“仁政”、“民本”思想则是当时罕见的富有超前意味的公共关系新思想，与现代意义上的公关思想和意识具有某种相通相融之处。有人就指出，中国公关思想要远胜于西方，即使放到当今社会也丝毫不逊色。请结合公共关系发展史进行评析。

② 阿尔·里斯在《公关的崛起》一书里，引用了《伊索寓言》把广告比作北风，将公关业喻作太阳，当想脱去一个人的衣服，风用力地吹，而人却将衣服裹得更紧，而太阳则用阳光照射使人自己脱去衣服。你认为妥当吗？

（2）比较题。

① 中国公关发展史与世界公关发展有何联系与差异？

② 为什么说现代公共关系在改革开放后的中国赢得史无前例的发展空间是顺应了历史发展的大趋势？

2. 测试题

（1）为什么说现代意义上的公共关系必须建立在经济发展的物质基础上？谈谈你的看法。

（2）如何理解传播技术是现代公关诞生的技术条件？

（3）从世界视野的公共关系中，你看到了什么？

（4）简述中国公关发展的历程，略做评述。

3. 单元评估

表 1　单元课程评价表

单元内容　　　　　　学号　　　　　　姓名　　　　　　班级　　　　　　时间

1. 本单元最有价值的内容是：
2. 以下问题需要进一步了解或得到指导：
3. 教师讲授的思路是否清晰？教学态度如何？
4. 教学方法对你的学习是否有帮助？
5. 你的学习计划是否完成？
6. 教学目标是否达到？
7. 对于教学有何建议？
学生签字： 组长签字： 学习委员签字： 教师签字：

表 2　基本能力测评表

单元内容　　　　　　学号　　　　　　姓名　　　　　　班级　　　　　　时间

基本能力	评价指标	测评结果（通过√，没通过×）	备注
判断能力			
管理能力			
交流能力			
创新能力			
其他			
教师评语： 教师签字：　　　　年　月　日			
成绩：		学生签字：	

表 3　单元能力测评表

单元内容　　　　　　学号　　　　　　姓名　　　　　　班级　　　　　　时间

关键能力	评价指标	测评结果（通过√，没通过×）	备注
其他			
教师评语： 教师签字：　　　　年　月　日			
成绩：		学生签字：	

第二模块

Module tow

现代公关程序

学习目标

知识学习目标

- 了解公关程序的概念、特征，认知公关调查的原则，掌握现代公关的调查、策划、实施和评估的过程，重点掌握公关实施的步骤和排除相关障碍，熟练运用评估的标准，客观、科学地评估公关事件。

能力培养目标

能力模块	能力要求	关键知识
现代公关目标与要求	1. 能认知现代公关程序的概念、特征 2. 能运用公关程序原理分析相关案例 3. 四步工作法	1. 公关调查、公关策划、公关实施和公关评估 2. 抽样调查、访谈调查、问卷调查
公关原理与实务	1. 能通过公关程序实践认知公关原理 2. 能辨析抽样调查与问卷调查的联系与差异 3. 能熟练掌握现代公关评估的方法和技巧	1. 公关调查的原则 2. 公关调查的基本方法 3. 公关策划的基本原则 4. 公关实施的步骤 5. 公关评估的方法和技巧

第一单元　公关调查

案例学习与分析

多美滋“行贿门”的背后

2013年9月16日，央视报道称，为抢占市场，包括多美滋在内的不少奶粉企业贿赂医生和护士，让医院给初生婴儿喂自家品牌的奶粉，让孩子产生对某种奶粉的依赖，达到长期牟利的目的。多美滋贿赂医生护士的方式有多种：奶粉厂家每个月会向一些妇产科医生及向产妇成功推荐奶粉的护士打款；邀请专家讲课，医生、护士听课，厂家以“赞助费”、“车马费”形式给医生护士送钱；给新开医院提供装修等。报道还公布了多美滋给医护人员的打款明细。报道称，天津的一家医院妇产科，奶粉是医院准备的，产妇家属并不知道是什么品牌。记者提出想自备奶粉时，护士明确表示：“我们这儿一般不让。”

9月17日下午5点左右，多美滋发声明表示：“对中央电视台关于多美滋在天津一些医院推广奶粉的报道，多美滋（中国）表示非常震惊和重视。我们将立即就此事件展开调查。多美滋婴幼儿食品有限公司严格遵循中国的法律法规，包括《母乳代用品销售管理办法》，并为此设立了严格的管理制度。如有违法，我们将采取严厉的惩罚措施。”

【相关链接】9月22日，央视《东方时空》报道称，知情人士再度向央视记者提供了多美滋公司各区销售人员之间的邮件往来。据粗略统计，该公司仅今年4月就向北京、辽宁、吉林、河北、天津、内蒙古、黑龙江等北区的7省区医务人员打款50万元。而包括北区在内，多美滋公司在我国一共有6个大区。此外，在多美滋公司2013年前5个月的销售情况表中，单独有一栏“纯医务增长”（在医院由医生完成的销量），以今年2月为例，该增长率在各省份均超过10%，个别更是接近60%。

9月23日晚，针对被曝行贿7省区医务人员细节，深陷“贿赂门”的知名奶粉企业多美滋公司发表声明，称多美滋非常重视央视的报道，已于数日前启动了事件调查。现在调查尚在进行中，结果或将于10月1日前公布。

10月17日，多美滋的调查报告称：央视报道的内容与多美滋赞助的一个妇幼健康教育项目有关。该项目是多美滋与专业医学组织共同举办，目的在于提高妇幼健康保健水平。“多美滋公司的内部政策一向强调支持母乳喂养，并要求所有行为必须符合中国政府的规定”，多美滋称，“令人遗憾的是，我们的调查发现，尽管该项目总体执行情况良好，但是在项目的具体执行中，由于管理不力，出现了一些有悖项目初衷、违反公司政策的行为。对此，多美滋公司深表歉意”。多美滋表示，公司有着严格的规定，绝不姑息任何不合规的行为。因此公司立即采取了行动，彻底纠正上述错误。

对于具体措施，多美滋表示主要包括三个方面：首先，立即全面中止该妇幼健康教育项目在所有地区的执行。其次，多美滋（中国）公司领导层对此事件负有领导责任，公司将根据有关规定进行处理，包括任命新的高级管理人员负责处理相关事务。另外，多美滋表示，已决定对全国范围内所有员工开展合规培训，以确保所有行为完全符合公司和相应的政策规定。“这一专项培训将在3个月内完成。同时，我们将进一步加强内部管理和监督机制，杜绝此类事件的再次发生”。

同时，天津方面也公布了调查结果。2011年以来，全市85家医疗卫生机构的116人受多美滋公司委托，以向新生儿和婴幼儿家长授课、发放宣传材料、推介免费使用多美滋奶粉、提供相关信息等方式，违规接受多美滋数额不等的钱款。随后，对116人违规接收的钱款全部予以收缴，对13名问题比较严重的违纪违规人员予以处理。

一则“第一口奶”的电视新闻，将多美滋拉进了舆论风暴。多美滋被指通过贿赂医院工作人员事件瞬间成为了社会关注的焦点。事件发生后，多美滋对此事件非常重视，立即就此事件进行调查，并称如有违法，将采取严厉的惩罚措施。然而，其公开道歉并承担责任的举动却在1个月之后才姗姗来迟，这让其勇于承担责任的企业形象大打折扣。

事件曝光后，多美滋方面首先发布声明成将对事件展开调查，1个月之后发布调查报告，承认问题、表达歉意。但在此期间没有站在消费者立场，进行沟通，也没有主动与媒体进行正式沟通，只是单方面发表声明和内部的调查报告，不符合真诚沟通原则。

多美滋虽然在第一时间对此事件进行了回应，但是在9月23日发表的声明中称：调查结果将在10月1日前公布。但实际公布时间却推迟到17日，且这段时间并未对调查结果进展进行说明。此时危机已经愈演愈烈，违背速度第一原则。

该事件调查结束后，多美滋首先立即中止妇幼健康教育项目在所有地区的执行，并对该事件所有负责人依照有关规定进行处理。另外，多美滋决定对全国范围内所有员工开展合规培训，以确保所有行为完全符合公司和相应的政策规定；同时，也将进一步加强内部管理和监督机制，杜绝此类事件的再次发生等一系列危机处理的系统运行。

案例讨论

（1）你认为该案例最关键的问题是什么？为什么？

（2）你认为多美滋的处理方式妥当吗？为什么？

（3）我们从这一案例中还能得到公关程序方面的哪些启迪？

关联知识

一、公共关系调查的含义、意义和作用

公共关系调查，是社会组织开展有效公共关系活动的前提和基础，也是公关部门和人员务必首要掌握的专业技能之一。

公关调查的意义如下：

1. 公关调查是组织开展公关活动的基础

任何一项公关活动一般都离不开调查，这是社会组织开展公关活动的先导。正如著名公关专家R.西蒙所说，不论人们如何表达公关活动的流程，调查研究都是举足轻重的，如果把整个公关活动视为一个“车轮”，调查研究便是这个“车轮”的“轴”。

2. 公共调查有助于社会组织制定科学合理的决策

通过公关调查，社会组织能及时、准确地收集到公众对组织的意见、态度和评价，确定本组织所存在的薄弱环节，为领导者制订合理的应对措施奠定基础。这就能避免领导者决策的失误，减少决策过程中的不确定性因素。

公关调查的作用如下：

（1）公关调查有助于社会组织考查公关现状，监测社会环境的变化。

任何组织在开展公关活动前都必须掌握组织与公众关系的状况，即社会舆论和公众对组织的认知和评价。

公关调查是对组织环境进行分析和监测，认知环境变化的过程。它为公关人员发现问题、寻找目标、确定工作对象，实施创意策划提供宝贵的第一手资料，为实施公关工作的针对性、科学性和规律性提供良好的便利条件，便于决策者当机立断，监测社会环境的变化。

（2）公共调查有利于社会组织及时加强与公众的联系、沟通，塑造良好形象。

公关调查本身就是一项沟通公众关系、协调相关利益、塑造良好形象的重要的公关工作，同时也是公关人员向公众传播组织自身形象的过程，能够缩短与公众之间的距离，赢得公众的好感和赞许。

二、公关调查的基本原则

1. 客观性原则

公关调查务必以实事求是的精神，掌握第一手确凿无误的事实材料，包括准确的统计数据、具体的事例和概括的事实等。

一方面，公关调查要按事物的实际情况办事，既不夸大、也不缩小；另一方面要从实际出发，准确判断周围事物的内部联系，努力找出其发展的规律性。

2. 时效性原则

公关调查就是了解公众在某一特定时间对公关组织形象的评价，其结果具有强烈的时效性。快速、便捷地获取相关信息，是公关组织务必牢记的至理名言。遵循快捷的时效性，就有利于组织及时收集有益的信息，做出正确的决策。

3. 全面性原则

公关调查从“量”的前提出发，选择对象务必确实代表公众的整体态度，点面结合、整体推进，以显示调查样本的公正性、权威性；调查所选择材料必须全面、完整，既有正面、又有反面，甚至还有中间方面的；既有定性又有定量的分析资料；既有问卷调查又有抽查资料；确保能提供全面比照。

4. 效益性原则

公关调查中要树立尊重调查对象的人格、宗教信仰、民族习惯、生活方式和兴趣爱好，力争做到谦虚礼貌、举止文明、热情主动，从而提高组织的信誉度，使公众能够积极配合，提供真实、准确、客观和全面的资料，顺利完成相互协作、共同谋划的调研任务。

三、公共调查内容

1. 组织基本情况调查

（1）组织公关活动的历史和现状。

（2）组织知名度和信誉度的高低。

（3）组织经营管理的状况。

（4）组织领导者和员工的情况。

2．相关公众调查

公众构成情况调查如下。

（1）内部公众构成情况：人员数量、专业、年龄、性别、文化程度、能力和职务职称等。

（2）外部公众构成情况：人员数量、构成、特征、需求，与组织的联系状态、重要性和依赖性等。

3．公众需求调查

（1）公众的物质需求，如其对改善物质生活环境、产品和服务的需求。

（2）公众的精神需求，如其对组织接纳、合法权益的需求等。

4．公众评价调查

（1）对组织产品的评价。

（2）对组织服务质量的评价。

（3）对组织管理水平的评价。

5．社会环境调查

6．政治经济形势

（1）社会风尚和消费心理。

（2）其他相关组织的公共关系。

四、公关调查的基本程序

1．调查准备阶段

（1）确定调查具体任务。

（2）进行调查设计。

（3）准备调查条件。

2．调查实施阶段

（1）成立调查小组。

（2）收集资料。

（3）调查分析阶段。

（4）核实相关资料并分类。

3．分析调查资料

主要可采用定量、定性分析的方法，解决关键问题。

4．调查报告写作阶段

（1）报告的内容要真实、准确和客观地反映实际情况。

（2）报告的书写格式力求规范，应包括题目、目录、概要、正文、结论、建议和附件等相关要件，语言文字务必准确、精练、规范。

5．总结评估阶段

调查成果的评估主要有两项指标：

（1）学术价值，即调查资料是否可为公关理论研究提供真实、完整和可靠的数据资料，可否作为某一理论观点和研究结论的印证和依据。

（2）应用价值，即依据公关调查结果被采用情况和对公关运作所起的实际作用，来对公关调查施行客观的评价。

6. 调查工作总结

（1）工作完成情况总结，即是否按时完成了调查任务，是否达到了调查的目的，是否需要补充或重新调查等。

（2）公关调查所取得的经验和教训。

五、公关调查的方法

1. 文献法

公关人员主要通过查询各种文献，对媒介所传播的有关组织形象或相关信息进行调查统计分析的一种间接的调查方法。文献资料一般包括以下几种：

（1）书面文献，包括各种公开或非公开出版发行的文献，如书籍报刊、档案、报告、会议文献、统计报表等。

（2）声像文献，即运用录音、录像和摄影等技术直接记录声音与图像的文献形式，如电影、电视、录像、录音、照片等媒介形式。

（3）电子文献，即用计算机阅读和查询的文献，如磁盘、光盘、U盘和网络文献等。

2. 访谈法

访谈法是调查者依据调查提纲与调查对象直接交谈，收集语言资料的一种口头的调查方式。主要有集体访谈法和个别访谈法：

（1）集体访谈法。由一名或数名调查者亲自召集一些人来进行座谈。优点是工作效率高、速度快、人数多、信息广，便于相互启发、补充、核对和修正。

（2）个别访谈法。由调查者分别访问调查对象，通过个别谈话的方式收集资料的一种访谈方法，优点是双方是个别接触，能建立起相互信任的关系，有利于排除干扰，减少从众心理的压力，便于被调查者说真话，所收集的材料真实、可靠。

3. 问卷法

调查者统一运用精心设计的问卷，利用书面回答的方式，了解信息的一种方法，又称“名意测验法”。有自填问卷和访问问卷两种方式：

自填问卷即由被调查者自己填答的问卷；访问问卷是由访问员根据被调查者的口头回答来填写的问卷。

4. 观察法

调查者直接进入现场，用自身感官及辅助工具，观察和记录被调查者的表现，获取第一手资料的方法。其优点是真实、生动、具体和直接，可靠性强。具体有参与观察和非参与观察两种。参与观察，是指观察者直接介入被观察事物，与被观察者发生联系，以内部成员的角色参与他们的活动，在共同的活动中观察所收集的相关资料。如去酒店作为顾客，了解其他消费者对其产品、服务和组织行为的评价。非参与观察，是指观察者不直接参与被观察的活动，而是以第三者的角色对被查对象进行观察，不介入（干预）事物的发展过程，只记录事件发展的自然情况。如某服装公司的公关人员在商场周围观察记录公众服装消费的相关情况。

实践与评价

1. 能力训练

（1）案例分析

GE“工厂门”

厦门通士达照明有限公司是厦门通士达有限公司与美国 GE 公司合资的国有控股公司，是中国照明行业的龙头企业之一。2008 年 3 月 25 日，美国俄亥俄州非营利政策研究机构 Policy Matters Ohio（简称 PMO）发布了《好灯泡，坏工作：荧光灯背后的工人和工作环境》的调查报告称，厦门通士达照明有限公司以种种形式压榨工人血汗，如员工每月工作 250 小时以上、员工经常饿肚子等种种情况。

事件发生后，GE 公司 11 名专家组奔赴厦门开展了为期一周的现场调查。结论是通士达公司没有违反劳动法规的行为，也没有证据表明有如该报告中所声称那样的有员工致伤的事件发生，没有员工提出对工作条件以及实际操作心存顾虑。

4 月 10 日，GE 公司发表声明称：PMO 不能够提供支持其所谓“调查”的具体调查方法；这种草率且未经过仔细调研便出台的所谓“报告”中的各种与事实不符、不完整及不准确的表述对 GE 以及通士达公司良好的声誉以及记录造成了损害。

（根据中国公关网等资料改写）

（2）专家点评

吴卫华——宣亚国际传播集团媒介中心总经理。

① 速度较快。PMO 报告发表的第二天，GE 派遣了 11 人的调查小组，并对报道第一时间回应。

② 态度坚决。GE 称报告哗众取宠，并准备起诉“PMO”；通士达的高管声称“我们是替罪羊”。

③ 透明度尚可。由“不接受采访”到后来的“紧急邀请多家媒体，并开放一线车间供记者核查”。

④ 可信度有改善空间。厦门市疾病控制中心、厦门总工会、厦门当地媒体都给出了有利于 GE 的评论。不过新浪网的一项相关调查上，相信 GE 血汗工厂的有 14360 票，占 93.86%。

总体评价：GE 的表现总体是可以的。如果企业能够在危机处理的同时，多承担社会责任，对树立良好的社会形象是更有帮助的。

有人认为，这一现象折射出现代公关调查的力量与价值，请结合本章内容进行分析。

（3）比较题。

① 试比较书面文献与声像文献的联系与区别。

② 请比较观察法与访谈法的优劣。

2. 测试题

（1）简述公关调查的意义与作用。

（2）简述公关调查的原则。

（3）公关调查的程序有哪些？如何把握？

3. 单元评估

表 1　单元课程评价表

单元内容　　　　　　学号　　　姓名　　　班级　　　时间

1. 本单元最有价值的内容是：
2. 以下问题需要进一步了解或得到指导：
3. 教师讲授的思路是否清晰？教学态度如何？
4. 教学方法对你的学习是否有帮助？
5. 你的学习计划是否完成?
6. 教学目标是否达到？
7. 对于教学有何建议？
学生签字： 组长签字： 学习委员签字： 教师签字：

表 2　基本能力测评表

单元内容　　　学号　　　姓名　　　班级　　　时间

基本能力	评价指标	测评结果（通过√，没通过×）	备注
判断能力			
管理能力			
交流能力			
创新能力			
其他			
教师评语： 教师签字：　　　年　月　日			
成绩：		学生签字：	

表 3　单元能力测评表

单元内容　　　学号　　　姓名　　　班级　　　时间

关键能力	评价指标	测评结果（通过√，没通过×）	备注
其他			
教师评语： 教师签字：　　　年　月　日			
成绩：		学生签字：	

第二单元 公关策划

案例学习与分析

2012 伦敦奥运会开幕式公关

伦敦奥运会开幕式执行总导演、创意总监斯蒂芬·戴德利说："奥林匹克运动会不仅是竞技体育的巅峰，也是一项全球瞩目的文化盛事。文化活动是奥林匹克的有机组成部分，英国当初申办奥运会时的承诺就是要把奥运会打造成为一个巨型艺术节。"伦敦奥运会开幕式以"奇妙岛屿"作为主题，展示英伦三岛的历史、文化和现代社会风情，这一灵感源自莎士比亚代表作《暴风雨》。开幕式将于当地时间 7 月 27 日晚 9 点正式开始，持续 3 个小时，8 点 12 分观众还将欣赏到一段预热性质的表演，开幕式投资约 2700 万英镑，预计有 10 亿人观看，包括现场观众 8 万人。

整个开幕式将在悬挂于主会场内的巨钟的轰鸣声中徐徐揭开大幕，现场 500 台音响的总功率将达到 100 万瓦。这口欧洲最大的钟重达 27 吨。开幕式艺术总监导演丹尼·博伊尔希望伦敦奥运会开幕式能像 2000 年悉尼奥运会那样，凸显亲和力和参与性，特别是英式幽默将贯穿始终，"在全世界的眼前把我们最好的一面呈现出来"。配乐方面，博伊尔选择英国电音舞曲乐队 Underworld。田园风光、工业革命、披头士、《猜火车》、007、"憨豆先生"……一个个令英国人引以为傲的文化符号一一登场。27 日夜，著名导演丹尼·博伊尔以"奇迹之岛"为主题，在伦敦奥运会开幕式上向全世界奉献了一场视觉盛宴。

这场全球瞩目的盛典开始于伦敦时间晚上 9 点，现场大屏幕里显示的群岛奇迹拉开序幕。跟随镜头，英伦三岛的风土人情一一呈现。随着大屏幕里的镜头与"伦敦碗"的现场融为一体，一幅田园画卷展现在主体育场内，马拉动的耕犁的工具、辛勤的挤奶妇女、野餐的家庭、爱德华时期的村庄板球队以及舞蹈着的人们。田园风光被高耸的烟囱取代，象征着英国进入工业革命时期。工业革命改变了英国，也改变了全世界的生活方式，开幕式总导演丹尼·博伊尔在回顾这一人类历史上的里程碑进程时，不光有骄傲，也有反思。著名演员布拉纳（扮演伊桑巴德·金德姆·布鲁内尔）朗诵莎士比亚著名戏剧《暴风雨》中的经典选段，描述英国在工业化进程后恢复的过程。失去土地的底层劳动者为了自己的权利而奋斗，也有努力争取参政权而抗争的妇女。

007 的扮演者丹尼尔·克雷格出现在了白金汉宫，他的新任务是用直升机护送女王前往奥运会开幕式现场。这是英国女王首次"触电"，她在影片中扮演了自己。大屏幕中，直升机从白金汉宫出发，穿越伦敦塔桥，来到"伦敦碗"的上空。"女王"一跃而下，当然了，这仅仅是影片的虚实结合。画面切换到开幕式现场，真正的英国女王伊丽莎白二世进入体育场内，和她一起出现的还有她的丈夫菲利普亲王和国际奥委会主席罗格。升国旗之前，现场唱起了祝福女王的歌曲，随着儿童乐团唱起英国国歌，英国国旗缓缓升起。接着，开幕式变成了一个童话的国度。一阵欢快舞蹈之后，进入一片宁静，孩子们都进入了梦乡。孩子们的梦境开始了，梦中有《哈利波特》里的大反派伏地魔，仙女保姆从天而降，最终恶魔被打败，童话故事的经典结局，一片欢快的景象。

伦敦交响乐团会演奏奥斯卡经典音乐电影《火的战车》的主题曲，由英国著名指挥家拉斐尔指挥，而演奏电子琴的是给全世界带来无限欢乐的"憨豆先生"。盛大的摇滚狂欢开始了，英国流行音乐史上的知名歌手几乎全部囊括，甲壳虫、滚石、皇后各个露脸，朋克、电子、说唱无一遗漏。

现场的大屏幕回顾了这次伦敦奥运会火炬从采集到传递的过程，从雅典到伦敦。贝克汉姆驾驶一艘快艇从泰晤士河出发，向“伦敦碗”进发。桑迪演唱《与主同行》之后，各国运动员开始入场。

【相关链接】高楼大厦，城市繁华渺如云烟，从莎翁笔下《皆大欢喜》里创造的森林里的理想世界，到现在全球热播的英国电视剧《唐顿庄园》，田园牧歌才是根植于英国人生命中的最美生活的模样。伦敦奥运会开幕式文艺表演的首章《田园牧歌》带领观众通过时光隧道，回到了英国人的心灵家园。白云下，初夏明媚阳光中，农家小屋炊烟袅袅，周围流水潺潺，羊群、牛群缓步草坪，水车缓缓翻滚。人们或田间劳作、或屋后游戏比赛、或享受惬意的野餐。为了尽可能真实地还原几百年前的生活，89位动物“演员”，包括40只绵羊、12匹马、3头牛、2只山羊、10只鸡、10只鸭、9只鹅和3只牧羊犬，在34名演员的带领下演绎了这幅英国“农家乐”。而表演舞台由总面积达7346平方米的草皮组成，上面的稻谷也是真的。此时童声合唱团的声音从英伦三岛传来，其中圣歌《耶路撒冷》在“伦敦碗”唱响；爱尔兰民谣《伦敦德里小调》来自北爱尔兰著名景点巨人之路；苏格兰“国歌”《苏格兰之花》来自苏格兰的精神象征爱丁堡城堡；来自威尔士的罗西里海滩的《天堂的面包》则是英国著名赞美诗，在国家重要场合演唱。

【相关链接】奥运会开幕式怎么会少了这位英国大文豪的影子。威廉·莎士比亚是文艺复兴时期欧洲文学最杰出的代表，一生共创作了37部戏剧、2部长诗和154首十四行诗。其创作广泛地反映了当时的英国的政治、经济、思想、文化等各方面，被誉为“时代的灵魂”。他的戏剧在欧洲戏剧发展史和文学发展史上占据重要地位。此次，他的名作《暴风雨》巧妙地连接起第一章《田园牧歌》和反映工业革命的第二章《混乱时代》的表演。《暴风雨》创作于1611年，是莎士比亚的最后一部“传奇剧”，被文学评论家认为是莎士比亚“诗的遗嘱”。《暴风雨》描写了米兰公爵普洛斯彼罗被弟弟安东尼奥夺去爵位，带着女儿米兰达和魔术书流亡到一座荒岛，在那里调遣精灵，呼风唤雨。由英国著名导演肯尼斯·布莱纳扮演的著名英国工程师伊桑巴德·金德姆·布鲁内尔缓缓诵出其中名句“不要恐惧：岛上已充满了躁动”，预示着工业革命带给人类的巨大影响。桑巴德·金德姆·布鲁内尔主持修建了大西方铁路、系列蒸汽轮船和众多的重要桥梁，是工业革命时期重要的代表人物，而导演肯尼斯·布莱纳以改编多部莎翁名著闻名。

【相关链接】英国是工业革命的发源地，英国人在开幕式上专门用《混乱时代》向曾经的“世界工厂”致敬和对这一改变了人类历史进程的时期进行反思。史学家大多同意将1708年9月定为工业革命开始的时间。当时英格兰西部的什罗浦郡一个名为阿布拉罕·达比的修士利用焦炭取代木材冶炼钢铁。这被认为是工业革命的开端。工业革命时代又称机器时代，机器首次取代人成为生产线上的主角。机器的广泛使用，推动了生产力的大幅提高，为社会创造了巨大财富。英国成为世界首富，军力随之骤升，将战火燃烧到了世界各地，英国成为“日不落帝国”。战争带来胜利的喜悦也带来生命消逝的哀伤。场地中的一块红色罂粟花盛开的地方，几名士兵肃穆而立，和大家一起在悼念过去和现在所有战争中的亡灵。罂粟花在英国有特殊的象征意义。1915年5月3日，加拿大军医、中校约翰·麦克雷在战争中目睹一年轻战友牺牲之后，写下了不朽的战地诗篇《在弗兰德斯战场》。其中写到：在佛兰德斯战场，罂粟花随风飘荡，一行又一行，绽放在殇者的十字架之间。罂粟花因此在英国被赋予特殊意义。每年11月11日是英国纪念战争先烈的“荣军日”，届时，上到女王、下至平民，都会佩戴纸制的罂粟花以表哀悼。

伦敦奥运会的口号是“激励一代人”，孩子是开幕式《梦幻岛之路》这一章的主题之一。而另一主题就是英国人引以为傲的在世界率先实现全民免费医疗的英国医疗系统，该系统创建于 1948 年。这一幕中用到 320 张道具床，而 600 名舞蹈演员都是货真价实的医务工作者。白色道具床组成了孩子的鬼脸和四个大写字母组成的单词 GOSH，这是伦敦最著名的儿童医院大奥蒙德街医院 Great Ormond Street Hospital 的首字母缩写。而为孩子们朗读童话故事《彼得 •潘》的中年女性则是哈利 • 波特之母——JK • 罗琳。此次，经典的哈利 • 波特虽然没有出现，但表演台中十多米高的人物形象正是她笔下哈利的死对头伏地魔。同时登台的经典童话邪恶形象还包括彼得 • 潘中的库克船长、《爱丽丝梦游仙境》中的红心皇后、《101 斑点狗》中的女皮草狂库伊拉，这些“坏蛋”随着英国童话最有名的保姆形象玛丽的出现而消失了。

【相关链接】从查理 • 卓别林和斯坦 • 劳莱到詹姆斯 • 邦德和哈利 • 波特，英国电影不乏知名人物。《插曲》这一章节向观众展示了一些最受欢迎的英国电影片段，包括与奥运会主题密切相关的《烈火战车》。而英式幽默再次出现，并由英国著名演员罗温 • 艾金森“憨豆先生”来完成。他一本正经端坐在现场的交响乐团中，一边弹着一指钢琴，一边做着白日梦穿越时空，出现在《烈火战车》中的经典一幕中，与主人公海边一同跑步训练。现场由伦敦交响乐团演奏的音乐正是来自《烈火战车》，指挥是世界著名指挥家——英国人西蒙 • 拉特尔爵士。《烈火战车》根据真人真事改编，曾获 1981 年奥斯卡最佳影片。影片讲述了剑桥大学犹太学生哈罗德 •亚伯拉罕为了对抗种族偏见，为同胞争光，一心想成为赢得奥运会百米赛金牌的第一个犹太人。最后，自信而有拼搏精神的他终于夺得百米冠军。而影片另一位男主角埃里克 • 利迪尔正是英国著名短跑运动员，曾在 1924 年第八届巴黎奥运会夺得男子 400 米冠军。埃里克 • 利迪尔与中国渊源深厚，他的中文名字是李爱锐，其父为詹姆士 •丹露帕 •利迪尔牧师；母亲名为玛莉 •雷登，是一名护士，父母均为苏格兰人，是英国伦敦会差派来中国的传教士。埃里克生于中国，在巴黎获得盛誉后回到中国传教，并在 1945 年 2 月 21 日死于日军战俘营。他生前始终忠于自己的信仰，尽力帮助过许许多多贫苦的中国农民。新华社伦敦 7 月 27 日电（记者易凌常爱玲）奥运会开幕式一向是主办城市向全世界推介其文化和历史的舞台，伦敦奥运会也不例外。从莎士比亚到罗琳，从工业革命到社交网络，英国人试图通过 3 个小时的表演和狂欢告诉世界：伦敦影响了，也将继续影响着世界。伦敦市长鲍里斯 · 约翰逊自信满满地表示，开幕式的演出展现了伦敦过去、现在和未来的精华。只不过对于不熟悉英国文化的观众，有些“精华”似乎颇令人费解。在这里，我们选择了一些章节加以解读。

这一章节讲述了一个发生在一户普通英国人家的故事。周六晚上，爸爸妈妈在家里看电视，十来岁的儿子在打电脑游戏。女儿琼准备出门跳舞。在地铁里，她看到一个男孩，一见钟情，但是这个男孩坐在另外一辆地铁上。她把手机丢了，男孩碰巧捡到了。他在一家又一家的酒吧里找寻着她……酒吧里播放着各个年代的流行歌曲。浪漫的爱情故事通过英式情调慢慢展开。故事的结尾，男孩和女孩通过社交网络取得了联系。谁发明了互联网？伦敦人、英国科学家蒂姆 · 伯纳斯 · 李。在这一章节中，开幕式导演团队试图通过一个爱情故事将英国生活展示给世界：英式住宅、英国地铁、酒吧文化，甚至包括一辆英国知名品牌的迷你汽车。

自行车不光是奥运会的比赛项目，也在英国人日常生活中扮演重要角色。古代雅典，参加奥运会的队伍都会从家乡带来一只鸽子，在奥运会结束的时候放飞回家，鸽子的脚上会绑上信息，告诉家人准备欢庆胜利者的回归。传统奥运会开幕式上都有和平鸽放飞仪式，但自从 1992 年巴塞罗那奥运会后就没有再用真鸽子，而逐渐用各种鸽子的替代方案来执行这一传统仪式。

伦敦奥运开幕式表演中出现的 75 辆“鸽子自行车”就是代表了从古至今奥运会上放飞的和平鸽。这种鸽子自行车是在自行车上装了翅膀做成的，而这一奇妙的混合体是受到了美国自然主义者刘易斯·海勒的一句话的启发，他曾经说，“骑自行车是我所知道的最接近鸟儿飞行的方式”。英国跟自行车有着悠长和骄傲的联系。现代自行车是苏格兰的一位铁匠发明的。而就在上周，布拉德利·维金斯还成为了第一个获得今年环法自行车大赛总冠军的英国人。

这一章节标志着伦敦奥运会正式开幕。标准程序包括：组委会主席讲话；国际奥组委主席讲话；升奥运五环旗；唱奥运会会歌；运动员、教练员、裁判员代表宣誓。在古希腊奥运会上，有奥林匹克的誓言，参赛选手要向神表明心迹。现代奥运会前五届没有举行宣誓仪式，国际奥委会本准备在第 6 届举行，但由于第一次世界大战而未能施行。奥林匹克的官方誓言是在 1972 年的慕尼黑奥运会上首次出现的。它由主办国的官员和裁判共同宣读。本届奥运会开幕式，代表全体参赛运动员宣誓的是英国柔道运动员萨拉·史蒂文森。伊丽莎白女王二世正式宣布伦敦奥运会开幕，并将开幕式推至高潮。

伦敦奥运圣火在英国经过 70 天的传递，于 27 日晚来到“伦敦碗”。奥运会火炬接力是奥运会的前奏，是古代奥运会和现代奥林匹克运动之间强有力的连接，是仅次于奥运会本身的最重要的传播工具。火炬在接力传递活动中，传播奥林匹克精神、传递友谊与和平的信息，点燃人们对奥运会的激情。伦敦奥运会火炬由 7 位不到 20 岁的年轻火炬手共同点燃，再一次回应了奥运会“激励下一代”的口号。

【相关链接】足球可谓英国第一运动，大卫·贝克汉姆则是英国足球运动员的优秀代表。他出生在伦敦东区，这正是奥运会主要场馆的所在地。贝克汉姆曾先后效力英格兰曼联、西班牙皇家马德里以及美国洛杉矶银河等俱乐部。作为奥运大使，也为伦敦成功申办奥运立下了汗马功劳。此次小贝也是一路护送奥运火炬从水路抵达奥运会开幕式举办地“伦敦碗”外。

【相关链接】披头士是 20 世纪最知名的英国摇滚乐队，1956 年成立于利物浦，成员包括主唱约翰·列侬、保罗·麦卡特尼、乔治·哈里森和后来加入的林格·史塔，乐队于 1970 年解散。《Hey Jude》是披头士乐队（又称甲壳虫乐队）成员之一保罗·麦卡特尼爵士为乐队灵魂人物约翰·列侬与前妻的儿子朱利安写的，歌曲创作时朱利安不过 5 岁，歌曲在 1968 年发行，作为单曲发行了 800 万张。歌曲鼓励面临父母离异的小朱利安“不要沮丧”、“不要害怕”、“不要消沉”，勇敢面对未来，生活会更美好。麦卡特尼的演唱会也经常将这首歌曲作为保留曲目，在全场“啦啦啦”的大合唱中压轴表演。

案例讨论

（1）有人认为，这一经典的案例体现了现代公共关系策划的巨大魅力与影响，请谈谈你的认识。

（2）与 2008 年北京奥运会开幕式相比，此次的亮点在哪里？为什么？

（3）有人说此次成功的背后是现代公共关系在起作用，你如何认为？

关联知识

一、公关策划的要素与特征

1. 公关策划的要素

（1）策划者。

策划者是指公关组织中的专业人员，这是公关策划的关键要素，其能力、素质的高低将决定策划水准的层次。

（2）策划目标。

策划目标是指策划主体预期要实现的一种良好的未来状态。

[资料品读] 英国公关专家杰弗金斯说：“有形的公关活动是在公关计划方案已取得既定目标基础上产生的，它不仅能使公关从业人员清楚地知道自己活动的目的，而且能使公关从业人员准确地评估自己活动的实际效果。”可见，公关策划目标一般是为了解决策划主体形象战略目标中的问题而提出来的，在策划各要素中，它是一个方向性的要素，具有指向作用。

（3）策划内容。

策划内容是多层次的统一体，具体可分为高层次、亚层次和表层次。

① 高层次。指对组织的宏观战略规划的总体设计构思，也称总体公共关系战略策划。

② 亚层次。指公关实务专题活动策划，如新闻发布会、记者招待会、庆典活动、开放参观、宴请宾朋和危机管理等。

③ 表层次。指具体的操作性的公关活动，如宴请宾朋过程中的接待礼仪，某项活动的主持，通常指为完成某项公关活动而选择的公关技巧、谋略、技能和招数等。

（4）策划对象。

策划对象是指与公关组织相关联的特定目标公众，这是任何一项公关策划中务必关注的目标。确定目标公众，并对其进行调查、分析是一项十分重要而艰巨的工作，对其进行科学合理的分类是确保策划目标顺利达成的关键。

（5）策划环境。

策划环境是指策划的机遇、场合、社会环境和群体心态等。因为任何公关策划都会受社会政治、经济、文化和心理等因素的制约，这些因素均会直接、间接地对策划过程产生影响。

（6）策划结果。

策划结果即公关策划方案，是策划者在深入细致调查研究的基础上，为实现策划目标而精心设计制定的公关实施细则和设计方案。

2. 公关策划的特征

（1）谋略性。

公关策划的本质即谋略，是策划者创造性思维的最集中体现，最能充分展现其创造能力、预见能力和对传统思路的突破与升华。

（2）整体性。

公关策划的最佳境界就是努力追求工作的整体效益，目标选择的整体优化，活动安排的互相关联性，使分散、孤立的因素合成起来，有机地产生出环环相扣、相互连锁的总体效果。因为，整体大于部分之和。

（3）主动性。

公关策划应主动寻找时机，主动出击搜寻传播组织形象的最佳契机。策划者还务必掌握计划超前性的基本要求，“未雨绸缪”、“居安思危”是策划的着眼点和着力点。

二、公关策划的原则

1．创新性原则

公关策划的灵魂就是创新，创意新颖、内容新鲜、手法翻新，时机把握恰到好处、规模恰如其分。

（1）创新观念先行。

在策划中，策划者首先要树立创新观念，绝不在前人老路上重复，而是以超前创新精神开辟崭新路径、创新新理念，换脑筋是关键。

（2）创新思维永恒。

在策划过程中，策划者必须在全过程中树立创新思想，将创造性思维方法贯穿于公关行为的每一个步骤、每一个细节之中。

（3）创新方案有度。

策划方案不能太死板，因为客观世界环境是动态、变化的，在实施过程中总会遇到诸多突如其来、意想不到的新变化。保持适度的弹性，就是蕴涵着随机应变的因素，以可变的态势迎接万变的环境因素的挑战。

2．整体性原则

策划者在策划中，注意研究全局的指导规律，局部服从全局，以全局带动局部。立足眼前、放眼未来是关键，将任何系统当成一个全局，注意区分层次，大系统、中系统和小系统，母系统与子系统；针对不同层次，采取不同的策略，最根本的是要有整体性、全局性的观念。

3．时效性原则

所谓时效，指的是时机和效果及两者间的关系，策划方案的价值将随着时间的变化而变化，要求策划者把准时机，正确处理时机与效果之间的关系，尽可能缩短从策划到实施的周期，力争让决策发挥效用的寿命更长，长远效果更好。

4．真实性原则

所谓真实，就是指策划者在策划中真诚求实，尊重客观事实、尊重科学、尊重实践；在传播交流相关信息时，特别要审核信息的准确性、真实性（注意不容许传递任何涉假不实信息），不虚美、不隐恶，实事求是。

三、公关策划的方法与技巧

1．德尔菲法

德尔菲法是 20 世纪 60 年代初，美国兰德公司的专家们借用古希腊传说中的神谕之地德尔菲而提出的一种定性预测方法。其主要特点是使参与策划的专家之间互不通姓名，以减少人际关系和社会心理等方面的干扰、压力和影响，让参与策划的人能畅所欲言地发表自己的观点、意见和主张；并且运用匿名方式多次反复征询意见，使每个人的意见不仅能充分发表而且能够渐趋集中，使结论的科学性、可靠性越来越大，最后汇集成一个反映群体意志的预测结果。

其一般程序有以下四步：

① 确立目标，拟定出所要调查或决策的问题，诸如相关背景资料、预测目的、期限、调查表填写方法的详细提纲。

② 选择一批熟悉本问题的专家，一般 20 人左右，包括理论和实践方面的行家。

③ 发函给各位专家，由他们独自自由地发表意见。

④ 将回函的意见进行统计、归纳和综合，然后再将这些意见制成第二轮表格，再寄给各位专家，让他们做进一步分析、研究和评价，并阐述相关理由，做出新的选择。

最后，按照策划领导机构的要求，对某些提出独特见解或坚持不同意见的专家有针对性地施行征询性调查，便于他们更充分地说明原因和理由。经过三四轮意见比较与集中后，进行数据处理与综合，所得的方案往往较为客观、科学。

2．头脑风暴法

头脑风暴法是美国现代制造工程学家奥斯本（A.F.Dsborm）于 1993 年提出的一种培养创造力的方法，其核心是高度自由的联想。

它让一个组的成员自由地提出自己的意见和建议，不管多么幼稚和离奇，是让每个成员都能无所顾忌地创造出大量新鲜的、能解决问题的有效方法。

具体操作方法如下：

（1）确定与会人员，以 5～12 人为宜，并提前几天将会议的主题通知与会者。

（2）确定 1 名会议主持人和 1～2 名记录人员。

主持人在会议开始时要说明会议的目的，要解决的问题和达到的目标；宣布会议的要求和注意事项，鼓励人人发言。记录员要记录所有方案和设想（包括荒诞、古怪、幼稚、离奇、可笑的设想）。

（3）禁止批评，以免影响众人的创意。鼓励随心所欲，提倡让大家打破传统框框限制，激发创造性思维的火花，狂放、新奇、怪异，引人入胜。

（4）会后由专家小组对所有设想进行比较、筛选，对评出的好想法进一步提升、改进和完善，形成颇具使用价值的好设想，提供给决策部门。

3．戈登法

戈登法又称发展型自由讨论法，1964 年由美国阿沙·德·里特尔公司的戈登创造。其方法前半部与头脑风暴法一样，让大家就某一方面问题尽情畅想，过一段时间后，主持人认为差不多了，便在适当时候将会议的目的意图全盘托出，使问题更加具体化、明确化，并做进一步探讨。一般安排 3 小时，这样就便于扩展自由联想的成果。

实践与评价

1．能力训练

（1）案例分析

“美国梦”的破灭

美国人摩根曾在中国策划过一个“拥有一块美国土地，出售一个美国梦”的案例，轰动一时。当时，他把美国中部的荒芜土地用极其低廉的价格买下，用地契将其切割成每份 1 平方英寸，再以每份地契5000左右人民币的价格卖给中国人，许多购买者以为拥有了一份地契，就能够踏上美国土地了，成为实现美国人的梦想了！结果，纯属不真实的虚伪作秀，所谓圆美国梦，纯属白日做梦，反而圆了摩根的发财梦。摩根的这项策划是建立在非准确、传递虚构信息——“美国梦”的基础之上，违背了现代公关策划真实性的基本原则，应当作为反面教材警示每个策划人。

（根据危机公关网改写）

① 请结合公关策划的原理分析摩根策划的核心处，如何避免策划的失误？

② 2008年9月中旬，三鹿乳业遭受空前危机，于是请来了公关危机管理专家进行策划。据披露的材料显示，有准备花300万人民币封堵网络负面新闻的一招，后因故失败，导致更严重的危机爆发，你如何看待这一事件？这一策划与“美国梦”破灭有相似的地方吗？请结合相关知识谈谈你的观点。

（2）比较题。

① 请比较报纸、杂志、广播、电视和网络5大媒体的优劣。

② 2009年3月，《公关世界》杂志（A）（B）刊在北京同期推出，最大的亮点就是内容、版式的和而不同，请比较其策划的差异。

2. 测试题

（1）简述公关策划要素之间的关系。

（2）请指出公关策划程序，如何在相关的实践中灵活运用？

（3）如何运用头脑风暴法？

3. 单元评估

表1　单元课程评价表

单元内容　　　　　　学号　　　　姓名　　　　班级　　　　时间

1. 本单元最有价值的内容是：
2. 以下问题需要进一步了解或得到指导：
3. 教师讲授的思路是否清晰？教学态度如何？
4. 教学方法对你的学习是否有帮助？
5. 你的学习计划是否完成？
6. 教学目标是否达到？
7. 对于教学有何建议？
学生签字： 组长签字： 学习委员签字： 教师签字：

表2　基本能力测评表

单元内容　　　学号　　　　姓名　　　　班级　　　　时间

基本能力	评价指标	测评结果（通过√，没通过×）	备注
判断能力			
管理能力			
交流能力			
创新能力			
其他			
教师评语： 教师签字：　　年　月　日			
成绩：		学生签字：	

表3　单元能力测评表

单元内容　　　　　学号　　　　姓名　　　　班级　　　　时间

关键能力	评价指标	测评结果（通过√，没通过×）	备注
其他			
教师评语： 教师签字：　　年　月　日			
成绩：		学生签字：	

第三单元　公关实施

案例学习与分析

百事“把乐带回家 2013”公关策划

时间：2012 年 11 月～2013 年 2 月

项目背景：

百事公司是全球最大的食品和饮料公司之一，自进入中国市场 30 多年来始终致力于植根中国文化，将百事精神源源不断地融入中国消费者的生活当中。

2012 年春节之际，百事集团就曾斥巨资打造以“春节回家”为主题的贺岁微电影《把乐带回家》，以契合中国百姓“春节回家团圆”愿望的角度入手，充分利用百事明星资源，借明星之口讲述“回家过年”的亲情故事。通过温暖人心的故事呼唤全天下的儿女能够在春节来临之际“把乐带回家”，与父母共享天伦。明星的强大号召力，加上富于感染力的亲情故事，引发消费者共鸣，掀起了“把乐带回家”的风潮，广受各界好评及认同。

2013 年岁末，百事集团再度联合旗下百事可乐、美年达、纯果乐和乐事四大品牌倾力打造百事《把乐带回家 2013》微电影，不仅将明星演员的阵容再度升级，更在 2012 版“春节回家”的主题上进一步挖掘深度，将家人之间的亲情之爱升华为陌生人之间互帮互助，传递“有爱的地方便是家”的大爱温暖主题。在该微电影的拍摄过程中，竟上演了一出电影和现实交错的惊险故事：正当古天乐、罗志祥、林志颖、蔡依林、韩庚、杨幂、快乐家族、霍思燕等 15 位巨星聚集一堂，携大队人马去往拍摄地长白山时，却遭遇了百年难遇的特大暴风雪，大雪封山、冰霜封路、航班取消，一百多人的拍摄团队被迫滞留长春长达一周之久。导演及剧组被困长白山、明星及工作人员全体滞留长春，眼看随着时间的推移，明星们的档期已所剩无几，作为“把乐带回家”项目整体公关宣传计划制定者的乐智公关，又将如何把控全国媒体舆论导向，传播“有爱的地方就是家”的大爱温暖主题，再现 2012 版《把乐带回家》的辉煌？

项目调研：

“春节回家”几乎是所有中国人最关心的话题。中国农历年前，轰轰烈烈的春运总能占据最多的媒体版面，成为几乎所有人议论的焦点。中国的“春运”已经刷新了世界人口的新迁徙记录——火车、汽车、摩托车，尽管交通工具各异，但目标几乎一致——春节回家团圆。据统计，中国每年春运的 40 天时间里，都会有超过 30 亿人次出行。这场全球最大规模的人口流动不仅承载着中国人春节团聚的期盼，在春运这个浩大的人口迁徙数字之下，更体现了每一个中国老百姓对家的渴望。而 30 亿人集体回家的道路又是充满了无数的艰难与坎坷：网络上关于春节买票难、挤车难、没钱回家难、没男友回家难、加班回家难、天气问题回家难等，各种各样的“回家难”故事引发无数人的共鸣。“回家”是全社会的话题，而“回家难”则成为牵动所有人心情的话题。因为回不去家，多少人失声痛哭；因为回不去家，多少人都不得不面对一个孤单、失落的春节。

人的天性中就有猎奇心理，老百姓们原本就对明星们的隐私生活充满好奇，而当这些平日里衣着光鲜靓丽的明星也遭遇到“回家难”的问题时，他们的应变能力及处理方式，也将成为吸引目光的焦点。尤其是，当十多位大牌明星聚集一堂准备拍摄“回家难”的微电影，而剧本中的雪灾场景却突然真实发生时，这些明星们的一举一动着实牵动人心。

项目策划：

公关目标：

“回家”是全中国人的信念，而每一个中国人的坎坷回家路都是整个社会的缩影。由此，百事决定从“想回家”、“回家难”这个全社会共同关心的话题中，寻找突破，用打动人心的正能量来激励、鼓舞所有具有“回家”梦想的人。百事将直击“回家”话题，将百事公司始终倡导的大爱正能量与无数中国人的回家渴望交织在一起。将百事的企业责任、社会责任通过2013“把乐带回家”项目全盘展现给所有消费者。百事希望与消费者产生更深刻的互动与情感联系，用百事精神鼓励更多人，也希望由更多社会正能量来共同诠释、丰富百事“把乐带回家”的内涵。

公关策略：

百事公司联合旗下百事可乐、美年达、纯果乐、乐事四大品牌，携手掀起一场有关“信、望、爱”的风潮，引发全社会的大爱接力，将“把乐带回家”的精神持续传递。《把乐带回家2013》不单是一家人亲情的呈现，更是全社会的温暖正能量。“家”，不单单是小家，更是全社会这个大家。百事2013“把乐带回家”的主题将进一步升华，从个体到全体、从小家到大家，倡导全社会守望相助，让所有人的春节回家之路走的更顺畅，共同“把乐带回家”。

为能让2013“把乐带回家”的大爱主题更加深入人心，百事在2012版《把乐带回家》的基础上全面升级开拍《把乐带回家2013》微电影，用明星效应、娱乐话题、新颖手法来大力传播“把乐带回家”的正能量主题。联手古天乐、罗志祥、林志颖、蔡依林、韩庚、杨幂、快乐家族、霍思燕等15位巨星来共同讲述感人的“回家”故事；并在明星遭遇大雪封路被困之际，实时报道明星与陌生人之间相互救助的大爱故事，借用明星的号召力，全方位诠释“把乐带回家”的故事，引领正能量风潮。

在明星传达“把乐带回家”精神意义的同时，百事联合中国扶贫基金会和天猫商城，发起《蓝色心愿——2013温暖回家》公益项目，帮助千位难以回家的普通人温暖回家。同时百事也不遗余力地资助中国妇女联合基金会旗下的“母亲邮包”公益项目。在春节之际，将百事“把乐带回家”的温暖情怀播撒给更多需要帮助与关心的群体，以实际行动实践品牌所倡导的小家变大家，全社会守望相助的精神。

目标公众：

所有渴望“回家”的中国人

主要信息：

“小家成就大家，有爱的地方便是家，把乐带回家”。直击“回家”话题，由明星讲述“回家过年”的亲情故事，引发消费者共鸣，打造“把乐带回家”风潮。

充分利用明星效应以及娱乐话题，激发消费者对百事《把乐带回家2013》微电影的期待。

传播策略：

以《把乐带回家2013》微电影为核心宣传，结合明星资源、娱乐话题、雪灾事件，通过前期预热埋线、微电影拍摄花絮炒作、明星亲身故事与微电影故事交织宣传、网络舆论热议、主题曲先期炒作、微电影首映发布会、微电影全媒体平台传播等手段进行整合推广。

媒介选择：

先期配合品牌“把乐带回家”的大爱主题，针对目标消费群习惯，在主流平面和电视媒体、网络媒体、视频媒体等展开宣传；后期再由《中国好声音》学员为《把乐带回家2013》全新演绎的经典名曲《相亲相爱2013》，通过网络、电视、电台等进行打榜宣传，通过音乐类电波媒介这一特定媒体在网络上进行全覆盖。通过立体式的各类媒体交错运用及覆盖，结合不同的公关话题事件，选择侧重媒体进行宣传，为《把乐带回家2013》打造成一个360度全方位的公关宣传平台。

项目执行：

【第一阶段】百事延续2012“回家”主题，众星加盟《把乐带回家2013》全面升级。

以“群星加盟把乐带回家微电影”作为话题，寻找不同的娱乐爆点进行话题报道，先期引发受众对于微电影的好奇与期待，并为下一阶段的报道预热埋线。《把乐带回家2013》微电影拍摄前期对相关艺人进行大量资料信息收集后，整理出针对不同艺人的采访提纲，同时对花絮的话题炒作进行设定，将明星与微电影紧密捆绑。

【第二阶段】全民关注明星坎坷“回家”经历，引爆《把乐带回家2013》火热期待

对微电影拍摄进行全程跟踪记录，及时报道拍摄中发生的花絮故事。而在拍摄《把乐带回家2013》微电影时，全剧组在长白山遭遇到百年难遇的特大暴风雪，大雪封山、冰雪封路、航班取消，一百多人的拍摄团队被迫滞留长春长达一周之久。导演及剧组被困长白山、明星及工作人员全体滞留长春。面对突如其来的困难，及时调整公关宣传节奏，将明星们在拍摄“把乐带回家”期间所发生的感人故事记录、整理、挖掘出具有新闻价值的内容，持续报道。

用明星们在拍摄《把乐带回家2013》的过程中，守望相助，共同克服困难，不是家人、胜似家人的真实故事作为宣传素材，贴近百事微电影的大爱主题，用真实的明星故事与微电影故事交织宣传，使得“把乐带回家”的公关宣传主题更具感染力与说服力，也完美地诠释了“小家成就大家，有爱的地方便是家，把乐带回家”的核心信息。

在网络社交媒体掀起话题风潮，结合明星效应参与话题，在岁末年初的“回家季”引发公众对家的渴望和共鸣。运用多形式、即时互动的新媒体，引导网友和公众利用视频、图片、文字等多种形式传播“把乐带回家”的大爱主题。

【第三阶段】好声音学员“相亲相爱”唱响《把乐带回家2013》温暖心声

在《把乐带回家2013》正片首映之前，抢先曝光主题曲《相亲相爱》。这首由伊能静、陶晶莹、姜育恒、温兆伦等歌手于1995年合作推出的老歌曾经温暖过一代人的心灵。而百事决定将这首充满正能量的歌曲重新包装，为《把乐带回家2013》注入一股暖流。

当时，第一届《中国好声音》刚刚鸣锣收兵，百事借力节目后期的大热人气，邀请好声音人气学员金志文操刀改编，黄鹤、郑虹、大山、李维真、佳宁组合、黄克等10位好声音家族成员共同献唱。这也促使该支主题曲成为了好声音家族在赛季结束后的首度合作呈献给大众的作品，颇受公众关注。

这首全新版本的《相亲相爱》除了带来耳目一新的音乐感受外，更与百事《把乐带回家2013》“家人”主题的故事情节深度契合，令参演该片的众明星在剧情和主题曲的双重感染下，纷纷打开心扉，畅谈自己真实的“家人”故事。

利用电台、电视、网络等渠道播放这首感人的主题曲，借而对即将首映的《把乐带回家2013》进行造势宣传。

同时针对主题曲的幕后故事、好声音学员的深情演绎、明星们对歌曲的感受等话题进行全面的报道，将百事“把乐带回家”的主题通过这首《相亲相爱》的主题歌持续传递给受众，为后续《把乐带回家2013》的上映进行情感上的铺垫。

【第四阶段】《把乐带回家2013》首映发布会百事携手众星倾情呈现大爱精神

聚焦百事《把乐带回家2013》微电影及“有爱的地方就是家”主题，在北京举行百事《把

乐带回家2013》首映发布会。现场邀请明星现身讲述“把乐带回家”的大爱故事，分享各自对于守望相助，不是家人胜似家人的情感的理解，紧扣主题，以明星号召力进一步诠释百事“把乐带回家”的精神。

发布会现场百事公司与民政部、中国扶贫基金会领导共同启动“蓝色心愿——2013温暖回家公益项目”，帮助“回家难”的朋友们能顺利回家。百事承诺为千人送上“蓝色火车票”，送他们温暖回家。同时，百事也向中国妇女发展基金会的“母亲邮包”项目捐赠2013份邮包，为更多需要帮助的母亲送去“把乐带回家”的温暖祝福。

利用网络、平面、电视等多平台媒体对首映礼进行报道，完美呈现《把乐带回家 2013》微电影以及百事所表达的“把乐带回家”，帮助素不相识的人，小家成就大家，守望相助、温暖回家的精神。

发布会后持续通过网络视频媒体、电视媒体对《把乐带回家 2013》进行持续传播，让更多受众观看到这一感人的微电影内容，并借助微信、微博等新媒体平台收集网友影评、热议评论等，从中择取网络话题进行二次传播。

【第五阶段】快乐家族大本营秀“把乐带回家”手势，持续传递大爱真情

随后，百事再度重推原创“把乐带回家”手势，深度解析家人理念，并借力快乐家族在内地第一高收视娱乐节目《快乐大本营》中予以推广。作为参演《把乐带回家2013》的明星之一，快乐家族在剧里剧外都很好地诠释着“把乐带回家”的精神。快乐家族在所主持的《快乐大本营》节目中，以自己5个人因在生活中、工作中的互助，由陌生人变为亲如一家的亲人的故事，激励所有的粉丝、观众向陌生人敞开心扉，帮助身边需要帮助的人；在真情故事的情感高潮中，快乐家族5人合体共同展示巨型“把乐带回家”的手势，既力证5人深厚友情，也以实际行动将“不是家人胜似家人”的真情持续传递。

快乐家族在《快乐大本营》中的倾情呈现，为百事《把乐带回家 2013》微电影进行了持续的推广，同时也很好地诠释出“把乐带回家”的精神。借由快乐家族的号召力，百事“把乐带回家2013”项目在后续得到了持续、深入的延续性传播。

项目评估：

效果综述：

百事“把乐带回家 2013”项目，顺应全民关注的“回家”话题，并成功抓住“回家难”这样一种“全民情绪”创作微电影《把乐带回家2013》。以此作为核心宣传点，传递百事所倡导的“小家成就大家，有爱的地方便是家，把乐带回家”正能量。这可谓是一次“接地气”的公关宣传行动。不仅收获了百事忠实消费者们的关注，更引起全社会更广泛的关注，获得所有具有“回家”渴望的人们的共鸣，更倡导一种守望相助的社会正能量，成功彰显出百事公司的企业文化与社会责任感。

现场效果：

2013年1月21日下午，百事“把乐带回家2013”新闻发布会在北京万达影院隆重举行。发布会当日，韩庚、霍思燕、快乐家族、林志颖、张晨光、邓宁及一系列新生代演员亲临现场，于现场温馨讲述微电影拍摄中的精彩片段：发布会以潘多拉技术的梦幻形式创意开场，播出一段特别版《相亲相爱》MV渐而引出今年“有爱的地方便是家”的大爱精神。韩庚、霍思燕、快乐家族、林志颖在发布会现场纷纷讲述自己对于《把乐带回家2013》的理解，各位明星更首度敞开心扉，分享自己不为人知的“大爱”故事，使发布会现场紧扣主题。同时，百事集团与妇女发展基金会共同启动“蓝色心愿，母亲邮包”公益活动，共同实现百事年度盛事——把乐

带回家！当天，百事“把乐带回家 2013”新闻发布会共接待全国媒体 57 家。SoftPR®邀请并接待驻京媒体 52 家，其中包括通讯社 2 家，平面媒体 25 家，网络媒体 13 家，电视媒体 17 家；异地邀请主流平面媒体 5 家；到场媒体总人数共计约 92 人，媒体到场率高达 98.3%。

受众反应：

百事《把乐带回家 2013》微电影获得了极大的成功，网络视频点击量超过 3 亿次（主要视频网站点击量包括：土豆网 2.6 亿次/腾讯视频 336 万次/搜狐视频 589 万次/爱奇艺 368 万次）；在搜索引擎网站上关键字“把乐带回家”被网友热搜，仅百度搜索结果已高达 1，710，000 个，谷歌搜索结果也超过 115，000，000 个，从 online 到 offline 都在疯狂讨论“把乐带回家”；微电影预热至正式上线，网友在微博、微信等主要社交网络平台上热烈讨论，微电影中传达的团圆大爱情感引起公众的共鸣，掀起了全民“把乐带回家”的温馨浪潮。

市场反应：

《把乐带回家 2013》自热映之后引起极大关注，在新年来临之际，各地也自发地为新年夜不能归家的人们准备了“把乐带回家”的温暖行动，为路政建设者送联欢晚会下乡、在各个加油站为赶路者准备年夜饭等等……因为《把乐带回家》系列电影发起的公益活动受到广泛关注，百事集团还得到了“2012 年度社会公益创新奖”。

媒体统计：

自 2012 年 12 月至 2013 年 3 月期间，百事“把乐带回家 2013”的相关报道总计 1218 篇，其中包括在中央通讯社及主流平面媒体收获报道共计 104 篇【其中超出 1/4 版面的专题报道共计 37 篇，占到总发稿量的 35%】，网络报道共计 106 篇，电视媒体报道共计 66 篇［总计时长约 292 分钟］，网络转载 942 篇，媒体总价值超 8000 万元，媒体转载率高达 438%。

项目照片：

《把乐带回家 2013》发布会现场，快乐家族以“家”手势诠释大爱精神；

《把乐带回家 2013》拍摄受大雪围困，齐心合力战胜困难，有爱有温暖的地方就是家；

百事贺岁片《把乐带回家 2013》拍摄，众明星甘作绿叶饰演特别角色，串联前后剧情关键人物；

好声音家族赛后首度携手合作《把乐带回家 2013》主题曲《相亲相爱》。

案例讨论

（1）如何看待百事“把乐带回家 2013”公关策划的实施？

（2）该策划获得巨大社会反响，荣登 2013 年中国十大公关事件，为什么？

（3）公关实施的关键点是什么？百事的做法有何值得推广之处？

关联知识

公关实施是公关人员将公关策划方案变成现实的过程，是公关工作中最复杂多变的环节，也是最关键的环节。它是解决公关问题和实现公关目标的关键一环，具有艺术性、文化性、形象性、关系性、人情性和传播性的特点，共同构成了公关实施的基本策略。

一、公关实施的原则

1. 目标导向的原则

公关实施的过程中，公关策划者务必保证所有行为和活动不能偏离公关策划的目标。在具体工作中，实施者运用目标对整个实施活动施行积极引导、制约和促进，并控制整个活动的进程和方向。

2. 整体协调原则

在公关实施过程中，公关策划务必使各项工作内容之间达到和谐、合理、配合、互补和统一的状态。公关实施作为一项系统工程，最常见的协调有上下级之间纵向协调、同级部门或实施人员之间的横向协调。

3. 选择时机原则

在公关实施过程中，时机选择正确与否将直接决定公关目标的实现。一般正确选择时机，要考虑下列三个因素：

（1）注意回避或利用国内外重大事件。凡是需要广为人知的公关活动应尽量回避国内外重大事件，以免相互冲突，影响传播效果；凡是需要广为告知而又希望减少震动的活动就可选择利用重大事件。

（2）注意避开或利用重大节日。凡是和重大节日无直接联系的活动都应避开节日，以免被节日活动冲淡公关策划活动的色彩。凡是和重大节日有直接或间接联系的公关活动要考虑利用重大节日来烘托活动的影响范围。

（3）注意在同一时间内不宜同时举行两项以上不同的公关活动，以免相互干扰。

4. 反馈调整原则

在公关策划中，策划人通过监督控制系统及时发现实施过程中方法的偏差和失误，并及时调整和纠正。建立灵敏快捷的监督反馈机构，随时捕捉不利因素，并立即快速做出回应，及时采取有效措施调整实施方案和方法。

二、公关活动方式的选择

公关实施，从宏观上看是一种战略行为，旨在树立组织的整体良好形象，建立双向沟通和良性互动，保持组织与环境之间的动态平衡；从微观来衡量，它又是一种战术性行动，旨在帮助组织宣传理念、推广产品、扩大知名度、提高美誉度、建立信誉度。公关实施在组织发展的不同时期应选择不同的公关活动方式。

1. 主导型公关活动方式

主导型公关活动方式是社会组织通过各种传播活动，主动实现组织与公众的信息交流与沟通，以此来获得社会公众的理解、支持和合作的公关活动方式，适用于促进组织长期目标实现或解决突发性事件等工作，具有可控性强、易于操作、影响巨大等特点。主要有下列几种具体形式：

（1）交际型公关。

以人际交往为主，不借助媒介，目的是通过人与人的交往为组织广结良缘，联络公众的感情，从而达到塑造良好形象，建立友好协作关系的目的。具有直接性、人情味和灵活性的特点，能使人际间的交流进入“情感”层次，建立广泛的社会关系网络，形成有利于组织发展的人际环境，交际型公关的方式包括社团和个人交际，如宴会、餐会、招待会、座谈会、谈判、专访、慰问、接待参观、电话沟通、亲笔信函等。

（2）宣传型公关。

这是以各种传媒和内部沟通等手段，向社会宣传自己，形成对自身有利的社会舆论，提高知名度和美誉度。特点是主导性强、目的明确、传播面广、时效性强、效果显著。

宣传型公关根据不同的对象，可分为对内宣传和对外宣传两种方式：

① 对内宣传，其宣传对象为组织内部公众。具体形式有组织内部刊物、业绩报告、工作总结、职工手册、黑板报、宣传栏、闭路电视、演讲会和座谈讨论会等。

② 对外宣传，其宣传对象为与组织有关的一切外部公众。具体形式有两种：一种是适用于组织内部各种宣传形式的宣传，如编印宣传资料、员工手册，通过举办展览会、经验或技术交流会达到宣传的目的。另一种是借助于大众传媒的宣传，这是主要的对外宣传形式。一般有两种方法：一种是以广告的形式出现，把组织的形象塑造作为广告的中心内容；另一种是以不必支付费用的方式出现，如新闻报道、专题报道、专题通信、经验介绍、记者专访等。这是一种最经济、最合算的公关活动形式，有利于扩大知名度、提升美誉度。但需要组织不断努力地去把握机会，制造“新闻”，争取媒体的关注。

（3）服务型公关。

服务型公关是一种以提供优质服务为主要手段的公关活动模式，目的是以实际行动来扩大社会影响，提高社会声誉，获取公众的了解和好评，建立自身良好的形象。具有行动性、会员性和直接的效益性。主要有三种形式：

① 以组织机构本身的重要活动为中心而开展的公关活动。

② 以赞助社会福利事业为中心而开展的公关活动。

③ 以资助大众传媒而举办的各种活动。

（4）社会活动型公关。

社会活动型公关是指组织通过举办各种社会性、公益性和赞助性活动塑造组织形象的活动方式。主要有参与面广、影响力强、公益性强、文明性强和形象标签费用高等特点。其形式主要有四种：

① 以组织本身的重要活动为中心而展开的，如利用开业剪彩、周年纪念的机会，邀请各界来宾，渲染气氛、扩大影响。

② 以赞助社会福利事业为中心开展的，如赞助教育、残疾人组织、公共服务设施等，树立注重社会责任的形象，并借此提高组织美誉度。

③ 以参与各种活动为中心展开传播，如参加各种体育比赛、文艺演出，借此扩大社会影响。

④ 以资助大众传媒为中心展开传播，如资助电台、报社、电视台、杂志社举办各种大奖赛、智力竞赛、专题节目等。

（5）征询型公关。

征询型公关是指组织利用收集信息、社会调查、民意测验、舆论分析等信息反馈手段，了解舆情民意、监测组织环境、把握环境发展动态，为决策提供咨询的公关活动模式。其特点是长期、复杂、艰巨，有明晰具体的实施过程、适用性广泛。

2．调整型公关活动方式

调整型公关活动是社会组织根据社会环境变化，及时调整组织的方针、政策和行动，协调与公众之间的关系，维护组织形象的公关活动模式。它主要应用于组织与外界处于冲突或矛盾之时，或预防、或应急、或矫正、或疏导，具有较强的策略性。

（1）建设型公关。

建设型公关是指组织在初创阶段或一种新产品、新服务项目准备开始推出时，为打开新局面而进行的公关活动模式。

这种方式的主要目的是提高知名度，一般在组织的初创或新产品、新服务的起始阶段，让公众对新组织、新产品形成良好的“第一印象”，进而获取其理解、认同和支持。采用的方式主要有开业广告、开业庆典、新产品试销、新产品发布、免费试用、新服务介绍、免费品尝、免费招待参观、开业酬宾、赠送宣传品、主动参加社区活动和公司资料有奖测验等。

（2）维系型公关。

维系型公关是指社会组织在稳定发展时期，持续不断地向目标公众传播相关信息，用来巩固良好形象的公关活动模式。

其特点是低姿态、持续不断、潜移默化。主要方式有逢年过节的专访、慰问，给老客户适当的优惠或奖励，服务性、信息性的邮寄品分发，保持一定的见报率等。一般把它分为两大类：“硬维系”和“软维系”。

“硬维系”指活动形式所表示的目标明确，主客观双方都能理解意图的维系活动，特征是通过明显的优惠服务和感情联络来维系同公众的关系。如国内某航空公司推出的“免费旅游服务”，规定凡乘坐××航班 6 次以上，均可享受国内五岳名山的旅游一次。还有国内外诸多厂商利用节日、纪念日向老顾客赠送纪念品，组织联谊活动，借机加强感情联络，进一步维持以往的友好关系。

“软维系”指活动目的不十分具体，但表现形式比较隐蔽、超脱的公关活动，其目的是期望公众在不知不觉中感受到优惠、满意的服务，如企业的定期广告、组织报道、新闻图片、散发印有组织名称的交通旅游图等。

（3）进攻型公关。

进攻型公关是指组织与环境发生某些冲突、摩擦时，为摆脱被动局面，采取以攻为守策略的公关模式。其特点是主动与进攻，诸如不断开拓新产品和新市场，改变组织对环境的依赖关系；成立分支机构，实行战略性市场转移，积极创造新机遇、新环境；组织同业协会，加强沟通联络，以减少竞争者之间的冲突和矛盾等。

（4）防御型公关。

防御型公关是指组织为了防止自身可能出现新的危机与风险，以及组织遇到风险时所采取的以防为主的公关模式。它适用于组织与外部环境出现不协调或与公众发生某些冲突、矛盾苗头时，具体可分为预防性与应急性两部分，特点是防御与引导相结合，大多采用调查、预测等手段。

如何建立良好的防御机制，是摆在现代公关专家及组织机构面前的十分重要而迫切的问题。目前，世界公关界均面临一个新课题——问题管理（Issue Management），亦称论题处理，主要指公关人员对正在出现的问题（尤其是将要进入立法程序、有争议的问题）以及这种问题对组织的潜在影响进行分析、预测并施加影响，帮助组织制定应变的对策和措施，借此提高其社会适应力与应变力。一般看来，务必从下列几个方面着眼：

① 居安思危，树立防患于未然的思想意识。

② 建章立法，筹建科学合理的预警系统。

③ 果断行动，采取妥善的“救火”、“灭火”方法。

（5）矫正型公关。

矫正型公关是在遇到问题与危机、公关严重失调、组织形象受到严重损害时，为了扭转公关对组织的不良印象或已经出现的不利局面而进行的公关模式。目的是对已经严重受损的组织形象及时纠偏、矫正挽回不良影响，重塑声誉和良好形象。其特点是及时、准确，及时发现问题、及时分析原因、及时纠正错误、及时改善不良形象。

导致组织形象受损原因较多，一般有两种情况：一种是由外部原因造成的，如公众的误解、谣言的破坏、商标被盗用等造成的对组织形象的损害；另一种是由于组织自身工作失误损害了公众的相关利益，导致公共关系失调。

三、公关方案的有效实施

公关活动实际上是一种传播活动，中外诸多公关实践表明，无论采用何种方式，都应当遵循“用最小的代价，取得最佳的传播效果”的原则，为了使公关预定目标顺利实现，公关人员应当了解和研究方案实施过程中有哪些障碍并及时排除。

1．公关计划中组织自身的障碍

（1）领导者障碍。

① 嘴上支持，实际行动不支持。每当遇到关键的人、财、物等相关实质性问题，便设置重重障碍，使计划实施困难重重。

② 主观臆断，随意干预实施计划，朝令夕改。

③ 随意删减预算经费，打乱已制定好的实施计划。

④ 领导者之间不协调，矛盾纠纷不断，影响计划实施效果。

⑤ 按兴趣喜好办事，逼迫下级就其兴趣办事，影响全局。

（2）目标的障碍。

① 制定的目标不明确、不具体。

② 制定的目标不正确、不符合公众和社会的利益。

③ 制定的目标之间相互矛盾、冲突。

④ 制定的目标没有服从组织（企业）的总体目标。

⑤ 不具备目标的实现条件。

（3）组织行为障碍。

① 行为人的文化障碍，即语言、习俗的差别所形成。

② 行为人的观念障碍，即封闭观念、极端观念等。

③ 行为人的心理障碍，即人的认知、情感和态度等对沟通的影响。

④ 行为人的目标公众不明确，无的放矢、没有重点。

（4）实施环境的障碍。

① 政治环境制约。诸如国家和政党的各种政策、法规的管制及政治形势、政治变化的影响。

② 经济环境制约。如国家和当地政府的经济体制、政策和形式的影响。

③ 社会文化环境制约。如传统的民族文化、区域文化、宗教文化和各种现代文化的影响。

④ 科技环境制约。如各种新知识、新技术、新工具、新材料、新产品和新能源的影响。

⑤ 竞争环境对抗与干扰。诸如竞争对手的知名度、美誉度、占有率及开展的各种公关宣传活动的影响。

⑥ 自然环境制约。诸如地理条件、气候、自然资源和生态等因素的影响。

2．排除障碍

（1）联系公关目标，积极协调矛盾。

可采用座谈会、谈判、直接对话、黑板报、内刊、广播等方式，缓解组织内外部之间的紧张关系，协调利益冲突，共同发展。

（2）因材施教，有的放矢。

根据客观环境和公众对象的具体实际状况，因人而异、因时而异、因地制宜，不做无用功。

（3）正确选择时机。

在了解公众心理特点的基础上，掌握公关计划实施的规律，精心选择适当有利的时机实施公关计划，达到事半功倍的效果。

（4）认真验算，注重效益。

在统一计划、统一核算的原则下，引入审计机制，减少财务漏洞出现，坚决杜绝假公济私、损公肥私的现象，提高公关工作效率。

此外，还要排除公关计划实施中的突发事件的干扰，一类为各种不可抗力因素，如战争、洪水、地震、商业危机等；另一类为人际纠纷矛盾冲突的因素，如公众群体投诉、媒体批评、舆论民意的冲击等。

实践与评价

1．能力训练

（1）案例分析。

“我的地盘听我的”

2003年3月，中国移动推出第一个为年轻市场量身定做的移动通信品牌——“动感地带”，到2004年9月，它以每3秒新增1名客户的速度拥有了2000万年轻客户，创造了中国移动通信市场的新奇迹。

回溯这一品牌在创立初期，名字叫“一起玩”，是2000年最早在中国移动广东所开设的一个试点项目，以年轻人居多，短信、游戏催生了这批“拇指一族”；经过2年多的试用，公司高层果断地下令于2003年3月1日起向全国推以“新奇、时尚、探索”为主要元素，面向社会上15～25岁年轻人的通信业务品牌——“动感地带”，推出“我的地盘听我的”响亮口号，创造性地提出“玩转年轻人的通信自治区”的年轻人语录，并选择当时人气极旺的富有强烈个性色彩的台湾著名新锐歌星周杰伦作为形象代言人，酷、时尚一时间引起青年人的追捧。又接着强调“新奇、时尚、有特权在动感地带”，推出话费节约权、手机常新权、业务任选权和联盟优惠权四大“特权”；又与麦当劳结成联盟，在渠道、产品、市场等方面陆续合作展开了一系列充满活力和新意的活动，由动感地带客户通过短信、彩信、WAP等方式投票组合每个季度麦当劳的动感套餐。接着又赞助了“CCTV——MTV音乐盛典”的流行音乐盛典，通过发短信就有机会获得动感地带明星见面礼，亲临歌迷见面会现场，获得周杰伦送出的私人物品。

2003年12月20日，备受关注的“2003年度中国十大公关事件”评选结果揭晓，“动感地带”品牌公关营销事件因成功地创造了未来青年人的通信生活而入选。口号“我的地盘听我的”更成为了2003年度十大广告用语之一。

（根据中国新闻网等相关资料改写）

这是中国移动所打造的杰出的建设型公关模式，不仅有效地提升了品牌的忠诚度和美誉度，而且还创造了一种独特的生活方式。

① 请问这是何种类型的公关？有何特征？

② 这种类型的公关应当注意把握什么要点？

③ 从中我们应受到何种启迪？

（2）比较题。

① 请比较建设型公关与宣传型公关的异同。

② 请比较服务型公关与交际型公关的差异。

2. 测试题

（1）简述公关实施的原则。

（2）请指出主导性公关活动方式的基本内容，如何在相关的实践中灵活运用？

（3）如何排除公关计划实施中的相关障碍？

3．单元评估

表 1　单元课程评价表

单元内容　　　　　　　　学号　　　　姓名　　　　　班级　　　　时间

1．本单元最有价值的内容是：
2．以下问题需要进一步了解或得到指导：
3．教师讲授的思路是否清晰？教学态度如何？
4．教学方法对你的学习是否有帮助？
5．你的学习计划是否完成？
6．教学目标是否达到？
7．对于教学有何建议？
学生签字： 组长签字： 学习委员签字： 教师签字：

表 2　基本能力测评表

单元内容　　　　学号　　　　姓名　　　　　班级　　　　　时间

基本能力	评价指标	测评结果（通过√，没通过×）	备注
判断能力			
管理能力			
交流能力			
创新能力			
其他			
教师评语： 教师签字：　　　　年　月　日			
成绩：		学生签字：	

表 3　单元能力测评表

单元内容　　　　　　学号　　　　姓名　　　　班级　　　　时间

关键能力	评价指标	测评结果（通过√，没通过×）	备注
其他			
教师评语： 教师签字：　　　　年　月　日			
成绩：		学生签字：	

第四单元 公关评估

案例学习与分析

帕杰罗：三菱公司的公关败笔

（一）背景资料

2000 年 9 月以来，宁夏、云南地区相继发生日本帕杰罗越野车在正常行驶中制动突然失效的安全质量事故。经出入境检验检疫机构检验认定，上述车型事故属于设计不当，固定在后车轴上的制动油管和固定在车身上的制动感载阀在行驶中碰撞和摩擦，从而导致制动油管磨损穿孔、制动液外漏造成制动失效。

2001 年 2 月 9 日，国家出入境检验检疫局发表紧急公告，决定自即日起吊销其进出口商品安全质量许可证并禁止其进口。

2 月 15 日，中国消费者权益保护协会（简称中消协）表示，三菱公司存在隐瞒帕杰罗质量缺陷的嫌疑，决定调查车祸事件，并支持消费者向三菱公司提起诉讼，按照法律规定提出索赔。

在这一过程中，三菱公司方面的代表躲避记者，对质量监督局和中消协采取不合作的态度，引起了各方的愤恨。从而导致三菱公司在中国公众心目中的形象危机。“日本制造”的神话随即破灭。

（二）公关败笔

在该事件中，三菱公司公关上的败笔至少表现在以下几个方面：

1. 前车之覆，后车不鉴，导致危机发生。

三菱事件在我国政府有关部门做出决定、媒体广泛关注之前，在国外包括在日本，三菱车的质量问题及由此造成的交通事故，早在 2000 年 6 月份就频繁发生。2000 年 9 月，宁夏用户黄师傅发现问题，三菱公司到宁夏“详细”调查，并通知公司总部技术设计开发部门进行确认，应该说这家公司早已知道自己的产品存在安全隐患，但就是不及时采取对策，直到媒体曝光后才做出实质性反应，可这时帕杰罗的危机在中国已经在所难免。

2. 轻视危机，消极应付，导致事态失控。

对于这次危机，三菱公司自始至终不主动承认设计上的问题，百般辩解、推卸责任；尤其是中消协发表意见时，三菱公司采取的态度不是积极的而是比较消极的。

3. 优柔寡断，反应迟钝，丧失主动。

如果从黄师傅发现问题算起，到我国媒体开始全面报道帕杰罗事件，应该说三菱公司处理问题的时间是相当宽裕的。在媒体曝光之前，特别是国家出入境检验检疫局敦促三菱公司及早采取措施解决问题后，如果它能迅速地做出以后被迫采取的那些措施，事情的发展绝不会是现在的样子。由于三菱公司主观上的轻视，客观上可能因机构臃肿导致的快速反应能力降低，三菱公司最终错失了顺利解决问题的时机，使自己在整个事件中处于十分被动的境地。

4. 不顾事实，掩盖真相，丧失公众信任。

三菱汽车，尤其是帕杰罗 V31、V33 有重大的安全隐患，这已被国内外无数事实所证明。在国外，如果没有重大隐患，2000 年 7 月至 8 月三菱公司已回收约 120 万辆车，此后又在全球召回的计划数量增加到 152 万辆，这是为什么？在中国，已发生在宁夏、云南、四川、湖南等地的一起起车祸，经权威部门检测，都是同一原因所致。难道三菱公司还能认为这仅仅是偶然、是个案、没有普遍必然性吗？不尊重事实、百般狡辩，是这次三菱公司公关中犯下的致命错误。

5. 不负责任，唯利是图，遭到公众唾弃。

一开始，三菱公司把问题说成是中国路况不好造成的；之后，退了一步，只对卖出的车负责，其他不管；后来，又退了一步，所有的车全负责更换，但不发布公告；再后来，又退一步，只发公告不道歉；最后，被逼无奈，道歉了。2001 年 2 月 11 日，许多媒体都报道，我国检验检疫部门在要求日方尽快采取措施解决问题时，是经过了“艰苦谈判”，三菱公司才同意为所有帕杰罗免费更换后制动油管。如果勇于承担责任，谈判还能这么艰苦吗？

6. 无视媒体，言行不一，遭到舆论抨击。

在这一事件中，三菱公司采取了下列行动：（1）不给媒体提供真实的资料；（2）不与媒体合作，躲避记者，拒绝采访；（3）在湖南和四川等地，日方代表说到未做到，言行不一；（4）回答记者的提问矛盾重重，疑点颇多，很不耐心；（5）至今对事故责任“死不认账”（见《中华工商时报》2001 年 2 月 21 日版）。以这样的态度对待媒体，必然遭到媒体抨击，从而丧失舆论控制权。

7. 相同情况，不同对待，激起国人义愤。

2000 年 6 月，三菱公司隐瞒真相、欺骗公众的行为曝光之后，出于经济上的考虑，对于发达国家，三菱公司在 2000 年 7 月至 8 月已率先从美、日、欧洲召回了 120 万辆车。而对于中国的 7.2 万辆已售车的用户，在国家做出决定、媒体曝光、舆论的强大压力下，它才决定全部召回。难道中国公众不主动反馈信息，三菱公司就无须重视中国用户的生命安全吗？这种厚此薄彼的态度，怎能不引起中国消费者的义愤？

（三）负面影响

① 帕杰罗事件已使三菱公司在中国公众中的形象受到了很大的影响。“日本制造”的神话已经破灭了。将来要挽回影响，重塑形象，不知要花费多少人力、物力和财力。

② 面对中国这一庞大的尚未充分开发的汽车市场，世界各主要汽车公司逐鹿中国已成必然。此时，谁失掉中国用户的信任，就意味着丧失了中国的市场。两款帕杰罗出事后，其他三菱车滞销的事实已经说明了这一点。

③ 因三菱问题车的出现，2001 年 2 月 26 日，公司宣布裁员 9500 人，年产量由 130 万辆减至 100 万辆，车种由 24 个减至 12～13 个。此外，还有数以亿计的召回维修费和难以精确估算的赔偿费。

（根据中国公关网等相关资料改写）

总之，这次失败的危机公关，对于三菱公司的负面影响是全面的，而且将是长时间的。

案例讨论

（1）如何看待帕杰罗事件？

（2）从现代公关的角度看，三菱公司的错误是严重的，如何补救？

关联知识

美国公关先驱罗特扎恩说，当最后一项活动已经成为历史的记录的时候，就应当清理出经验和教训，以供下一次活动借鉴。公共关系效果评估就是根据某种科学的标准和方法，对公关计划、实施及效果进行测量、检验、评价和判断的一种活动。

公共关系效果评估作为改进公关工作的重要环节，是激励内部公众士气的重要方式，也是下一步公关工作的必要前提。

一、公关效果评估的作用

1. 有利于争取本组织的领导对公关工作的重视与支持

公关人员通过评估，提供有说服力的材料，证明公关工作的重要价值，赢得领导的认同与支持。

2. 有助于检验公关工作效果

公关效果评估，通过定量分析和定性分析，从全局上客观、科学地把握公关工作的成败，从而测定组织形象的优劣，为进一步优化工作效能奠定良好基础。

3. 有助于控制公关活动，提高工作的科学性

公关效果评估的过程，实际上就是一个收集和反馈信息的过程，不断收集来自公众的反馈信息，对照相关标准，找出公关活动存在的问题，提高公关工作的效果，使各项指标早日达成，工作绩效最优化。

4. 有助于增加全员公关意识

公关效果评估，使人人参与、个个争先，让组织全体成员认识公关工作的重要性，自觉增强公关意识。

二、公关效果评估的内容

1. 评价原定目标是否达成

（1）日常效果评估。

（2）专项活动效果评估。

（3）年度公关活动效果评估。

2. 评价具体手段、目的

（1）形象效果的评估。包括企业形象、商品形象和环境形象目标效果的评估。

（2）传播效果的评估。包括内部信息传播和外部信息传播效果。

3. 普通公众的态度

（1）接受信息内容的公众数量。

（2）改变态度观点的公众数量。

（3）发生期望行为与重复期望行动的公众数量。

三、公关效果评估的程序

1．重温目标，明确标准

在公关效果评估中，首先就要重温一下原定的公关目标，用其作为标尺来衡量组织所做的工作，以便做出客观、科学的评价。

2．收集资料，衡量绩效

积极围绕目标，广泛、认真地收集组织实施过程中的各种相关信息，权衡、界定完成目标的情况，以便客观评估。

3．分析结果，用于决策

公关人员以正式报告的形式，将公关评估与组织的总目标、总任务联系起来，提供给决策者参考、鉴别、借鉴，以便科学决策。

4．纠正偏颇，不断完善

针对报告中发现的问题与失误，找出具体原因以便因势利导、对症下药，确保制定的目标和计划更加完善并减少实施过程中的偏差，为下一阶段公关活动提供有用的背景材料和借鉴经验。

四、公关效果评估的方法

1．民意测验法

民意测验法，英文名称 Public Opinion Poll，基本做法是：按一定抽查法的要求，选定相关数量的调查对象，用问卷、表格等方式，征求他们对指定问题的意见、态度和倾向，再加以统计、分析和说明，从中了解公关活动的效果。

2．访谈法

访谈法是选择一定对象，采用座谈、个别访问等方式，了解公众对公关实施的意见、态度和评价。有个别访谈、集体座谈两种具体方式：个别访谈的优点是谈话深入、干扰小，缺点是费时费力；集体座谈信息来源广、省时，但易受他人发言（观点）的影响。

3．专家法

专家法是由各学科、各领域的专家会同公关人员组成专门评议组，对公关工作进行仔细、全面、客观地评估，接受质询，予以论证。具体步骤为：

（1）成立专家组，以 10～40 人为宜，涉及组织内外部公关、管理、心理和传播专家。

（2）拟订调查评估项目，确定评价标准。可根据舆论的变化分为好转、略好转、原状、略恶化和恶化 5 个标准。必要时附上相关背景资料，供各位专家参考。

（3）请专家们匿名、独立地提出评估意见，并说明理由。

（4）把分散的意见和说明列表，再次分发给各位专家，以便专家们重新发表意见，直至意见趋于统一。

（5）分析、综合各位专家的意见，获得代表大多数专家意见的结论，作为专家集体对公关活动效果的权威性评估。

4. 实验法

实验法是根据一定的研究目的选择一组研究对象，人为地改变和控制其某些因素，然后观察其结果的方法。其实质是利用各事物、现象间客观存在的相互关系，通过调节某个变量（如公关活动前后，某个企业的声誉），来测定另一些变量（如产品订货量、销售量）的增减。这种方法最好在经历和未曾经历公关活动的两组公众之间展开。对两组公众进行相同的测验，对测验机构进行比较，最终评估结论。

5. 要素法

要素法是根据组织形象的具体要素，诸如知名度、美誉度、信誉度等所包含的因素，分析了解组织的实际形象与自我期望形象的差距，确认公关活动中所存在的问题。

6. 媒介评估法

媒介评估法是通过对大众传媒发布的本组织信息的统计分析，评估组织公关信息传播情况。一般有定量分析和定性分析。

（1）定量分析

① 沟通有效率。沟通有效率指沟通有效数与沟通信息总数之比。用公式表示：

沟通有效率=（沟通信息总数-无效数）/沟通信息总数×100%

② 公关信息传播速度。公关信息传播速度指单位时间内传播的信息量，或一定的信息量传递所需的时间。

传播速度=传播信息量/传播的时间

③ 视听率。视听率指通过测定大众传播媒介传播的公关信息来得到公关工作效果的方法。

视听率=实际视听人数/调查总人数×100%

④ 知名率。知名率指掌握某一信息内容的人数与该项调查总人数之比。

知名率=掌握某一信息内容的人数/调查总人数×100%

（2）定性分析

① 报道的内容。报道中，对组织的成就、发展情况报道越多，效果就会更好，在公众中树立起组织的良好形象的可能性也就越大。这是“质”的分析。

② 报道的篇幅和时数。报道本组织的篇幅越大，出现频率越高、时数越多，引起公众兴趣和注意的程度就越高。这是“量”的分析。

③ 新闻载体的层次和重要性。衡量媒体的标准，主要看级别、发行、覆盖和权威性，从而界定其影响力的强弱。中央级、全面性、综合性的媒介发表对本组织有利的报道，往往比其他媒介更利于提高组织的知名度和美誉度。

④ 新闻媒介所宣传的新闻价值。对组织宣传是正面报道还是反面报道，是全面报道还是摘要报道，重点报道还是一般报道，醒目版面还是次要版面，这些差异均会影响报道的新闻价值。

⑤ 新闻媒介报道的时机。新闻媒介对组织的报道，时机选择是否及时、适时，是否能恰到好处地配合组织的实际发展状况；倘若迟发或延误，不仅无益反而有害。

实践与评价

1．能力训练

（1）案例分析

针头丑闻：百事可乐的公关危机

背景：

1993年6月10日，西雅图一家电视台报道，当地一对夫妇在一个百事可乐罐中发现了一个注射器针头。很快，第二起投诉又出现在西雅图。这种情况促使FDA（美国食品和药物管理局）发布了一个地区性的声明，提醒消费者在饮用百事可乐前将其倒入玻璃杯。这条警告引起了全国媒介的注意，24小时内，在全国各地发现百事可乐罐中有针头的消息见于各种媒体。媒体的报道引起了公众的紧张，例行的调查、公众对针头已被感染的可能性的恐惧，以及危机对7月4日达到假日最大销售额预期目标的负面影响，都使百事可乐公司面临着前所未有的挑战，其商标及声誉受到了严重威胁。由于并未在生产线上找到这一系列奇怪事件的起因，FDA宣布不回收产品。然而媒介方面不习惯厂方在如此规模的产品污染事件发生后持此种态度，开始持续报道“受害者”的申诉并坚持向公司寻求答复。

公关危机处理：

① 公关调查。

百事可乐久已制定的危机反应计划已被研究和测试过10年。随着公司业务增长和结构的变化，公司的危机计划已由消极的产品回收转为精密的网络传播。在一系列改进后，公司通过对计划的真实运用和模拟演练，发现有效传播是成功解决危机的关键。在这次危机中启动的计划已在先前的一些地区性事务中获得成功运用，如工厂危机、包装缺陷和产品污染。基于这些认知与经验，百事可乐公司的公关人员策划并实施了危机小组反应方案，以终止丑闻和重建公众信心。

② 公关策划。

在为期一周的危机中，当西雅图的瓶装供应商开始着手调查问题所在以回复媒介及公众时，百事可乐的危机反应计划就开始实施了。危机小组不懈工作，向公众证明百事可乐产品和生产流程的安全性，以维护品牌信誉和公司业务。公司确定了一个由生产界、法律界等专家组成的危机小组，目标是向公众说明，公司的产品绝对安全，这些人为的针头事件在逻辑上是不可能发生的，而且回收产品不能解决任何问题。整体策略是积极回应媒介，保持公开坦诚的态度，尽早和经常地向公众通报事实，并和FDA紧密合作以调查出现注射器事件的真正原因。公司建立了集中的传播渠道，使相关信息直达所有受到影响的公众——消费者、媒介、调查官员、瓶装供应商、股东、雇员和客户（零售店、饭馆和所有百事可乐的销售通道），使他们逻辑和理性地来查出真相。由于危机不断升级，已形成全国性的事件，公司没有预先设定预算，执行危机计划共花费了约500,000美元。

③ 公关执行。

随着事实的不断澄清和FDA调查的不断进展，危机经历了4个阶段。危机小组一直在监测媒介报道，不停发布新的新闻以更新与公众的沟通。在第一阶段，公司迅速行动以调查清楚问题的来龙去脉，并排除了生产线上的破坏可能。西雅图的瓶装供应商发布了现场采访，允许当地记者到工厂参观高科技的瓶装线并举行新闻发布会向公众保证将找到答案。随后，在危机发展成为全国性的事件，且被“媒介捕风捉影的报道的恶性循环”（FDA 语）所推动时，为抵制这种现象，危机小组发布了大量信息——录像新闻、新闻发布会、消费者谈话节目、厂商建议、员工公告、商业信函、照片、图片和采访，来传达给那些能帮助百事可乐公司和 FDA 迅速结束丑闻的人。百事可乐公司还靠电视来尽可能快地传达到最广泛的受众。小组还请了公司长期的录像制作商和媒介顾问，来制作录像以传达信息。这些信息通过卫星向全国发送，引导消费者到厂房中去见证生产线的高速与安全，证明同时在不同地点出现这么多投诉是非常不合情理的。百事可乐公司的首席执行官出现在主要的广播新闻节目中，宣布公司“99.99%确信”这些针头不可能出现在工厂中。6 个媒介关系经理共处理了 2000 多个来自报纸、广播和电视记者的电话；24 个消费者专家在 40 个志愿者的协助下，回答了成千上万的消费者的电话。公司每天通过传真向百事可乐公司的 400 家瓶装供应商发送 2 次建议，并派 6 人去为他们和人事部门提供当地事务的咨询。FDA 由于在人为损害产品事件调查处理方面的经验，成为百事可乐公司的首要危机顾问。FDA 的各级官员都全力投入到调查针头事件的工作中来，而百事可乐公司则全力证明其包装及生产线的绝对安全性与防污染性。

效果:

针头风波在 7 天之后平息了（调查表明，这起事件是一些居心不良的人制造的，旨在向百事可乐公司索取赔偿，他们依法受到了惩处）。尽管危机使百事可乐公司的销售额下滑，损失了 2500 万美元，但到夏季开始复原，并在季末取得了 5 年以来的最高销售额，比上年同期增长了 7%。无论在收银台前还是在危机后做的态度与认知调查中，消费者都投了百事可乐公司的信任票。即使在危机的最高潮时期，仍有 94%的消费者认为百事可乐公司对危机的处理是负责的，且有 75%的人说由于百事可乐公司对事件的处理方式，他们对百事可乐产品感觉更好了。由于 FDA、瓶装供应商和消费者空前联合地抵制在全国范围内回收百事可乐产品，危机反应计划取得了巨大成功。在拨打百事可乐的成千上万的电话和数以千计的信件中，消费者表达了他们对公司的支持。而全国的媒介也反省了他们的错误，正是他们使丑闻升级，并误导消费者与企业，对毫无事实根据的投诉产生恐慌。美国众议院在国会记录中也赞扬了百事可乐公司在遏制这起全国性丑闻时采取的迅速、有效的措施。

（根据中国公关网等相关资料改写）

① 从上述案例中，我们应当吸取什么教训？

② 百事可乐处理危机的方法值得我们借鉴，当前中国乳业陷入危机，以三鹿为代表，你觉得该如何拯救？

（2）比较题。

① 比较《帕杰罗：三菱公司的公关败笔》与《针头丑闻：百事可乐的公关危机》案例的精彩与不足之处。

② 比较定量分析与定性分析的差异与优劣。

2. 测试题

（1）简述公关效果评估的作用。

（2）请指出公关效果评估的方法，如何在相关的实践中灵活运用？

（3）如何运用媒介评估的方法？

3．单元评估

表 1　单元课程评价表

单元内容　　　　　　　　学号　　　　姓名　　　　班级　　　　时间

1．本单元最有价值的内容是：
2．以下问题需要进一步了解或得到指导：
3．教师讲授的思路是否清晰？教学态度如何？
4．教学方法对你的学习是否有帮助？
5．你的学习计划是否完成？
6．教学目标是否达到？
7．对于教学有何建议？
学生签字： 组长签字： 学习委员签字： 教师签字：

表 2　基本能力测评表

单元内容　　　　学号　　　　姓名　　　　班级　　　　时间

基本能力	评价指标	测评结果（通过√，没通过×）	备注
判断能力			
管理能力			
交流能力			
创新能力			
其他			
教师评语： 教师签字 ：　　　　年　月　日			
成绩：		学生签字：	

表 3　单元能力测评表

单元内容　　　　　　学号　　　　姓名　　　　班级　　　　时间

关键能力	评价指标	测评结果（通过√，没通过×）	备注
其他			
教师评语： 教师签字：　　　　年　月　日			
成绩：		学生签字：	

第三模块

Module three

现代公关专题活动

学习目标

知识学习目标

- 了解公关程序的概念、特征，认知公关调查的原则，掌握现代公关的调查、策划、实施和评估的过程，重点掌握公关实施的步骤和排除相关障碍，熟练运用评估的标准，客观、科学地评估公关事件。

能力培养目标

能力模块	能力要求	关键知识
现代公关专题活动的目标与要求	1. 能认知现代公关专题活动的概念、类型和特征 2. 能运用公关原理分析相关案例 3. 能运用公关原理组织专题活动	1. 新闻发布会、庆典、展览 2. 参观、赞助

第一单元　新闻发布会

案例学习与分析

国新办就神舟七号飞船发射、变轨及运行情况举行发布会

国新办定于 2008 年 9 月 26 日（星期五）下午 4 时举行新闻发布会，请中国载人航天工程办公室副主任、载人航天工程新闻发言人王兆耀介绍神舟七号飞船发射、变轨及运行情况。

今日 4 时 03 分神舟七号进入近圆轨道，已绕地球飞行 12 圈。神舟七号于北京时间 9 月 25 日 21 时 10 分 04 秒发射成功，航天员将在在轨训练 100 分钟后于 27 日下午出舱。舱外航天服组装测试顺利，预计飞船运行第 19 圈完成，从飞船运行第 9 圈起，翟志刚、刘伯明组装舱外航天服。25 日 22 时 42 分航天员第一次天地通话，身体感觉良好。航天员 27 日 16 时 30 分左右出舱，出舱过程将电视直播。神舟七号载人航天飞行出舱活动风险大，有三方面原因，神舟七号航天员在舱外活动时间大约为 20 分钟。

郭卫民：

女士们、先生们，下午好！昨晚神舟七号飞船成功发射，现在在太空已经运行了 19 个小时，大家对飞船在太空的运行和航天的情况都非常关心。今天我们很高兴请来了中国载人航天工程办公室副主任，载人航天工程新闻发言人王兆耀先生出席发布会，向大家介绍神舟七号飞船发射、变轨，包括运行等有关情况，现在我们就请王兆耀先生做介绍。

王兆耀：

女士们、先生们，下午好！非常高兴再次同记者朋友们见面。

受神舟七号载人航天飞行任务总指挥部委托，现在，我向大家通报神舟七号载人航天飞船的有关情况。

北京时间 9 月 25 日 21 时 10 分 04 秒，神舟七号飞船在中国酒泉卫星发射中心用“长征二号 F”型运载火箭发射成功，将 3 名中国航天员翟志刚、刘伯明、景海鹏送上太空。22 时 42 分，医监医生分别与 3 名航天员进行第一次天地通话，航天员感觉身体良好。23 时 23 分，3 名航天员第一次就餐和饮水。

今天凌晨 0 时 20 分，航天员翟志刚、景海鹏开始第一次睡眠。4 时 03 分，神舟七号飞船成功变轨，由入轨时的椭圆轨道进入距地球表面约 343 公里的近圆轨道。截至目前，神舟七号已环绕地球飞行 12 圈，根据航天员最新报告和北京航天飞行控制中心监控结果确认，飞船运行正常，航天员工作正常、身体状态良好。

北京时间今天上午 10 时 20 分，从飞船运行第 9 圈起，航天员翟志刚、刘伯明开始进行轨道舱状态检查和舱外航天服的组装与测试等工作。航天员景海鹏在返回舱值守，并随时监控飞船运行状况。

9 月 24 日，在酒泉卫星发射中心的新闻发布会上，我已介绍过，这次神舟七号配备的两套舱外航天服，分别为中国研制的“飞天”舱外航天服和从俄罗斯引进的“海鹰”舱外航天服。神舟七号飞船发射升空时，舱外航天服及部分组件处于分解打包状态，航天员首先需要对舱外航天服舱载对接系统和舱外航天服进行启封，对空气净化器、氧瓶、电池组、无线遥测装置等可更换部组件进行安装与测试，对服装尺寸进行检查与调整，还将对各种接口及服装内环境温

度、氧气供给、通信连接等进行调整测试与系统检查，为实施空间出舱活动做准备。由于所有工作均在微重力条件下进行，舱外航天服组装与测试工作十分繁重，根据地面模拟结果，整个过程需要12小时左右。目前，舱外航天服组装与测试进展顺利，预计可在飞船运行第19圈左右完成。

航天员完成舱外航天服组装与测试后，将穿着舱外航天服在轨道舱进行大约100分钟的在轨训练，为执行出舱活动做准备。根据飞行计划安排，航天员将于27日下午执行出舱活动任务。

谢谢各位。

中央电视台记者：

首先非常感谢王主任到这里来，听说你昨天晚上只睡了一个多小时，任务非常繁重，非常感谢。我想问的问题是出舱活动的具体时间，出舱活动的全过程会不会通过电视直播的方式，让中国老百姓能够实况收看到？感谢！

王兆耀：

根据我们的飞行计划安排，我们的出舱活动安排在27日下午16时30分前后进行。但是大家都知道，出舱活动对我们国家来说是首次进行，在技术上受多方面因素的影响，我讲的只是计划安排，有可能在这个时间前后做些调整。到时候需要根据舱外航天服和航天员的状态确定。第二个问题，可能大家都感觉到，这次神舟七号载人航天飞行任务的报道是非常透明公开的，几个频道在同时播放，我们明天肯定会向全国人民和世界媒体公开透明地播出我们的出舱活动。

香港民报记者：

请您讲解一下航天员出舱活动最主要的风险在哪里？你们应对这些风险的预案是什么？谢谢！

王兆耀：

关于这个问题，我24号在酒泉卫星发射中心的发布会上介绍过。这次神舟七号载人航天飞行任务的特点中，很显著的一个就是任务风险大。以往我们的载人航天发射，就是“神五”、“神六”，有两个风险集中段，一个是发射，一个是回收，这次增加了出舱这个高风险的时段。其中有几个方面的原因：

第一，出舱的过程在地面很难进行完全真实的、全过程的模拟。因为太空中有失重、有高真空、热。我们在地面可以模拟真空的环境，也可以模拟失重的环境，但这两项很难同时进行，很难在地面完全真实地把空间出舱的程序进行模拟训练。

第二，因为出舱要有舱外航天服，还要有一个气闸舱，这些产品都是新研制的，是没有经过飞行验证的，对这个产品的安全性、可靠性要求很高，这里面也存在一定的风险。

第三，航天员在轨道上要进行大量的操作，刚才我已经介绍了，他从第9圈开始一直到第19圈，对航天服进行组装、测试、训练、还要穿脱、出舱，到外面取回试验样品，进行气闸舱的泄复压，这一系列操作不能失误，要求是非常高的。

为了减小这些风险，最主要的就是必须保证我们的产品质量要可靠，要保证我们的航天员训练有素和到位，要提高他们的素质，使我们的组织指挥精确。只有这样，我们才能够很好地完成这次出舱活动。此外，在出舱时段必须保证我们的测控通信连续稳定。谢谢！

法新社记者：

刚才您介绍了整个出舱活动的时段安排，请问航天员真正出舱时间是多少分钟？

王兆耀：

根据我们的飞行程序安排，航天员在舱外活动有20分钟左右。但是出舱时间的计算方法，目前各方面也是不一致的，国际上也没有统一的标准。如果从打开舱门起算，到关上舱门约有半个小时到40分钟。如果你指的是航天员在舱外的活动时间，大概有20分钟左右。谢谢！

郭卫民：

明天晚上计划8点30分，在这里还会举行新闻发布会，请王兆耀先生介绍最新的情况。大家有什么问题，也可以向我们国新办的记者联络室传来，我们会在明天请王兆耀主任做介绍。今天新闻发布会到此结束。谢谢！

（中国新闻网）

案例讨论

（1）你认为王兆耀的答记者问是成功的吗？

（2）你想想看，王兆耀的回答还有不足之处吗？

关联知识

一、新闻发布会的含义和特点

新闻发布会又叫记者招待会，是一个社会组织把各类新闻媒介的记者召集在一起，宣布某一有关信息，并让记者就此进行提问，然后由召集者来回答的一种特殊会议。

新闻发布会的特点：

（1）权威性。新闻发布会是一种比较正规、隆重、规格较高的传播方式，与其他传播方式相比，其影响面更广、权威性更强。

（2）两级性。新闻发布会是一种两级传播。社会组织先将信息告知记者，再通过记者所属的大众媒介告知公众。

（3）双向性。新闻发布会属于双向对称沟通：一方面，社会组织根据自己的需要向记者发布信息；另一方面，记者可根据自己感兴趣的问题，以及所着重的角度进行提问，能更好地发掘消息，从而增加信息传递的深度和广度。

（4）现场性。新闻发布会，一般安排记者提问，并需要现场回答，这就要求新闻发言人和会议主持人有较强的表达能力和反应能力。

二、新闻发布会的策划和组织

社会组织是否能通过新闻发布会将组织的有关信息成功地传递出去，并借此树立自己的形象，提高组织的知名度、美誉度，关键在于新闻发布会的策划和组织。一般来说，组织好一次新闻发布会需要做好以下工作：

1. 会前的筹备工作

会前的筹备工作主要包括确定举行新闻发布会的必要性；选择会议的地点和时间；确定主持人和发言人；准备发言和报道提纲；准备宣传辅助资料；选择邀请记者的范围。

（1）确定举行新闻发布会的必要性。

根据新闻发布会的特点，会前必须对所发布的信息是否重要、是否具有广泛传播的新闻价值，以及新闻发布的紧迫性和最佳时机，进行研究和分析。新闻发布会的召开，总是有一个具体而充分的理由，或是解释一件已为许多人知道但不够详细的事件；或者是公布一件人所未知的重大信息；或者是介绍一件新产品；或者是澄清某些造成重大影响事实的真相内幕。只有在确认召开新闻发布会的必要性和可能性后，才可决定举行新闻发布会。

（2）确定会议地点和举办时间。

在地点选择上主要考虑给记者创造各种便利的采访条件，如会场要具备拍摄的照明设备、视听设备和通信设备等，并且会场要安静，不受电话干扰，交通要方便。会议的时间要尽量避开节假日、重大社会活动和其他重大新闻发布的日子。

（3）确定会议主持人和新闻发言人。

会议主持人和新闻发言人必须头脑清醒、反应机敏，有较高的文化修养和较强的表达能力。会议的主持人一般由有较高专业技巧的公关人员担任，新闻发言人由组织或部门的高级领导担任，因为他们清楚组织的整体情况、方针、政策和计划等问题，熟悉媒介的运作规律，并能通过媒介把信息有效地发布出去。

（4）准备发言和报道提纲。

召开新闻发布会之前，公关人员应对本组织所发生的重大事件进行详细周密的调查和研究，对事情发生的来龙去脉要一清二楚。诸如问题产生的原因、造成的损失、产生的影响、采取的善后措施、解决问题的态度、发展变化的趋势等，公关人员均应了如指掌，以备记者咨询时对答如流。重要事件还应准备书面材料，在新闻发布会上可以提供给记者备查，以免在报道中发生差错。此外，公关人员还应及时写出情况报告，一来供领导层采取善后措施时做决策参考；二来使领导者正式向外界发布新闻时，不致发生遗漏或差错。

（5）准备宣传辅助材料。

宣传辅助材料要围绕主题准备，尽量做到全面、详细、具体和形象。形式应多样，要有口头的、文字的、实物的、照片和模型等，以增强发言人的讲话效果。

（6）确定邀请记者的范围。

应根据新闻发布会的主题，有选择地邀请有关的新闻记者来参加，例如发布工业产品信息，就不用邀请《少儿报》《文艺报》等报刊的记者参加。另外也应考虑事件发生后的波及范围，若只限于地方性影响，由地方新闻记者参加即可；若影响范围波及全国，就应邀请全国各大媒体新闻记者参加。

2．会议的程序安排

举办新闻发布会，会议程序要安排得有条不紊，避免出现冷场和混乱局面。一般来说，新闻发布会应包括以下程序：

（1）签到。

设立签到处，并派专人引导记者前往会场。与会人员要在签到簿上签上自己的姓名、单位、职务、联系电话等。

（2）发放资料。

会议工作人员应将写有姓名和新闻机构名称的入场证发给与会记者，并发放有关宣传资料。

（3）介绍会议内容。

会议开始时要由会议主持人说明召开新闻发布会的原因，所要公布的信息或事件发生的简单经过。

（4）主持人讲话。

主持人要充分发挥主持和组织的作用，活跃会场气氛，并引导记者踊跃提问。当记者的提问离会议主题太远时，要善于巧妙地将话题引向主题。会议出现紧张气氛时，能够及时调节缓和，不要随便延长预定的会议时间。

（5）回答记者提问。

要准确、流利地回答记者提出的各种问题，不要随便打断记者的提问，也不要以各种动作、表情和语言对记者表示不满。对于涉密或不宜公开回答的问题，不要回避，而要婉转、幽默地进行反问或回答。

（6）参观和其他安排。

会议结束后还应由专人陪同记者参观考察，给记者创造实地采访、摄影、录像等机会，增加记者对会议主题的感性认识。如果有条件，社会组织还可举行茶话会和酒会，以便个别记者能够单独提问，并能融洽和新闻界的关系。

3．会后效果测评

新闻发布会结束后，社会组织应对新闻发布会的效果进行测评：

（1）尽快整理新闻发布会的记录材料，对会议的筹备、组织、主持和回答问题等环节的工作进行总结，并将总结材料存档。

（2）编发公关新闻稿。公共关系工作人员应善于编写公关新闻稿。一般来说，公关新闻稿的写作要注意以下几点：一是主题开门见山，即首先说明组织正在做什么；二是尽量使用简短的、口语化的句子进行表述；三是清楚地表达思想，不使公众产生误解或者曲解。

（3）收集反馈信息。及时了解与会记者对新闻发布会的态度和意见，追踪媒体和公众的反应，广泛收集与会记者对新闻发布会的相关报道，进行归类分析，检查是否达到了会议的预定目标，以便谋划下一步的公关活动。

三、策划和组织新闻发布会的注意事项

社会组织是否能通过新闻发布会将组织的有关信息成功地传递出去，并借此树立组织的良好形象，关键在于新闻发布会的策划和组织工作。具体来讲，新闻发布会的策划应注意以下几方面：

（1）会议的场所选择和场所布置要符合恰当的氛围，体现严肃性、权威性、庄重性。

（2）同新闻界搞好关系，尊重新闻记者，为他们的工作提供方便。无论权威媒体，还是普通媒体，知名记者或者一般记者，都要一视同仁，不能厚此薄彼。

（3）要确保所发布的信息准确无误，若发现错误，应及时更正。

（4）切忌口气生硬、随意打断记者提问。对记者有偏见、挑衅性的提问，应保持镇静，有理有节地予以反驳，不应激动发怒。

实践与评价

1．能力训练

（1）案例分析。

教育新闻发言人是怎样“炼”成的

好发言人需要苦练“内功”

合格的新闻发言人应该具备什么样的条件？

在教育部第2期司局级新闻发言人培训班上，国务院新闻办副主任王国庆把新闻发言人必备的条件概括为5个方面：“政治立场坚定，准确掌握和理解党和政府的方针政策；内知国情，外晓世界，有全局和世界的眼光；熟悉和了解自己所代表部门的业务和情况；风趣幽默，能言善辩，有相当的语言表达能力；熟悉新闻规律，对新闻敏感，会同记者打交道，有相当的亲和力。”对于新闻发言人必备的素质，这应该是一个非常浓缩的解释。

中国传媒大学当代国际问题研究中心主任、博士生导师刘洪潮认为，“合格的新闻发言人有两个衡量的指标：一是精神状态好；二是答问能力强”。精神状态好是“一种充分自信的气势”。这种自信来自于“实力、准备、经验和坚定的信念。”答问能力强是指能够从容应对记者提出的各种问题。精神状态好与答问能力强都是新闻发言人内在的硬功夫，必须要好好修炼。

“当好一个面对媒体的政府官员，心理素质很重要”。外交部部长助理沈国放认为，真正优秀的发言人，面对的摄像镜头越多、记者越多，自信心越足、底气越足、反应越好。除此以外，新闻发言人还必须“深刻领会政府的政策，而且能够把政策转化为自己的语言。同时又要注意收集信息，只有掌握的信息比记者所掌握的更多，才能够非常巧妙地应对记者的提问”。

“发言人要随时面对记者”。

“发言人不是一种荣誉称号，而是一项十分具有挑战性的工作，新闻发言人不只是在新闻发布会上的工作，而是要随时准备面对记者，回答记者的提问”。国务院新闻办副主任王国庆认为，新闻发言人是权威信息的窗口，针对一些新闻发言人有头衔却从不发言的情况，培训更要着力解决新闻发言人“不愿意讲、不敢讲、不会讲”的问题。

“新闻发言人要有身份的自觉性，经常主动发挥新闻发言人的作用”。中国传媒大学教授张颂认为，教育部的新闻发言人更要“乐于在场，勇于出席和善于发言”。

但是“对于新闻发言人来说，记者并非你看到的一个又一个的个人，他代表的是他身后的媒体以及媒体能影响到的公众”。白岩松则在培训班上表示，不同的媒体，代表的人群和角度也不同。所以新闻发言人在准备发布新闻时，不光要接受记者的采访，还要做到心中有数，接受哪些新闻媒体的采访，他们可能对哪些问题更感兴趣，用什么样的表达方式可能更对路。

发言人与记者好比“桥头堡”。

“三份不友好的报纸，比一千把刺刀还厉害”。媒体的力量由此可见一斑。

那么记者和新闻发言人究竟是什么样的关系呢？白岩松打了一个形象的比喻：“记者和新闻发言人是两个桥头堡，这个桥的名字叫沟通。桥的一端是百姓，一端是政府，没有两个桥头堡之间的连带，这个沟通的桥就架不起来。”

“做新闻发言人、政府官员，都应该意识到媒体的重要性，这样才能够更好地应对媒体”。沈国放认为，新闻发言人最主要的工作就是和媒体打交道，“懂得如何与记者交流，与记者建立伙伴关系，政府与媒体就能达到双赢，给记者提供帮助也是在帮助自己；相反，妨碍记者也就是在妨碍自己”。

“一个现代领导的基本素质就是善于利用媒体”。中央电视台新闻评论部主任梁建增认为，不但要主动引导舆论，还要善于引导舆论。对待媒体要会借力、借刀、借道，还要借媒体的光。

新闻发布的过程可以看成是新闻发言人和记者控制与反控制的较量。“不要把记者当部下、当学生、当敌人，而是当成挑战者和合作伙伴”。国务院新闻办副主任王国庆提醒学员，“新闻发言人是信息提供者，记者是信息传递者，新闻发言人要通过记者达到引导舆论的目的。不要给记者讲课，因为他们不是你的学生；不要给记者做报告，因为他不是你的部下。要以平等的态度面对记者，因为他们是你的合作者”。

“讲真话也要掌握技巧”。

“你们可以不说，也可以少说，但绝不能说假话。新闻发言人一旦说过一次假话，他所代表的政府机构今后发布的信息的可信度就会大打折扣”。国务院新闻办主任赵启正曾经对已经或即将走上新闻发言人岗位的学员们如是说。

“绝不是把所知道的都告诉别人，但是只要告诉别人就一定是真话”。白岩松认为，这是新闻发言人发言的一个大前提。作为发言人，犯错误无可避免，但是对待错误要有正确的态度，千万不能用下一个新错误去弥补刚才犯的错误。在出现错误的时候，主动改正，往往是确立好形象的重要因素。正所谓“越是真诚、越出彩，越出彩、越安全”。

新闻发布和记者采访是一场语言的较量，最好的新闻发言人的语言是“有节奏、有起伏的语言”。白岩松认为，语言只有在有起伏、有快慢、有停顿的时候，才能抓住人心。语言运用同样离不开技巧，而国画中墨分五色及留白的技法对语言运用也有借鉴意义。

一些专家也提出，“发言人不但反应要快，主动、及时、准确地提供信息，更要掌握好答问的技巧”。语言要通俗易懂，用老百姓关心的视点，老百姓的语言传达一些党的方针政策。要“言之有物、言之有理、言之有情、言之有彩”。

面对记者提出的“刁钻”问题，刘洪潮为即将走上前台的新闻发言人支了 6 招：“一不要被激怒，要沉着应对；二要听清问题，不要仓促回答，以免忙中出错；三要避实就虚，巧妙应对；四要直面问题，正面回答；五要反守为攻，夺取主动；六要举重若轻，因势利导”。

总而言之，就是“心理是根，语言节奏是本，态度是杀手锏”。白岩松认为，这 3 招在任何地方，任何时候都好用。

成功背后团队合作最重要。

当然，每一次新闻发布会结束之后，享受成功喜悦的不仅仅是新闻发言人自己，还有许多在新闻发言人背后支持他工作的人们。

“我背后就有一个处在为发言人做准备”。沈国放介绍说，“这个处的同志，要 24 小时跟踪外国的媒体，包括报纸、新闻、电视的报道情况，以及跟踪各个国家大的事件。早上要汇报昨天 24 小时之内发生什么事情，什么事情涉及中国，哪些问题是记者关心的，然后开始考虑怎么回答或者是要问主管司、主管处的一些基本口径”。

“新闻发言人是一种制度，是沟通媒体、社会公众和政府部门的桥梁。新闻发言人背后有一个团队在工作着”。教育部新闻发言人王旭明告诉记者，教育部党组对教育宣传工作和教育舆情分析高度重视，1998 年就建立了新闻发言人制度，2004 年进一步完善，确立每个司局的一把手为该司局的新闻发言人。在部机关编制非常紧张的情况下专门成立了新闻办公室。把加强教育新闻宣传工作写进了年度工作要点。为了做好每一次新闻发布会的组织工作，教育部新闻办的工作人员每天都要收集网上舆情和突发教育事件信息；在每年召开的大量新闻发布会背后需要做大量工作。尽管可能在会上发给记者的新闻稿只有两页纸，然而，这之前的准备工作相当繁重。

（节选自《中国教育报》2005 年 6 月 5 日版）

根据上述材料，回答问题：

① 合格的新闻发言人应具备哪些基本条件？

② 新闻发言人的“发言”应该注意哪些方面？有哪些发言技巧？

③ 新闻发言人如何协调和媒体的关系？新闻发言人为什么要重视和媒体的关系？

（2）比较题。

① 请比较本单元的两则案例，各有何妙处？

② 作为新闻发言人，应如何掌握发言技巧？

2．测试题

（1）简述新闻发布会的特征。

（2）请指出新闻发布会的策划与组织安排程序，如何在相关的实践中灵活运用？

（3）如何评估会后效果？

3. 单元评估

表 1 单元课程评价表

单元内容　　学号　　姓名　　班级　　时间

1. 本单元最有价值的内容是：
2. 以下问题需要进一步了解或得到指导：
3. 教师讲授的思路是否清晰？教学态度如何？
4. 教学方法对你的学习是否有帮助？
5. 你的学习计划是否完成？
6. 教学目标是否达到？
7. 对于教学有何建议？
学生签字： 组长签字： 学习委员签字： 教师签字：

表 2 基本能力测评表

单元内容　　学号　　姓名　　班级　　时间

基本能力	评价指标	测评结果（通过√，没通过×）	备注
判断能力			
管理能力			
交流能力			
创新能力			
其他			
教师评语： 教师签字：　　年　月　日			
成绩：		学生签字：	

表 3 单元能力测评表

单元内容　　学号　　姓名　　班级　　时间

关键能力	评价指标	测评结果（通过√，没通过×）	备注
其他			
教师评语： 教师签字：　　年　月　日			
成绩：		学生签字：	

第二单元 庆典

案例学习与分析

老字号，新辉煌——全聚德 135 周年店庆大型活动公关

“全聚德”作为我国餐饮业驰名中外的老字号企业，自清朝同治三年（1864 年）创立，至今已有 135 年的发展历程。经过几代人的努力，“全聚德”形成了以烤鸭为代表的系列美食精品和独特的饮食文化。“全聚德”这家百年老店已成为了国家领导人宴请国际友人的主要场所，也成为了国际国内朋友了解、认识北京的窗口。

为了抓住机遇，迎接挑战，积极参与市场竞争，创造具有中国文化底蕴、实力雄厚、品质超凡、市场表现卓越、享誉全球的餐饮业世界级名牌，集团公司决定以 1999 年“全聚德”建店 135 周年为契机，全年推出多层次、一系列的企业形象公关活动；并确立了弘扬“全聚德”民族品牌，树立“全聚德”老字号的崭新形象；以店庆造市场、以文化兴市场，强化“全聚德”烤鸭美食精品意识，丰富“全聚德”企业文化内涵，激励全聚德集团的全体员工以百倍的信心迎接新世纪挑战的公关目标。

全聚德集团为了实现这一目标，准备举办“全聚德杯”有奖征集对联、全聚德烤鸭美食文化节、全聚德品牌战略研讨三项大的活动。在这些公关活动的媒体选择上主要以报纸为主，兼有电视台、电台，并辅以公司宣传刊物。

全年系列公关活动分为 3 个阶段，从序曲到高潮：

第一阶段，在含有元旦、寒假、春节、元宵节等节假日的第一季度与《北京晚报》、北京楹联研究会联合举办“全聚德杯”新春有奖征集对联活动；面向全社会开展“我与全聚德”征文，征集店史文物活动；着手整理资料，编辑、出版《全聚德今昔》一书。

“全聚德杯”新春有奖征联活动，历时 2 个月，在社会上引起较大反响。通过征文，征集店史文物等，突出了“全聚德”悠久的历史，加深了百年老字号的文化内涵。

第二阶段，在农历六月初六，即全聚德创建日的 7 月 18 日举办“全聚德建店 135 周年店庆暨首届全聚德烤鸭美食文化节开幕式”。

1999 年 7 月 18 日上午 9：30 至 11：30，在前门全聚德烤鸭店一楼大厅举办了隆重的开幕仪式。内容有北京市商业联合会致贺词、新编《全聚德今昔》一书首发式、请有关方面的领导讲话、第 1 亿只全聚德烤鸭出炉仪式等。7 月 18 日至 25 日，“美食文化节”活动期间推出国际烹饪大师巡回献艺，亚洲大厨、获奖名厨精彩绝活表演；赠送全聚德 135 周年纪念品；开展由顾客参加的趣味性烹饪、服务技能、全聚德知识竞赛活动等。

第三阶段，在金秋的 10 月份，借新中国 50 华诞举办全聚德品牌战略研讨会。

在和平门全聚德烤鸭店邀请中国商业经济学会、中国商业文化研究会、中国社会科学院、中国人民大学、首都经贸大学、北京工商大学、北京工业大学、北京财贸管理干部学院的专家、教授与集团全体领导及有关部室负责人就全聚德品牌战略进行研讨。

全聚德品牌发展战略研讨会明确了全聚德品牌的战略目标，即以全聚德烤鸭为龙头、以精品餐饮为基业，通过有效的资本运营，积极审慎地向相关产业领域延伸，创造具有中国文化底蕴、实力雄厚、品质超凡、市场表现卓越、享誉全球的餐饮业世界级名牌。这次的全聚德集团

企业形象公关活动完全达到了预期的公关目的，提高了全聚德品牌的知名度和美誉度。众多新闻媒体都对“全聚德建店135周年店庆暨首届全聚德烤鸭美食文化节”做了全面报道。报道的形式有新闻、照片、侧记、专访。“全聚德”成为人们普遍谈论和关注的话题，使“全聚德”品牌的知名度和美誉度进一步提升，强化了“全聚德”的品牌形象。全聚德集团通过“全聚德建店135周年店庆暨首届全聚德烤鸭美食文化节”的举办，取得了良好的经济效益。

（根据中国公关网等资料改编）

案例评析：

（1）“全聚德135周年店庆大型活动”历时近一年，策划实施了“全聚德杯”新春有奖征联活动、首届全聚德烤鸭美食文化节、全聚德品牌发展战略研讨会三项大型活动，是一次极为成功和典型的大型庆典公关策划。新春有奖征集对联活动把迎春与商业宣传融合为一，把树立全聚德品牌形象与中国传统楹联文化有机地结合起来，营造了“以文化树品牌”“以文化促经营”的新闻热点，弘扬了全聚德饮食文化，吸引了普通消费者的注意；首届“全聚德”烤鸭美食文化节在邀请有关领导、社会名流参加的同时，也吸引了众多的消费者参与，取得了很好的经济效益；邀请专业人士参加的“研讨会”明确了全聚德的品牌战略目标，为“全聚德”的进一步发展指明了方向。

（2）“全聚德”这次店庆活动，始终受到媒体的广泛关注，包括一些国外的媒体。这固然与“全聚德”极高的品牌知名度和悠久的文化分不开，但也是全聚德集团拥有良好的媒体关系，善于综合利用各种渠道，传递公关信息的结果。全聚德集团在媒体选择上以报纸为主，同时兼顾电视台和电台，并以公司宣传刊物作为辅助，确立了全面多维的信息传播体系，收到了较好的曝光效果。仅“全聚德135周年店庆暨首届全聚德烤鸭美食文化节开幕式”一项活动就有24家媒体参与报道，报道量达56次之多；《北京晚报》对“新春征联”活动互动式的追踪报道，将征联活动不断推向高潮，为全聚德135周年店庆活动做了很好的铺垫。

（3）策划者充分创造和利用了活动中第1亿只全聚德烤鸭出炉仪式这一最受关注、最具新闻价值的焦点事件，引得新闻媒体竞相报道，是本案例中的一大亮点。众多摄影记者为了抢到好的摄影位置，早早就在炉前等待，《北京晚报》记者为了抢得第一新闻，饭都顾不上吃，就赶着发照片。这都说明活动创意策划的成功。事实也如此，这一仪式成为众多媒体报道的一个重要主题。

案例讨论

（1）全聚德店庆案例策划的最成功之处在哪里？

（2）我们能从中得到哪些启迪？

关联知识

庆典是社会组织本身的重大节目或事件庆祝活动的总称。常见的有奠基典礼、落成典礼、开幕典礼、周年纪念、节日庆典，签字仪式、领奖仪式和授勋仪式等。

一、举行庆典活动的意义

1. 创造良好的宣传机会

举办庆典，邀请名人和新闻界记者参加，吸引舆论界关注，借此扩大本组织的知名度、美誉度和影响力。

2．增强组织内部的凝聚力

通过举办庆典，组织内部成员会自觉地提高主人翁责任感和使命感，共同参与，促进彼此的沟通和交流，消除矛盾，创造和谐的气氛和向心力。

二、庆典类型

1．节日庆典

节假日（元旦、“五一”劳动节、“五四”青年节、国庆节、春节等）和某一组织的成立或成立纪念日庆典（厂庆、司庆、校庆、店庆等）。

2．开工、竣工典礼和开幕式

某个新设施奠基、落成，展览、展销活动开幕，是某组织事业发展的里程碑。

3．颁奖、授勋仪式

为表彰先进、为某些具有突出成就的人或知名人士授予勋章、奖章、称号和荣誉证书等活动，旨在表彰、奖励杰出、有贡献的人才，给他人树立表率和榜样。

4．特别“日”“周”“月”“年”典礼或仪式

诸如某组织的优质服务日、爱鸟周、质量月和和平年等，均要举行典礼，借以联络感情，增强公众对组织的认同、赞赏，提高知名度、美誉度和信誉度，引起媒体关注与报道。

5．签字仪式

通过谈判协商终于达成某种协议，举行一个签字仪式，互换正式文本。

三、庆典的组织与安排

1．拟定出席人员名单

一个正规的庆典活动的宾客应包括政府部门负责人、主管部门负责人、社区代表、同业和协作单位代表、社团负责人、公关专家、新闻记者、顾客代表及员工代表等。

2．拟定典礼的程序

典礼的一般程序为：宣布典礼开始、宣读重要来宾名单、致贺词、致答谢词、鸣炮、剪彩。

3．确定主持人

主持人一般为组织的主要领导或负责人。

4．确定剪彩人员

剪彩人除本单位负责人外，还应邀请来宾中地位高、有一定声望的知名人士共同剪彩（适用于新设施、新项目开工、奠基仪式）。

5．安排好各项接待事宜

事先拟定参加庆典的人员，再确定接待、剪彩、放鞭炮、摄影摄像、录音扩音等相关服务人员，务必确定在典礼开始前各就各位。

[特别提示] 最好安排一个临时接待室，接待早到的相关人员，以便其休息、待命。

6．确定主席台和第一排人员名单，安置醒目的标志牌

庆典仪式最重要的位置是主席台与第一排人员，应事先做好标志牌，写上嘉宾姓名，以便各就各位；站立的庆典，还要在主要宾客所站地方铺上红色地毯，以示庄重。

7．安排助兴节目

为增添热烈、欢快的气氛，应安排锣鼓、歌舞等节目，节目可由本单位员工参与演出，从而培养员工们的归属感和职业自豪感。

8．签字仪式

筹划签字仪式时，应安排好签字者的桌椅，并标明相关人员的座次。倘若是国际之间协议签字，应以国旗或团体旗帜为标志。

9．组织参观

在庆典仪式结束后，组织宾客参观本单位的工作现场、厂容厂貌、生产设施和商品陈列等。这是让公众了解认识组织的大好时机，也是展示自我、传递信息的绝佳途径。

10．安排专人接待新闻记者

大规模活动，必须设立新闻中心，安排专人接待新闻记者，并为他们提供一切方便条件，以便信息发布、传递得安全、及时。

11．举行座谈会

庆典结束后，为广泛征求建议与意见，召开座谈会，掌握第一手资料，总结经验教训，密切组织与公众之间的关系，不断改进工作中出现的失误与不足，从而达到尽善尽美的目标。

实践与评价

1．能力训练

（1）案例分析。

杜邦（中国）200周年庆典活动案例

项目主体：

杜邦（中国）集团有限公司

项目执行：

杜邦（中国）集团有限公司

获奖情况：

第六届中国最佳公共关系案例大赛大型活动类银奖

项目背景：

杜邦公司由法国移民E.I.杜邦于1802年在美国特拉华州威明顿市建立。在19世纪，杜邦主要生产黑色火药。到20世纪中叶，杜邦已经成为了一家全球性的化学、材料和能源公司。2002年，杜邦公司在全世界70个国家和地区开展业务，拥有79,000多名员工。依靠在化学、生物、物理、工程和信息技术方面的优势，杜邦成为了一家经营范围更为广阔的科学公司，通过不断创造科学奇迹，帮助世界变得更健康、更安全、更美好。

2002年7月19日是杜邦公司诞生200周年纪念日。200年来，对于中国5000年的泱泱历

史来说，可能只是沧海一粟。然而，对于一家以同一公司名称、在同一城市设立总部、坚持同一价值观而持续经营的杜邦公司来说，这在世界企业界是罕见的，对成立了 200 年的美国公司来说，也绝非易事。

无疑，就杜邦公司成立 200 年，在企业内部、外部举办庆祝活动，对于提升企业形象、加深目标受众对公司的理解、鼓舞员工士气和促进企业凝聚力，是非常好的沟通平台。而就杜邦面向未来的企业定位而言，一家以“创造科学奇迹”为动力、以“可持续发展”为目标的科学公司，其进行有效的内外部沟通是在中国庆祝活动的目的所在。

中国，在杜邦全球发展策略中占据着举足轻重的地位。因此，有关庆祝活动就更要办出新意、办出效果。

杜邦公司成立 200 周年中国庆祝活动要覆盖杜邦在华 20 几家企业中的所有员工。

项目调研:

所做的针对内部员工和外部受众的定性调查显示:

内外部受众对公司成立 200 年这一事件感到兴奋，对相关庆祝活动有所期待。

面对杜邦在 200 年间所做的各种应对市场的自身调整和转型，不少人不甚理解，对杜邦面向未来的“科学公司”的定位理解不深，仍然认为杜邦是一家传统的化工企业。

但同时，人们对杜邦的科技实力和创新能力有着正面的认识。

在国内，各种企业庆祝活动屡见不鲜。杜邦（中国）公司也举办了不少庆祝活动，从合同签约到企业破土动工、投产、厂庆等。如何真正达到传递企业信息的目的是活动设计和执行必须面对的挑战。

项目策划:

目标: 以杜邦公司成立 200 周年庆祝活动为契机，加深企业内外部目标受众对公司历史、目前定位和未来发展方向的理解，提升杜邦作为一家科学公司在中国的企业形象，进而支持业务的发展。

策略:

（1）内外部庆祝活动并举。

（2）着重介绍杜邦 200 年来应对时代变化，为持续发展自主转型的勇气和成功经验。

（3）将庆祝活动落实到整年的业务活动当中，辅以在成立纪念日当天面向员工的庆典活动。

（4）调动员工的参与积极性。

（5）借助新闻媒体扩大活动影响。

杜邦 200 周年庆典在中国的庆祝活动分为对外庆祝活动及员工庆祝活动两部分。对外庆祝活动注重向外部受众（相关行业人士、政府、学术界、舆论领袖以及一般受众）传达公司的悠久历史以及杜邦一贯倡导的核心价值观念和企业文化，并重申杜邦对在中国市场和客户、消费者继续投资的郑重承诺。

在杜邦，员工是公司最为宝贵的重要资产，杜邦 200 周年纪念日对于每一个杜邦员工来说也是一个极为重要的日子。员工的庆祝活动旨在加强员工对于公司的认同感、自豪感及凝聚力，从而与公司一道朝着既定的发展方向而努力。

我们认为，企业沟通是一个长效的过程，需要长期、有计划的沟通和定位工作的积累。一些特殊的场合或活动可以在一段时间内产生“眼球效应”，但仍须纳入长效沟通的轨道、配合并支持整个企业沟通策略安排。

因此，我们将杜邦 200 周年庆典作为一个企业长效沟通的良好契机，而不是让我们的沟通计划围着这一庆祝活动“转”。在 2002 年整年的企业内外部沟通中，我们传递着 200 周年庆典的信息，逐步将受众的情绪随着 2002 年 7 月 19 日的临近而推向高潮。之后，我们的沟通信息仍与 200 周年庆典相联系，强调杜邦迈入公司发展第三个世纪的计划和策略。从而使 2002 年的公司沟通充分利用 200 周年庆典这一契机，让每一个具体的活动既各有亮点，又成为一个有机整体。

目标受众:

（1）内部受众，员工及家属。

（2）外部受众，政府、行业人士、客户、业务合作伙伴、学术界、媒体及特定的目标受众。

主要信息:

（1）杜邦成立 200 年是杜邦追求企业可持续发展的又一里程碑。

（2）杜邦 200 年的发展是不断自我表现调整，以应对时代挑战的成功历程。面向未来，作为一家科学公司，杜邦将继续“创造科学奇迹”，服务于人类的生产、生活需要。

（3）杜邦对中国市场的承诺是认真而长期的，并将继续通过努力与中国经济和社会共同发展。

媒介选择:

国家级及地区主要综合类、财经类媒体，包括平面（报刊杂志）、电子（广播电视）及网络媒体。

在媒体选择方面，主要依托北京、上海、广州、深圳和香港等一级中心城市的综合类、财经和相关行业报纸、电视媒体，以及少数高端的财经类杂志，传播信息，并通过它们影响到二级城市的传媒。具体到每个活动，保持大部分邀请媒体和记者在一年中的稳定，使记者对信息的理解能逐步深入。同时根据每个活动的具体特点和不同的受众群，部分调整媒体的选择，以及对媒体内部不同部门或版面的选择。

预算:

（略）

项目执行:

2001 年下半年，在杜邦（中国）集团有限公司管理层、亚太区公共事务总监的支持和参与下，杜邦（中国）集团有限公司公共事务部开始筹划和协调包括合资企业在内的公司的总体庆祝活动。杜邦在中国的所有分公司、合资、独资企业均派代表组成了“200 周年庆祝活动筹备委员会”，负责安排各地的庆祝活动，确保形象、风格和信息传递的一致性。

公共事务部将杜邦美国为 200 年庆典设计的“杜邦 200 周年”标志制作成中文版，使用在当年的所有内外沟通资料以及每一个活动中，并向受众介绍标志的含义。

杜邦（中国）员工还特意为公司 200 年庆设计了吉祥物、创作了书法作品，体现了本地员工的文化底蕴和创造性。

对外系列庆祝活动:

（1）1 月 17 日，杜邦公司在北京宣布自 2002 年起，将连续 3 年，每年出资 130 万美元赞助大连实德足球俱乐部，并以此揭开公司成立 200 周年中国系列庆祝活动的序幕。杜邦的公司名称和椭圆形企业标志随着大连实德俱乐部的征战不断出现在电视荧屏、报纸照片和现场观战球迷的眼前，极大地提高了公司的知名度和品牌认知度。

（2）3 月 31 日，在北京市全民义务植树日即将来临之际，杜邦公司的员工与亲属 100 多人以及来自首都各大媒体的十几位负责社会、环保和企业报道的记者来到位于北京东四环路边的红领巾公园，种下 200 棵梧桐、银杏等树木，为北京增添一片绿色，以实际行动来弘扬公司注重环保的核心价值观，纪念公司成立200周年。

（3）4月，在欢庆杜邦成立200周年之际，恰逢“上海杜邦农化有限公司”开业12周年及正式投产10周年。为此，上海杜邦农化有限公司将从总部申请的杜邦社区基金捐赠给社区近邻高行镇马陆桥村，为该社区正在筹办中的“马路桥村老年活动中心”购置部分文教设施，以支持社区老年事业的发展和社区文明建设。

（4）5月28日至29日，杜邦公司董事长兼首席执行官贺利得应国家计委的邀请访问北京。访问期间，他与国家计委、国家经贸委、对外经济贸易合作部、农业部、卫生部、国家环保总局的领导进行了会谈，介绍了杜邦200年的发展状况并重申了杜邦对中国的长期承诺。

（5）5月28日，贺利得在刚刚装饰一新的北京钓鱼台国宾馆芳菲苑举行杜邦200周年大型新闻发布会及庆祝晚宴，成为中国200周年庆祝活动的一个高潮，包括国家计委张国宝副主任在内的200多位政府官员、客户、合作伙伴代表以及40多位媒体经济部门的记者出席了当天下午和晚上的活动。

新闻发布会的主题是杜邦如何继往开来，在公司发展的第三个世纪里实现可持续发展的方略以及中国在杜邦全球布局中的战略地位。

晚会在一位演员扮演的公司创始人对杜邦历史和成就的回忆与对未来的祝福中开始，贺利得先生重申了杜邦致力于在投资、分享知识和经验、承担社会责任等各个方面与中国共同发展的公司战略。会上，中国中央电视台记者介绍了杜邦的高科技产品在中央电视台科考活动中大显身手的亲身体验；一位青岛的客户讲述了企业创造性运用在与杜邦合作中学到的安全管理经验，得到山东省政府嘉奖的生动案例，从另一个角度注解了杜邦在中国采取的“分享、共同进步”的战略以及取得的丰硕成果。

当晚，来宾不仅充分领略到杜邦200年企业文化的丰富内涵和杜邦200年中的辉煌成就，同时也对公司充满活力的今天和变革创新的明天有了更深的了解。

（6）7月8日，杜邦（中国）集团有限公司上海分公司向上海市慈善基金会所属上海慈善捐赠救助物资服务中心捐赠慈善运输车一辆，用于慈善捐赠物资的运输，以此特殊的方式来庆祝杜邦200周年生日。车身上喷有“庆祝杜邦成立200周年”的字样和纪念标志，不仅是对杜邦致力于成为良好企业公民的生动诠释，也在上海市的大街小巷传递着200周年庆典的喜庆信息。

（7）9月25日，杜邦（中国）集团有限公司在北京、上海、深圳三地联动，以视频会议的形式举行《杜邦200年：发源于白兰地河的科学奇迹》中文版首发式，成为200周年庆典活动的带有总结性的亮点。此书原为英文版，由著名历史学家、美国马里兰州洛克威尔历史协会高级研究员阿德里安·金南博士所著。为庆祝公司成立200周年，杜邦（中国）集团有限公司特地在很短的时间内将此书翻译成中文，并由上海科技出版社出版发行。

该书以历史的眼光，客观、真实地审视杜邦200年历程，介绍杜邦的成功和荣耀，也不忌讳曲折和失误；更可贵的是，作者以历史学家行云流水般的笔触，翔实记叙了杜邦创业的艰难、探索中的彷徨、变革的痛苦，以及成功的喜悦；条分缕析了杜邦管理思想之演变发展过程、深植于杜邦员工心中的企业精神，以及延续了200年的企业文化底蕴，从而客观全面地描绘出了真实的、发展着的杜邦，也从一个侧面反映了美国近代工业的发展历程。书中600多幅精美、珍贵的历史照片，不仅为历史的叙述提供了有力的佐证，而且为整本书增添了亮色，令人赏心悦目。书的编排、印刷、装订十分精美，颇具匠心。书的护封采用了杜邦公司的专利产品特卫强®材料，体现了科技公司的特色。这本书在杜邦公司200周年生日之际作为纪念品送给了每一位杜邦员工，更成为公司对外交往的珍贵礼物。

该书首发式由杜邦全球主管公共事务的副总裁凯瑟琳·福特女士和杜邦（中国）集团有限公司总裁查布朗共同主持。三地的 60 余家媒体负责管理、书评和经济的记者参加。会后，在取得良好消息报道和书刊介绍类报道反馈的同时，《工人日报》《北京日报》等媒体也刊登了该书的节选部分。

（8）在 2002 年，杜邦在华投资规模继续扩张，并进入了一些新的领域。在食品与营养方面，杜邦的先锋种业在山东省莱州市建立了一个合资企业；杜邦全球合资企业 Solae 公司在华成立了独资的“杜邦郑州蛋白有限公司”和合资企业“杜邦双汇（漯河）蛋白有限公司”。2002 年 10 月，“杜邦—旭化成（张家港）聚甲醛有限公司”破土动工；杜邦工程塑料部设在深圳的技术中心开始运作。2002 年一整年，杜邦在中国追加投资达 1 亿美元，为杜邦在中国庆祝 200 周年诞辰添加了一份厚礼。

公司内部系列庆祝活动：

（1）2002 年 1 月，杜邦（中国）的员工庆典活动拉开帷幕。杜邦在中国各地的工厂及分公司纷纷以各种形式正式向员工宣布庆典系列活动的开始。各公司都向当地员工播放了总公司为庆祝 200 周年特地制作的员工宣传片。

（2）2002 年 3 月 30 日，杜邦在上海的 3 个企业：杜邦上海分公司、杜邦纤维和杜邦农化的员工在上海卢湾体育馆举行了庆祝杜邦 200 周年上海员工运动会，以别开生面的形式表达了员工的喜庆与自豪。

（3）2002 年 7 月 19 日是杜邦公司 200 周年生日。7 月至 8 月间，杜邦在中国的各个企业举行了不同形式的庆祝活动，并且向员工赠送了中国集团有限公司专门定制的带有 200 周年标志的“罗马”牌纪念手表。

（4）杜邦上海分公司的庆典于 7 月 5 日在上海香格里拉大酒店举行。四幕小品《戏说杜邦》穿梭时空，集史实与戏说于一身，使员工在开心之余加深了对杜邦的了解；《杜邦大考场》的考题均与杜邦的历史文化、产品科技息息相关。而员工自己改词的大合唱《我们的大杜邦》更是将庆典活动推向高潮，表达了员工对公司的美好祝愿：“我们都有一个家，名字叫杜邦……”、“杜邦，祝福你，你永远在我心里；杜邦，祝福你，不用千言和万语”！

（5）7 月 26 日，杜邦深圳厂全体员工在深圳香格里拉大酒店举行 200 周年庆祝大会。全厂员工总动员，从策划、节目设计、服装、舞蹈、抽奖到摄影，都由员工操办。他们发挥了无限创意，安排了一系列的节目，有独唱、合唱、乐器演奏、民族舞、桑巴舞、服装表演，更有现代版的《唐伯虎点秋香》，各演员穿上古代服饰大谈如何利用“Six Sigma”（杜邦公司实行的旨在提高生产率的科学管理方法）来点“秋香”，让在座的无不捧腹大笑，也把大家的情绪推到最高峰。

（6）杜邦北京分公司于 8 月 16 日举行了由员工和家属参加的“200 周年家庭日”活动。所有的员工和家属来到北京顺义的绿色度假村，并被分成以杜邦知名品牌命名的 6 个部落完成一系列任务，包括杜邦历史、科技成就和产品知识问答、野外定向和团队协作项目，借此加强员工身为杜邦员工的荣誉感，也让家属有机会分享杜邦的企业文化。最后所有参加的员工与家属组成“DUPONT 200”字样，为公司 200 年的生日留下了一张特殊的合影。

项目评估：

杜邦 200 周年在中国的系列活动取得了明显的成效。

2002 年，杜邦在中国的业务增长了 15%。

各大媒体对各项活动都做了大量的报道。全年有关杜邦 200 周年的正面报道超过 300 篇；

作为一家拥有 200 年悠久历史、丰富文化和科学成就的公司，杜邦的品牌知名度在受众特别是外部公众中得到了很大的提升。在 2003 年年初所做的针对外部受众的一项调查中，85%的被访者认为杜邦在科技研发领域居于领先地位；87%的人士认同杜邦的科学公司定位。

杜邦员工津津乐道于一系列的庆祝活动。

在 2003 年年初所做的有关企业内部沟通效果的调查中，75%的员工明确公司的企业定位和为实现可持续发展所做的各种调整和努力。

（根据中国公关网资料改编）

分析思考题：

① 你认为这一案例的成功亮点在哪里？

② 你认为不足之处在哪里？

（2）比较题。

① 试比较《老字号，新辉煌——全聚德 135 周年店庆大型活动公关》与《杜邦中国 200 周年庆典活动案例》的优点。

② 试比较两家庆典活动的创新之处。

2．测试题

（1）简述庆典活动的意义。

（2）请指出庆典的类型，如何在相关的实践中灵活运用？

（3）如何组织一次成功的庆典？

3．单元评估

表 1　单元课程评价表

单元内容　　　　学号　　　姓名　　　班级　　　时间

1．本单元最有价值的内容是：
2．以下问题需要进一步了解或得到指导：
3．教师讲授的思路是否清晰？教学态度如何？
4．教学方法对你的学习是否有帮助？
5．你的学习计划是否完成？
6．教学目标是否达到？
7．对于教学有何建议？
学生签字： 组长签字： 学习委员签字： 教师签字：

表 2　基本能力测评表

单元内容　　　学号　　　姓名　　　班级　　　时间

基本能力	评价指标	测评结果（通过√，没通过×）	备注
判断能力			
管理能力			
交流能力			
创新能力			
其他			
教师评语： 教师签字：　　　年　月　日			
成绩：		学生签字：	

表 3　单元能力测评表

单元内容　　　学号　　　姓名　　　班级　　　时间

关键能力	评价指标	测评结果（通过√，没通过×）	备注
其他			
教师评语： 教师签字：　　　年　月　日			
成绩：		学生签字：	

第三单元　展览

案例学习与分析

第十一届中国国际纺织面料及辅料（秋冬）博览会

本届展会汇集来自25个国家和地区的1530家展商（中方参展商963家，海外参展商567家），展出面积达6.3万平方米，比去年同期增长36.96%，展品涵盖棉、麻、丝、毛、化纤、功能面料、针织、绣花蕾丝、辅料、计算机辅助设计和媒体等。在海外参展商中，以展团形式参展的有意大利、韩国、德国、葡萄牙、日本、土耳其、巴基斯坦、中国台湾、泰国。在国内展商中，棉、毛、绣花蕾丝类展品的展商增幅显著，此外，福建众和（棉）、湖北迈亚（毛）、山东如意（毛）、湖南益鑫泰（麻）等知名企业一如既往地携带自身特色展品参展；江苏盛泽、浙江萧山、广东西樵和中国麻纺协会等地区和组织还以展团形式亮相展会。

突出的专业性和强大的商贸功能，使得Inter Textile面料展已经成为海内外专业人士的不变之约。业内知名企业都用自己最优秀的产品来预言纺织业甚至服装产业的未来走势。国外许多行业内颇具领导地位的公司再次参展，或通过中国代理参加展会，延续它们的推广活动。如3M、美国国际棉花协会、Dow Fiber Solutions、华富集团、Hyosung、兰精纤维、施华洛世奇、Union Knopf；由日本贸易振兴机构（JETRO）组织的日本116家企业团体出展，期望增进业务交流。

此外，第十一届中国国际纺织面料及辅料（秋冬）博览会新增设“纱线区”，以满足国内外众多纤维纱线企业不断开拓市场的需求。浙江华孚、青岛纺联、新疆中国彩棉等知名企业均携带各自的特色纤维纱线产品汇集上海新国际博览中心5号馆。参展的辅料企业也明显增加，产品从纽扣、拉链、缝纫线、各种织带到标牌非常丰富，不仅进一步促进了纺织业上、下游的交流，同时使得面料展的一站式服务增色很多。

此次展出不仅是行业技术和企业战略的比拼，更是一场时尚盛宴。绚丽的视频，精彩的走秀让观众们目不暇接，各大公司在会展布置上都做足了工夫。

传递时尚与科技之美

在本届面料展上，企业力推功能性面料，日本、中国台湾展团的功能性面料尤其值得关注。各种各样的功能性面料具有防风、防雨、防紫外线、发光、抗菌等功能，适合制作各种运动、休闲、医疗服饰。彰显出他们着力纺织品开发，重视对市场需求的快速反应，在面料研发方面构筑前瞻性的思路并展示雄厚的科技实力。Nano－sphere公司的纳米防污泼水织物；雅戈尔日中纺织印染有限公司开发的长绒棉卡摩纺、纳米免烫、Ttflon、Coolmax、抗紫外、抗菌等新型高科技面料以及混纺产品；日本帝人集团开发出的用回木提炼的森林纤维TETORON CS以及有色纤维；鲁泰集团生产的全棉液氨+潮交联+NANO三防面料，是一种既不起皱又不易玷污的纯棉衬衫面料；光触媒抗菌面料则具有杀菌、除臭、防污三大功能。总之，层出不穷的功能性面料开拓了服装发展的新天地。

此外，采用金银丝纱线设计的有刺绣或蕾丝风格面料；花色纱线；多种工艺混合运用的面料，如提花与印花、剪花与拉毛处理的面料；强调局部细节处理的面料，如局部采用剪绒、镂空手段、局部采用人造丝粉化印染等面料；超细纤维面料；弹性纤维面料等产品在展览中备受国内外采购商的欢迎。

从以前的来样加工到现在的有效选择设计方案直接生产，中国纺织品设计正经历着一个新的转变。此次展览中国产面料的颜色格外亮丽，与国际流行趋势相吻合，更加贴近市场。而且很多企业都采用了进口优质染料，其市场研发能力不断增强。但是在功能性面料、超细纤维面料和工艺设计的多样化方面的开发创新与国外厂家还有相当大的差距。纯棉精梳高支高密液氨整理面料，以天丝、大豆、玉米、竹、蛹/粘等混纺交织的绿色生态产品，采用超细（海岛）、PTT、MAX 吸湿排汗系列等新合纤生产的高档面料数量还很少，没有形成规模。纯棉高支高密织物、纯棉中厚弹力织物、高级牛津纺、天然彩棉织物等面料生产在国内企业中已经非常普遍。

展商客商眼中的 Inter Textile2005

从本届博览会来看，参展商尤其是那些预先准备充分、做好精心策划的展商把握住了展会带来的众多商机，尝到了展会的胜果，成为了会展经济的最大受益者。现在，请随着我们的镜头，一起来聆听一下他们的评价……

意大利 COMPAGNIA TESSILE S.p.A 公司

从去年起，我们每年都往返于北京和上海参加 Inter Textile，这次已经是第 4 次了。我们的面料产品全部在意大利生产，包括色织、丝棉混纺产品等，主要为高档时尚男装和女装服装品牌制造商服务。中国是个大市场，也是我们公司未来的投资方向，参加 Inter Textile，使我们发现中国有一部分高档面料的潜在需求，我们也很看好这个市场。

翔菱企业有限公司高级业务代表王纬韵

我们公司在台湾已有 20 多年的历史，主要生产针织、印花、平纹、螺纹等时装面料，同时还生产编条配件等产品，产品以欧洲线为主，极具时尚感。这是我们第一次参展，在首日特邀买家日，我们就接待了来自纽约、法国和欧洲的一些客户，我感觉这个展会非常不错。而且，我们来参展的目的主要是针对在中国生产成衣的国外买家和代理公司，面料展恰好提供了这个良好的平台。

KORSGroup 总经理迈克 • 高斯

我们也是第一次参加 Inter Textile2005，也是展会中唯一一家荷兰企业。我们的产品主要是用于工装裤（Overall Trousers）的带扣（Buckle），以及用于大型造纸工业和通风领域用的通风管，属于高档产品。优良的产品品质可保证带扣反复使用 10,000 次不会坏，在高温和机洗情况下不会马上断裂和变形。因此，公司在辅料界可与 ITW 和 YKK 等知名企业媲美。参加展会的途径很偶然，我们从一个欧洲客户处了解到我们的产品在中国有一定的市场，于是想通过参展来深入了解这个市场，并打算进一步在中国国内设立办事处。

泉州长鸿针织面料有限公司张继红

我们这次由于申报展位时间晚了，因此被分配到临时馆内，但通过前几天的展会，我们依然觉得参展效果不错，尤其是我们公司新推出的 Tactel/Lycra 面料，这种具有高附加值的产品尤其受到客商欢迎。我们还可以根据客户的需求对产品进行修正，以达到不同客户的多样需求，这一点正是许多客商与我们接洽的原因所在。

旭荣集团总经理特别助理黄冠华

我们旭荣不但开创了纺织界崭新的一页，也成为了大豆蛋白纤维面料的优先首选，所生产的大豆蛋白复合纤维所制成的针织面料，手感柔软舒适且具多功能，满足了人们对穿着舒适性及美观的追求，是最符合现代人需求的布料。因此可以看到，现场反映良好。本届博览会，我们旭荣高度重视，组织了庞大的专职人员队伍在现场跟进。这些人员都具有专业的纺织面料知识，能够解答客户的问题，并且有不少都是精通英语、日语的高素质人才，这是展会现场独一无二的。

日本高端产品展商

高端产品和具有高完成度的设计产品依旧吸引了许多高素质的买家。去年首次参加上海面料展的日本八木公司表示，购买商大多盯着高湿模量粘胶纤维及醋酸复合纤维等高档面料，切实感到购买商的眼光越来越高。以纯棉和聚酯棉混纺的衬衫面料参展的敷纺公司也表示，洽谈主要以具有吸湿发热等功能性面料为主，感受到了竞争激烈的中国衬衫行业追求差别化面料的倾向。

葡萄牙 LAM 公司生产艾丽泰克诺——运动类名牌织物

我们不是第一次涉足中国市场，我们参加了去年的上海国际纺织面料及辅料博览会。这个市场对我们具有吸引力，因为它已表现出了对我们产品的巨大需求，因此我们决定再次开发中国市场。

观众眼中的 Inter Textile

台湾协能拉链工业有限公司林燕青

我是来自台湾的专业观众，因此特地赶在开展第一天的“特邀买家日”一睹 Inter Textile 的风采，这次参观的目的就是希望寻找到合适的合作伙伴。本届博览会给我留下最深刻印象的就是主办方特别按照面料门类而设置了不同的区域，这给我们客商参观带来了很多便利。我真心祝愿这个展会能够越办越好，一如既往地为我们提供一个了解行业趋势的大舞台。

联泰控股有限公司采购总监陈肇坚先生

我们是世界知名的时装名牌成衣供应链服务商，拥有不少国际知名客户，包括 Polo Ralph Lauren、Liz Claiborne、Limited、Express、Victoria’s Secret、Fast Retailing、Dillards 等。我这次前来参观的主要目的就是寻找合适的下游企业，就目前洽谈的情况看来，收效颇丰，我已经收集了很多资料，准备带回去和同事们仔细商量研究。我几乎每年都来，可以说是 Inter Textile 成功之路的“见证者”。

上海玮珍服饰有限公司设计师常小姐

服装面料是服装设计的基础，也是服装设计师设计思想的载体，本身就是服装设计的一个重要组成部分，所以说服装设计就应该从了解面料开始。因此，我特地利用 Inter Textile 举办之契机，前来展会现场，对于一些当今行业内所流行的面料的颜色、花型和手感有了切身体会。尤其是主办方在展会现场所发布的“2006/2007 秋冬流行面料趋势”，给我带来了不少设计灵感。

欧迪芬国际集团杨桂艳

我这次来的主要目的就是“取经”。目前，内衣面料的选择主要有莱卡、棉布、丝绒以及化纤 4 种原料，而新面料的开发还在不断进行中。我希望通过参观这个展会，能够了解到内衣面料方面的一些新鲜资讯。感觉这次 Inter Textile 的展台设计的十分漂亮，尤其是一些精装展台，让人不想进去都难！

加拿大的 Pierre Stock 先生

我是来自加拿大的客商，来上海已经 5 天了。中国是个大市场，上海是中国的商贸中心，对于国外企业来说有很大的利润空间。本次参加展会，我主要是在中国寻找棉织产品的供应商，目前已有一些考虑的对象。我希望这个展会能越办越好。

（中国会展网）

案例讨论

（1）你认为此次会展的成功之处在哪里？
（2）你觉得会展应如何体现特色？

关联知识

一、展览的含义与特点

所谓展览，是指综合地运用产品说明书、宣传手册、活页广告等文字媒介，照片、幻灯片、录像片及电影等音像媒介，讲解、交谈和现场广播等声音媒介，现场表演、示范等动作语言媒介以及实物媒介等多种传播手段，进行全方位的宣传和展现社会组织的成果、风貌、特征的公关专题活动。

展览是综合性的传播媒介。因此，要办好展览会就需要了解其特点。

（1）展览会是一种十分直观、形象生动的复合型传播方式，直接冲击公众的视觉、听觉、触觉，并产生强烈效果。

（2）能有效地引起社会公众及新闻媒体的注意。一个展览会可以集中许多行业的不同展品，也可以集中同一行业中多种牌号的同类展品，这就为参观者提供了更多的机会，而且价格也较优惠，可以为公众节约大量的时间和费用。因此，很多公众都比较喜欢这种形式，新闻媒体也常对其追踪报道。

（3）能给组织提供与公众直接双向沟通的机会，及时获得公众对新产品的反馈信息。现在不少工厂和商店的商品展一般都要安排专人在展览会上回答参观者的问题，并同参观者就其感兴趣的问题进行深入讨论。企业组织在让公众了解自身的同时，也在及时地了解公众对自身形象、展品等的意见反馈，可根据从公众中反馈的信息进一步改进各项工作。这种直接双向沟通针对性很强，能对个别公众或某一特殊情况进行交流，从而收到较好的效果。

（4）展览会所传递的是最新的消息，展示的是最新的产品。展销会，也是展览会的一种形式，即便如广州每年春秋两季的出口商品交易会，也正是因为它力求展出新的商品和新的特色，方能吸引一批批国外及港澳等地的厂商前来观看、洽谈生意。

二、展览的类型

展览的类型，可从不同的角度来划分。

1．从展览的时间来划分，可分为长期固定展览、定期更换内容的展览、一次性展览

长期固定展览，如北京的故宫博物馆、自然博物馆等；定期更换内容的展览，如北京的工业展览馆、农业展览馆等；一次性展览会，如食品展销会、服装展示会等。

2．从展览的地点来划分，可分成室内展览和露天展览

室内展览较为隆重，不受天气影响，举办时间也较灵活，长短皆宜，大多数展览都在室内举办。但室内展览的设计布置较为复杂，所需费用也较多。露天展览的最大特点是设计布置比较简便，场地较大，可以放置大型展品，所需费用不多。但受天气的影响大，往往由于天气原因而影响展览效果。农产品展览、大型机器展览、花展等通常在露天举办，而较为精致、价值高的商品展览等则宜在室内举办。

3．从展览的性质来划分，可分成贸易性展览和宣传性展览

贸易性展览的特点是“展”且“销”，展出实物产品，目的是打开产品的营销局面，提高产品的市场占有率，促进商品的销售，如“迎春节吃穿用商品大展销”。宣传性展览是只展不销，目的是宣传一种观念、思想、成就等，通常通过展出照片、资料、图表和有关实物达到宣传的效果，如北京的中国国际展览中心举办的国际图书博览会。

4．从展出商品种类的多少来划分，可分成单一商品展览和混合商品展览

单一商品展览又称纵向展览，是指展出商品品种的单一性，由于展出的商品品种单一型号和品牌相对较多，并出自同一行业的各个不同的厂家，因此这种展览竞争较激烈。混合商品展览又称横向展览，这种展览会展出的商品种类多，参加展出的厂家来自不同行业。

5．从展览的规模来划分，可分成大型展览、小型展览和微型展览

大型展览通常由专门的单位主办，参展企业则通过报名加入。这种展览的规模一般很大，参展项目多，搞好展览需要很高的展览会举办技术；小型展览的规模较小，一般是由企业自办，展出的商品也是本企业所生产的。这类展览会经常选择图书馆门厅、车站候车室、酒店房间等地作为展出地点。微型展览是商店橱窗展览和流动车展览等。这类展览看似简单，但技巧性要求较高，要求更具吸引力。

6．从展览的内容可分成综合性展览和专题性展览

综合性展览全面介绍一个国家、一个地区或一个组织的情况，要求纵览全局、内容全面，有一定的整体性和概括性，既要突出重点，又要照顾一般，力求给观众以完整的印象，如每年春秋两季在广州举行的“广交会”等。专题性展览是围绕某一专题、某一专业或某类产品举办的展览会，要求主题突出、内容集中，有一定的深度，如“摩托车展览会”“科技图书展览会”等。

三、展览的组织与策划

不论何种类型的展览，均要求对展品经过筛选，紧扣展览主题，整个展览会经过精心设计，给观众留下深刻的印象。为办好展览会需要具体抓好以下几个环节：

1．展览的前期筹备工作

（1）确定展览的主题和目的。每次展览会都应有一个明确的主题和目的，并以此决定展览会中将使用的沟通方法、展览形式和接待形式。

（2）在主题思想的指导下去精心挑选、制作展览的实物，如图表、照片、文字、录像及音响等，设计不落俗套的会徽和纪念品。

（3）根据展览的主题确定参展单位、参展项目与参展标准，然后采取广告和发邀请信的方式召集参展者。广告和邀请信要写清楚展览会的宗旨、展出项目类型、对参观者人数和类型的预测、展览会的要求和费用等，给潜在的参展单位提供决策所需要的资料。

（4）确定展览的时间和地点。展览的时间依据展览的内容和天气情况而确定；在地点的选择上，首先要考虑的是方便参观者的因素，如交通要方便、易寻找等；其次，要考虑展览会地点周围环境是否与展览主题相得益彰；最后，要考虑辅助设施是否容易配备和安置等。

（5）编印介绍展览会的宣传小册子，撰写好精练的、深入浅出的前言、解说词和结束语。

（6）预测参观人数和参观者的类型。参观者的类型将影响到信息传播手段的复杂性和多样性。如果参展者对展出项目有较深的了解和研究，展览会讲解人就需要是这方面的专家，介绍的资料要较为专业化和详细深入；如果是一般观众，则应采用通俗易懂的语言，进行直观普及性的宣传。在展览会的策划阶段，就应该对展览会针对的公众及其所包括的范围有较精确的估测。

（7）做好环境布置以及照明、音响、影像等设置，并做好调试工作，确保展览顺利进行。

2．培训讲解及示范操作人员

展览既是组织产品和服务的展示，也是组织员工精神面貌和综合素质的展示。展览会工作人员的素质和展览技能的掌握程度，对整个展览效果有着重要影响。必须对展览会工作人员，如讲解员、接待员、服务员、示范员等进行良好的公共关系训练，并对每次展出的项目进行起码的专业知识培训，以满足展览会的要求，使参观者满意。培训内容包括：

（1）各项目、内容的专业基础知识。

（2）公关接待和公关礼仪方面的基本知识。

（3）各自的职责、各种可能发生的突发性事件的处理原则和基本程序。

3．成立专门对外发布新闻的机构

新闻媒介对展览会及展品的传播，会对公众产生很大的影响。参展单位对展览活动本身要有足够的宣传影响，通过新闻传播、广告、海报、传单、邀请函、入场券、门面装饰等方式将展览会的信息传送出去，吸引观众，并可以利用与新闻记者广泛接触的机会，搞好与新闻界的关系。展览会中会产生很多具有新闻价值的信息，需要展览会负责公共关系事务的人员挖掘，写成新闻稿发表，扩大展览会的影响范围和效果。专门的机构要负责制定新闻发布的计划和组织实施计划，并负责与新闻界进行联系的一切事务。具体来说，该机构的工作内容是：

（1）在展览日期、地点确定后，举办记者招待会发布消息。

（2）邀请新闻界人士参加开幕式，尽可能多地在报刊、广播、电视上报道开幕式的消息和实况。这样做可以在展览开始之前就产生重要的宣传作用，也可以吸引更多的参观者。安排好新闻发布室，并准备新闻报道所需要的各种辅助宣传材料。

（3）在展览期间，新闻发布室始终开放，随时收集参观者及展览活动的有关信息，并与新闻媒体保持密切联系。

（4）展览结束后，新闻发布室应注意收集新闻媒介对展览活动的有关报道，总结经验教训，留档保存，作为下次举办展览的参考依据。

4．展览活动安排

（1）入口处设立咨询台和签到簿，贴出展览会平面图，作为参观者的指南。

（2）搞好接待。展览活动面对人数众多的观众，接待的任务比较重，对于社会名流、新闻记者应该有专门的人员接待。

（3）注意采用展览技巧，使展览会办得生动活泼、新颖别致。

5．做好展览会的效果测定

为了组织有更好的发展，每举办一次活动都应做事后效果测定工作。测定展览会效果的主要方法有：

（1）主办有奖测验活动。

组织可根据展览内容，有重点、有选择地确定试题，答题方式以填空、选择、判断为主，当场解答、当场发奖。参观者踊跃应试，不仅能增强、活跃展览会气氛，而且能为测定展览效果从而提供统计的依据。

（2）设置观众留言簿，主动征求意见。

（3）当场召开观众座谈会或茶话会，收集观众的反映。

（4）发放调查信件（表格），了解观众的意见。可采取问卷调查、统计参观人数、销售利润、有奖问答等多种方式来开展该项工作。

四、组织与策划展览的注意事项

目前，社会举办的展览会太多太滥，几乎无实效。企业应以少而精的原则选择参加；参加展览展示会要精心策划、独特新颖，以便在众多参展商中脱颖而出；要引起参展观众，尤其是新闻界的极大注意，扩大影响；参加或组织展览展示会费用较大，应做好费用预算和控制。

实践与评价

1．能力训练

（1）案例分析。

展现奇妙情景：首家澳大利亚“频谱视窗”落户上海

中新社上海（2005 年 5 月 15 日）舞台与景物是真实的，主持人却是虚拟的，当主持人点燃真实的蜡烛后，那烛光却是虚拟的……这是来自国际最新的“频谱视窗”技术所展现的奇妙情景。今日，此项世界高科技三维立体数字音像技术展示厅首次落户上海。

“频谱视窗”是以三维立体数字音像声响技术为基础，通过将事先制作的虚拟人物与舞台背景合成，形成宛如真实演员身临其境的现场表演。该技术可形象再现历史真实景象及古迹名胜名景，是一项提高展示效果的全新传媒技术，也是传媒影视行业质的飞跃和“革命”。目前广泛应用于国际文化展览业和政府管理机构及社会团体和教育观光产业，并延展到经济、文化等领域。

拥有该项技术独家知识产权的澳大利亚雪利频谱澳洲控股公司，正式授权上海聪媒网络影视设备有限公司独家总代理“频谱视窗”在中国的推展，以服务于中国的经济和文化产业。

据悉，此前陕西西安兵马俑展览馆已和雪利频谱公司达成合作意向，投资建立中国第一个“频谱视窗”。北京故宫等部门也积极考虑建立“频谱视窗”，以拓展文物古迹宣传效应和文物保护。

（根据中国营销网资料改写）

① 指出此会展的创新之处。

② 这种方式值得推广吗？为什么？

（2）比较题。

① 室内展览与露天展览有何区别？

② 综合性与专题性展览的差异在哪里？

2．测试题

（1）简述展览的含义与特征。

（2）请指出展览的类型，如何在相关的实践中灵活运用？

（3）如何组织一次成功的展览？

3. 单元评估

表 1　单元课程评价表

单元内容　　　　学号　　　姓名　　　班级　　　时间

1. 本单元最有价值的内容是：
2. 以下问题需要进一步了解或得到指导：
3. 教师讲授的思路是否清晰？教学态度如何？
4. 教学方法对你的学习是否有帮助？
5. 你的学习计划是否完成？
6. 教学目标是否达到？
7. 对于教学有何建议？
学生签字： 组长签字： 学习委员签字： 教师签字：

表 2　基本能力测评表

单元内容　　学号　　　姓名　　　班级　　　时间

基本能力	评价指标	测评结果（通过√，没通过×）	备注
判断能力			
管理能力			
交流能力			
创新能力			
其他			
教师评语： 教师签字：　　年　月　日			
成绩：		学生签字：	

表 3　单元能力测评表

单元内容　　　学号　　　姓名　　　班级　　　时间

关键能力	评价指标	测评结果（通过√，没通过×）	备注
其他			
教师评语： 教师签字：　　年　月　日			
成绩：		学生签字：	

第四单元　参观

案例学习与分析

万人赏“玉兔”——“澳门馆推广周”顺利闭幕

据上海世博会官方网站消息，2009 年 2 月 9 日，上海世博会展示中心举办了为期 1 周的“澳门馆推广周”活动，并向公众免费开放。在主办方的精心策划下，本次活动共接待观众 15,000 多人，参观团队 52 个，日平均客流量 2360 人。“澳门馆推广周”活动已圆满落幕。

展示模型：形象逼真

本次展出的澳门馆“玉兔宫灯”模型和城市最佳实践案例——“德成按”模型给市民留下了深刻的印象。一位游客在参观完后表示，“玉兔宫灯”模型将中国的传统文化和创意结合在一起，既是对中国文化的继承和发扬，又能让人领略到澳门独特文化的魅力。

当看到澳门馆“玉兔宫灯”模型和最古老的澳门当铺“德成按”模型时，复旦大学几名来自澳门的学生纷纷赞叹道：“跟我们澳门的德成按很像，让我想起了自己的家乡。”

在“澳门馆推广周”期间，展示中心的志愿者向前来参观的游客全面地介绍了澳门馆、德成按以及澳门特别行政区的情况，让观众了解澳门，了解世博会。观众在留言板上也写满了对于澳门馆和上海世博会的祝福。

配套活动：精彩纷呈

“欢天喜地迎玉兔，张灯结彩闹元宵”。由于本次推广周恰逢元宵佳节，主办者在展示中心专门策划了一些能衬托节日气氛的活动，其中妙趣横生的猜灯谜、幸运观众大抽奖活动的参与度分别高达 70%和 90%。

在“澳门馆推广周”期间前来参观的游客，都获得了上海世博会澳门馆筹办方提供的 3 份纪念品：1 本澳门特别行政区地图、1 份澳门馆资料和 1 张可参加澳门馆有奖问答活动的抽奖券。有奖问答环节的问题为关于澳门回归日期、澳门馆的名称及澳门城市最佳实践区的方案名称。最后，从 1300 名参与者中抽取了 50 位幸运观众。

参观结束后，游客们纷纷表示：“我们对澳门馆很期待。听了展示中心志愿者的介绍，我们对澳门了解了很多，赠送的地图也很实用。世博会展示中心值得一看！”

结语

此次“澳门馆推广周”是继上海世博会展示中心举办“芬兰馆推广月”、国家电网企业馆建筑设计方案发布仪式和上汽—通用汽车馆外观发布仪式后又一次为参展方量身定做的推广活动。在丰富市民生活的同时，也让上海市民和各地游客对上海世博会澳门展馆及城市最佳实践区案例有了进一步的了解和认知，同时也是澳门在上海世博会展示其独特文化魅力的一次预展。

不少观众表示，上海世博会展示中心为世博会做好了宣传，也是大家了解世博会的标志性窗口，相信“玉兔宫灯”澳门馆会在上海世博会上绽放光彩。

（高德洁　中国新闻网 2009 年 2 月 19 日版）

案例讨论

（1）你认为此次参观的意义在哪里？
（2）这次参观对于加强澳门与内地关系意义重大吗？为什么？

关联知识

一、开放参观的含义与作用

开放参观，顾名思义就是社会组织为了让公众更好地了解自己，将组织内部有关场所和工作流程对外开放，组织相关的公众到组织所在地参观和考察，以事实说服公众，赢得公众理解和支持的公共关系活动。

开放参观，越来越受到很多社会组织的高度重视。其作用主要有以下几点：

（1）有利于扩大组织知名度。随着开放的程度越来越高、开放的范围越来越广，就会有越来越多的公众进一步加深对本组织的了解。

（2）有利于促进组织业务发展。日本松下电器公司松下幸之助深有体会地说："让人参观工厂是推销产品的最好最快的方法之一。"该公司自1982年以来，每年都要接待700多万参观者。这些人参观后对该公司留下了深刻印象，成为该公司产品的忠实顾客。

（3）有利于和谐社区关系。前苏联切尔诺贝利核电站发生事故后，香港各届对我国广东大亚湾核电站的安全状况纷纷表示担忧，一时满城风雨。为了消除香港市民的恐慌心理，大亚湾核电站就组织香港市民代表前来参观，现场介绍安全情况，结果风波很快得以平息。

（4）有利于增强员工或家属的自豪感。北京长城饭店为了调动员工的积极性和工作热情，获得员工家属的支持和合作，决定在开业典礼半个月内，组织员工家属来饭店参观，并对这次参观活动做了精心安排。首先由饭店总经理和副总经理致欢迎词，介绍饭店情况；然后，由部门经理及各级主管与员工家属见面、交谈；最后，由2名导游带领员工家属以50人为一组，按事先计划好的路线和时间进行参观，气氛热烈、秩序井然。这次参观活动，使员工家属亲眼看到了饭店豪华的设施、高雅的气质，一流的服务、严格的要求，在饭店内外建立了一种和谐的人际关系和生活氛围，产生了强烈的凝聚力。

二、开放参观的组织与策划

1. 明确参观活动的目的和主题

对外开放不同于一般任意的参观游览。一般的参观游览，都没有明确的主题，随意性较强。而任何一次开放参观，都应确定一个明确的主题，并力图通过这次活动达到理想的效果，给参观者留下美好印象。例如，组织的科研生产技术先进，或该组织职工职业道德高尚，或该组织重视绿化、关注环境建设等，都可以是组织的某一次开放参观活动的主题。

2. 确定邀请对象

开放参观活动的邀请对象主要有三类：

（1）员工家属。社会组织邀请员工家属前来参观，让他们了解自己亲人所从事工作的重要性。

（2）逆意公众。邀请对社会组织持怀疑态度和抵触情绪的公众参加参观活动，力图改变他们对社会组织的原有态度，使他们由逆意公众转化为顺意公众，从而能够得到更多公众的支持。

（3）新闻媒介。邀请广大新闻记者参加参观活动，以便取得他们对本组织的了解和信任，借助新闻媒体及时对外发布组织的有关信息，从而扩大组织的社会影响力。

3. 确定开放时间和参观线路

时间的确定，一方面要避开对组织不利的因素，如恶劣的气候；另一方面是要尽可能争取对组织有利的因素，如本组织的喜庆日子，因为这时更能感染公众的心理情绪。参观活动不是一种自由、随便的活动，不能任由参观者随意走动。因此，要提前拟定好参观路线，如有保密和安全需要，应注意防止参观者越过界限，以免发生意外的伤亡事故和影响正常的工作秩序。

4. 做好宣传工作

社会组织可以通过适宜的传播媒介，告知公众本次开放参观活动的有关安排，如日期、告示牌、路线图和方向标志等，必要时可印制各种说明书、宣传品及纪念品。这样做，既方便了公众，也有助于增强开放参观的效果。

5. 搞好接待工作

对参观者应热情周到地做好接待工作，不能怠慢。应有专门的接待人员负责登记、讲解、向导等工作；安排休息场所和茶水饮食；联系车辆以及解决来宾遇到的各种意外问题；组织负责人必要时要亲自陪同参观。

三、组织和策划开放参观活动的注意事项

组织对外开放参观时应注意以下事项：

（1）兼顾公众的参观意愿和组织的整体利益。组织公众参观活动，既要有针对性地安排参观项目，使参观者对组织有较为深入的了解，又要能适合公众的兴趣爱好。如公众指定参观某些项目，但社会组织不能满足，应妥善解释。

（2）周密安排，谨防意外。事先安排好参观的先后程序、持续时间等。介绍组织的相关情况，要综合运用多种手段，如文字、图形和模型等以达到最佳传播效果。接待人员要妥善安排好参观活动的每一个细节，防止出现不必要的失误，做好各种应急准备，并能确保及时妥善处理。

（3）搞好食宿交通等后勤保障。组织对外开放参观活动，还要妥善安排宾客的就餐事宜，如就餐的时间、地点和规格等。对外地的参观者，还要安排住宿事宜。另外，为了确保交通安全，应对参观游览的出发时间、集合地点、车辆标志做出统一布置并告知全体参观人员。

（4）虚心征求参观者的意见和建议，积累经验，使开放参观活动产生更加积极的效果。

实践与评价

1. 能力训练

（1）案例分析。

300余名劳模参观考察改革开放成果

本报北京12月14日电“20世纪70年代，天津港年吞吐量只有1000万吨，2008年已突破3.5亿吨……”站在天津港新码头——东疆港保税区一排排巨大的集装箱前，全国劳动模范、

天津港煤码头有限责任公司操作队长孔祥瑞自豪地挥舞着手臂，为前来参观考察的50余位劳模当起了“临时讲解员”。这只是“劳模参观考察改革开放成果”活动的一个镜头。

作为中华全国总工会改革开放30周年纪念活动之一，“劳模参观考察改革开放成果”活动自12月2日至17日，组织了来自全国各地各产业的300余名劳模代表，分三路前往广东、上海、江苏、北京、天津、河北等地参观考察。

连日来，在参观地党委政府的重视支持和工会组织的精心安排下，劳模代表参观考察了各地经济、政治、文化、社会和生态文明建设的发展成就，全方位了解了改革开放30年来取得的丰硕成果。据了解，在上海考察的劳模代表参观了城市规划展示馆、张江高科技园区、上海汽车集团、临港新城、洋山深水港、中共一大会址、金融博物馆，并走访了江苏华西村；在广东，百余名劳模先后参观了广州大学城、广州丰田汽车有限公司、中山纪念堂、东莞展览馆、深圳博物馆等；而在北京一线，劳模们走进航天城、奥林匹克公园、韩村河村、天津滨海新区、唐山曹妃甸矿石码头等地参观考察，并与当地的劳模和青年代表座谈交流。

几天的实地参观考察让劳模们感慨万千。“1978年看黑白电视，1988年买了小彩电，现在家里都看上50多英寸的平板电视了。”干了28年矿工的全国劳模赵国峰，清楚地记得自己的第一个月工资只有42.87元，如今矿上职工的平均工资已经涨到了33400元。“生活越来越好，让我们更加坚定了走改革开放之路的信心和决心。”

金融危机正在全球蔓延，当前的经济形势是劳模关注的一个焦点。“危机和困难是无法回避的，但在任何情况下，都要学习技术、提高素质、掌握一技之长，帮助企业破解难题，共度时艰。”全国劳模徐虎说。

“30年的成就，无不凝结了以劳模为代表的广大职工的智慧和汗水。我们组织这次活动，就是为了更好地在全社会弘扬劳模精神。”据中华全国总工会有关部门负责人介绍，为了体现对劳模的尊重和关爱，自2003年起，中央财政每年拨出专款向全国劳模发放低收入补助金、特殊困难帮扶金和春节慰问金，截至2008年已累计4.4亿元。同时，中华全国总工会在每年“五一”期间，都会组织全国劳模和全国“五一”劳动奖章、奖状获得者代表参加庆祝活动，并先后邀请了5600名全国劳模和“五一”劳动奖章获得者进行休养。

中华全国总工会有关部门负责人表示，此次活动将进一步激励以劳模为代表的广大职工，坚定不移地支持和推进改革开放，积极应对世界金融危机的挑战，为保持经济平稳较快增长做出新的贡献。

（作者：潘跃，选自《人民日报》2008年12月15日版）

① 你认为此次参观的意义在哪里？

② 此次参观考察会激励广大职工吗？为什么？

（2）比较题。

① 比较以上两大案例的差异。

② 为何要在参观中确定相关主题，不同类型的参观应当如何体现差异性？

2．测试题

（1）简述参观的含义与作用。

（2）为何要明确参观的目的与主题，如何在相关的实践中灵活运用？

（3）如何组织一次成功的参观？

3. 单元评估

表 1　单元课程评价表

单元内容　　　　学号　　　姓名　　　班级　　　时间

1. 本单元最有价值的内容是：
2. 以下问题需要进一步了解或得到指导：
3. 教师讲授的思路是否清晰？教学态度如何？
4. 教学方法对你的学习是否有帮助？
5. 你的学习计划是否完成？
6. 教学目标是否达到？
7. 对于教学有何建议？
学生签字： 组长签字： 学习委员签字： 教师签字：

表 2　基本能力测评表

单元内容　　学号　　姓名　　班级　　时间

基本能力	评价指标	测评结果（通过√，没通过×）	备注
判断能力			
管理能力			
交流能力			
创新能力			
其他			
教师评语： 教师签字：　　年　月　日			
成绩：		学生签字：	

表 3　单元能力测评表

单元内容　　　学号　　姓名　　班级　　时间

关键能力	评价指标	测评结果（通过√，没通过×）	备注
其他			
教师评语： 教师签字：　　年　月　日			
成绩：		学生签字：	

第五单元　赞助

案例学习与分析

广本赞助“飞度”电影值不值

日前，在充斥着感动、温馨、激情、搞笑，明星汇集的 CCTV－6《爱电影》特别节目现场，一对青年情侣终于脱颖而出。当女孩扑到男孩身上热烈拥抱的时候，享受的不仅仅是拥有新一代飞度轿车带来的快乐，还有那种因为历尽重重关口终于闯关成功的喜悦。

汽车厂商赞助电影的例子已经不胜枚举，特别是通过电影中的场景，配以适当的汽车产品道具，是国内外电影越来越普遍的做法，比如，《007》中的阿斯顿·马丁、《偷天换日》中的 MINI COOPER、《黑衣人》中的奔驰、《重装上阵》中的凯迪拉克、《天下无贼》中的宝马 3 系等，而最近的则属《变形金刚》中的大黄蜂。

但是，从策划到内容、从电影名称到演员选择、从道具嵌入到电影主题都深入其中，广州本田不仅开创了一个汽车行业的先例，恐怕在整个企业界都是少数典型。

特别是“选秀”的过程，更是绝无仅有。网络＋电视的选秀，以蒙牛赞助的超女为典型，那种完全是群众运动的活动，甚至被赋予了太多的含义。这次广州本田也利用了选秀，不过这次选秀活动与“超女”又有很大的不同。

这部英文名称为《FTT LOVER》的爱情电影，从一开始就不缺少明星，一开始就是带着明星的色彩。陆毅、林嘉欣的加盟已经让电影生色许多，但是，一对群众演员的选秀，仍然搞得如火如荼。前期的启动宣传，中间的报名培训选拔，最终的决赛，都让飞度赚足了眼球。3 周，大赛官方网站“飞度车友社区”累计浏览人数突破 200 万人次，便是很好的证明。

“超女”更像是一场运动，是一场造星运动。而《FIT LOVER》则是从明星到明星，它不是容易让人忘记的运动，而是沁人心脾的细腻感情的传递。

2500 多对情侣的层层选拔是感情的比拼，12 对决赛选手的角逐是感情的宣泄，而林嘉欣饰演的女主角，在周旋于 12 个都市型男中，则是感情的倾情注入。

“超女”选拔作为运动，不需要紧凑的主题，而《FIT LOVER》则一直在宣讲一个真理：适合你的，才是最好的。

从某种角度来看，广州本田这次全力赞助一部电影，或许有些冒险。飞度轿车，其实已经是中国汽车市场的佼佼者。或许有些大胆，因为汽车行业还从没有厂家进行过此类的尝试。

这可能就是广州本田的性格。敢为天下先，是做人的品格，同时也是营销传播中的利器。

就像人们会永远记得第一个登上月球的人是谁，但是永远不会记住第二个、第三个，哪怕他们比第一个更加优秀。就像人们永远记得住运动场上的冠军，却不会在头脑中为亚军和季军留下更多、更长的回忆瞬间。

市场也一样，它们永远关注第一，永远给予第一最辉煌的注目礼。广州本田这次飞度的年度特约电影，也许又一次因为冒险而占了便宜。

（2008-9-4　《全球品牌网》　张志勇）

案例讨论

（1）从上述案例中，你能感受到赞助的精髓吗？
（2）什么样的赞助才是成功的？

关联知识

一、赞助的含义和目的

赞助是社会组织以提供资金、产品、设备、设施和免费服务的形式无偿资助社会事业或社会活动的一种公关专题活动。赞助活动是一种对社会做出贡献的行为，是一种信誉投资和感情投资，是企业改善社会环境和社会关系最有效的方式之一。任何一个社会组织的赞助都会有自己的具体目的，概括起来赞助主要有4种目的：

（1）通过赞助活动做广告，增强广告的说服力和影响力。一方面可以通过赞助活动作为广告宣传的载体，使公众获益，以赢得公众的普遍好感；另一方面可以通过赞助所获得的“冠名权”，提高广告的效果。

（2）树立组织关心社会公益事业的良好形象。现代企业不但要赢利，还要承担一定的社会责任与义务。赞助社会活动是企业向社会表示其承担责任与义务的方式之一。赞助活动的开展，有助于企业赢得政府与社区的支持，从而为企业组织的生存与发展营造相对宽松的社会环境。

（3）培养与社会公众的良好感情。举办与公众密切相关的赞助活动，能够有效地培养社会组织同公众的情感，增进彼此之间的友谊，加强双方的联系，使公众在内心深处认同社会组织。

（4）制造新闻效果，扩大社会组织认知度，提高组织在公众中的美誉度。

二、赞助的类型

为了达到以上目的，现代组织的赞助活动有多种类型，其中以下几种是最常见的赞助形式：赞助体育活动、赞助社会慈善和福利事业、赞助教育事业、赞助文化生活等。通过各种形式的赞助活动，使组织获得了最佳的信誉投资，改善和发展其公共关系。

1. 赞助体育运动

由于体育比赛活动是新闻媒介热衷报道的对象，而且拥有众多的观众，对公众的吸引力大，因此，社会组织常常赞助体育运动，以增强对公众施加影响的广度和深度。赞助体育运动常见的形式有赞助体育训练经费或物品、赞助体育竞赛活动、设立体育竞赛奖励项目等。

2. 赞助社会慈善和福利事业

为各种需要社会救助的人，如孤寡老人、残疾病人、福利院儿童等提供物质、经费帮助，开展服务活动，以及济贫、捐助灾民，既是社会组织向社会表明履行社会义务的重要手段，也是社会组织改善社区公众关系、政府公众关系的重要途径。

3. 赞助教育事业

教育是立国之本，发展教育事业是一个国家的基本战略方针。社会组织自觉地赞助教育事业，如捐资建立图书馆与实验室，设立某项奖学金制度、资助贫困学生，捐资希望工程，设立某项奖教金制度等，既可以促进学校教育事业的发展，又可以为社会组织树立一个关心社会教育事业的良好形象。

4. 赞助文化生活

文化生活是公众社会生活的主要内容之一。社会组织积极赞助文化生活，不仅可以增进社会组织与公众的深厚感情，而且可以提高社会组织的文化品位和知名度。赞助文化生活的方式主要有赞助拍摄与社会组织有关的影视片、赞助文艺演出队伍、赞助文化演出活动等。

三、赞助活动的组织与策划

赞助活动是一种技术性很强的公共关系专题活动，一次完整的、成功的赞助活动，需要做好以下工作。

1. 做好赞助研究

组织要开展赞助活动，进行赞助研究是非常重要的一步。组织应从经营活动政策入手，分析组织公共关系目标，确定赞助目的，并据此考核需要赞助的项目是否对社会、对公众有益，是否能对本组织产生有利的影响。在此基础上，研究赞助项目的必要性、可行性、有效性，保证社会和组织都能获益。

2. 制定赞助计划

组织要在赞助研究基础上制定赞助计划。赞助计划是赞助研究的具体化，因此赞助计划的内容应该具体、翔实，对赞助的目的、赞助的对象、赞助的形式、赞助的费用预算、赞助的具体实施方案等都有所计划，并控制范围，防止赞助规模超过组织的承受能力。

3. 评估与审核赞助项目

这一步主要是针对具体赞助项目进行的，对每一项具体的赞助项目，赞助工作机构都应进行分析研究。首先对赞助项目进行总体评估，检查是否符合赞助方向，对赞助效果进行质和量的估计。审核则是结合计划进行，组织每进行一次具体赞助活动，都应由组织的高层领导或赞助委员会对其提案和计划进行逐项的审核评定，确定其可行性、具体赞助方式、数额和时机。

4. 实施赞助方案

组织要派出专门的公共关系人员，去实施赞助方案。在实施过程中，公关人员要充分利用有效的公共关系技巧，尽可能扩大赞助活动的社会影响；同时，应采用广告和新闻传播等手段，辅助赞助活动，使赞助活动的效益达到最佳峰值，争取赞助的成功。

5. 测定赞助效果

赞助活动结束后，组织应该对照计划，测定实际效果。赞助活动的效果应由组织自身和专家共同测评，尽可能做到符合客观实际。检测过程包括检查、收集各个方面（如公众、新闻媒介、受赞助组织）对此次赞助的看法、评论，看是否达到了预定目的，还有哪些差距。对活动不理想的应找出原因，并把这些写成总结报告，归档储存，为以后的赞助活动提供参考。

四、组织与策划赞助活动的注意事项

社会组织的赞助活动，作为一种投资行为和宣传方式，具有较强的政策性与技巧性，在实际操作中必须注意以下具体事项。

（1）开展赞助活动必须着眼于社会效益，以获得公众的普遍好感。一般来说，社会组织要优先赞助社会慈善事业、福利事业、公共市政建设以及文化教育活动。

（2）开展赞助活动必须符合法律规范。主要有两方面含义：第一，赞助的对象要合法，要认真研究和确认被赞助的组织、个人或社会活动本身是否具有良好的社会声誉，是否有积极、广泛的社会影响，保证赞助活动取得良好的社会效益，否则，就会给公众以“助纣为虐”之感，不仅不利于实现赞助活动的目的，反而会损害组织的形象；第二，赞助的方式要合法，即严格遵守政策法规，违背政策法规，利用赞助搞不正之风，也会破坏社会组织的形象。

（3）开展赞助活动应当量力而行，不能凭一时冲动，感情用事。赞助经费的数额，必须在社会组织能够承受的范围之内。每年列出赞助总额预算，在该预算范围内予以捐助。

（4）目前，社会拉赞助者众多，鱼目混珠，企业应加以仔细评鉴；对各种明显不能满足其要求的征募者，应坦率而诚恳地解释组织的有关政策，不必为威胁、利诱所屈服。必要时还可诉诸社会舆论和法律，以保障组织的合法权。

（5）要注意留存一部分机动款项，作为遇到临时、重大活动时的备用款。

实践与评价

1. 能力训练

（1）案例分析。

“让 BenQ 成为从中国出发的世界品牌”

——明基赞助 2004 年欧洲杯足球赛

作为 2004 年欧洲杯唯一“官方指定 IT 业合作伙伴”，同时又是欧洲杯历史上第一个成为赞助商的华人品牌，明基 BenQ 不仅凭借其卓越的 IT 产品与技术，为欧洲杯赛事成功举办提供了有效的信息技术保障，同时还利用这一顶级体育赛事举办的契机，一举拉开了 BenQ 品牌在全球范围内的大规模造势运动。

2001 年 12 月 5 日下午，苏州。

明基全新品牌 BenQ 闪现的一刹那，李焜耀与施振荣拥抱在一起。从这一刻开始，李焜耀开始了脱离 Acer 后的单飞，这是一场全新的冒险旅程。

2004 年 5 月 14 日下午，香港，欧洲杯足球赛开战前夕。

李焜耀出现在时代广场的明基赞助 2004 年欧洲杯新闻发布会现场。以千万美元的赞助金额成为 2004 年欧洲杯官方 IT 合作伙伴，对他和年轻的明基而言，是另一场冒险，是为了实现“让 BenQ 成为从中国出发的世界品牌”这一宏伟目标，而不得不做的一场豪赌。依靠体育，依靠全世界认同度最高的足球运动和足球文化，从而走向世界，走向一个属于世界的 IT 企业品牌，成为了李焜耀的豪赌。

其实在 IT 领域，以体育营销的方式来提高企业的品牌知名度和影响力，已成为近年来一个新兴的品牌推广方式。像西门子赞助西班牙的西甲足球豪门皇家马德里，沃达丰赞助英国足球豪门曼联、三星赞助奥运会等无一不是经典的案例。

我们需要说明的是，李焜耀的豪赌并不是一个输红了眼的亡命赌徒的最后挣扎，相反，却是在企业整体战略安排下的稳扎稳打的一次冒险活动。市场经济下异常激烈的竞争，给了这次耗资不菲的体育营销活动极大的压力。

按照体育营销运作的基本规律，赞助费用往往只占一次成功运作的25%左右，企业需要更多的费用源源不断地赞助赛事以外的整合营销活动。

但是明基还是毫不犹豫地投向了欧洲杯的体育营销运作。体育营销虽然并非李焜耀和明基的首创，但是一向让李焜耀视为学习目标和竞争对手的三星在奥运会项目上的大手笔，让他对自己的这一壮举充满了信心。

明基电通中国营销总部总经理曾文祺表示，BenQ 是全球首家成为欧洲杯顶级赞助商的华人企业，BenQ 围绕欧洲杯赛事历时半年以上的全方位推广活动，有助于带动内地球迷对欧洲杯和对足球运动的新一轮关注热潮。而明基则将从这一轮的关注热潮中受益匪浅。

作为 2004 年 BenQ“欧洲杯激情之旅”整合方案的重要一环，2004 年 4 月 10 日，以“BenQ 带我去欧洲——幸运大招募，梦幻欧洲游”为主题的大型路演在全国十大城市同时拉开帷幕。BenQ 在北京、上海、广州、深圳、成都、武汉、济南、杭州、南京、沈阳等电脑卖场举办产品现场展示和热卖活动，并辅以“踢开欧洲杯之门”“桌上足球运动”“现场联机电脑足球大赛”等游戏环节刺激卖场人气。

继活动首发式拉开序幕之后，4 月 17 日和 25 日举行了更为隆重的“BenQ 带我去欧洲”第二轮幸运大招募活动。明基中国营销总部总经理曾文祺表示，“BenQ 带我去欧洲”旨在以欧洲杯的火热气氛和人气基础拉动产品热卖，同时将 BenQ 成为欧洲杯 IT 赞助伙伴的信息传递至市场终端，在品牌与产品之间形成奇妙的连接与合力。

作为整合性的推广方案，BenQ 2004 年“欧洲杯激情之旅”体现了全方位、多层次、分阶段的特点，为增加这一时期品牌在终端的曝光机会，BenQ 选择在北京、上海、香港等主要城市，目标族集中、人流量大的场地，以欧洲杯指定 IT 产品为主要的产品展示，以足球为创意源头，建立了动感十足的形象展示区。

除地面活动外，明基与内容提供商美通无线、运营商中国移动和中国联通合作推出的 Euro 2004 无线增值服务，围绕欧洲杯开发的一系列手机增值服务包括 sms（短信）、mms（彩信）和 wap（手机上网）等。

而在欧洲杯结束之后，明基的营销活动并没有随着它的闭幕而结束。在 2004 年 7 月中旬，明基又举行了“回味欧洲杯，明基夏日礼品狂送”的活动。“从即日起，购买明基以下产品均有欧洲好礼相送，送完即止。”这是当时明基进行促销宣传时所用的标语。

让品牌与赞助赛事连接起来的实际策略与做法有哪些？明基全球营销总部总经理王文灿建议从市场沟通、现场营销、邀请项目及其他方面进行思考与着手。

从明基的市场整合营销中，我们所得到的启示是明基欧洲杯整合营销的成功表明，体育营销应该将促销活动与品牌效应提升二者结合起来，以刺激现实的销售。这种注重实效性的整合营销运动，能直观地显示出品牌与体育资源进行链接的市场效果。通过销售层面的努力，让企业的品牌落地生根。

（根据北京酒店网等综合改编）

① 你认为明基赞助成功的秘诀在哪里？

② 没有后面的整合营销，结果会怎样？

（2）比较题。

① 赞助体育活动与赞助教育事业的形式是否一样？

② 比较一下广本与明基赞助活动的异同。

2．测试题

（1）简述赞助的目的。

（2）如何处理赞助活动中的法律问题？

（3）如何开展一次成功的赞助活动？

3. 单元评估

表 1 单元课程评价表

单元内容　　学号　　姓名　　班级　　时间

1. 本单元最有价值的内容是：
2. 以下问题需要进一步了解或得到指导：
3. 教师讲授的思路是否清晰？教学态度如何？
4. 教学方法对你的学习是否有帮助？
5. 你的学习计划是否完成？
6. 教学目标是否达到？
7. 对于教学有何建议？
学生签字： 组长签字： 学习委员签字： 教师签字：

表 2 基本能力测评表

单元内容　　学号　　姓名　　班级　　时间

基本能力	评价指标	测评结果（通过√，没通过×）	备注
判断能力			
管理能力			
交流能力			
创新能力			
其他			
教师评语： 教师签字：　年　月　日			
成绩：		学生签字：	

表 3 单元能力测评表

单元内容　　学号　　姓名　　班级　　时间

关键能力	评价指标	测评结果（通过√，没通过×）	备注
其他			
教师评语： 教师签字：　年　月　日			
成绩：		学生签字：	

第四模块

Module four

现代公关技能

学习目标

知识学习目标

- 了解公关技能的概念、特征，认知公关演讲、谈判、写作、广告、推销、CI 的实施的过程，掌握其实施的方法与技巧，重点掌握其实施的步骤和排除相关障碍，熟练地开展相关公关活动。

能力培养目标

能力模块	能力要求	关键知识
现代公关技能的目标与要求	1. 能认知现代公关技能活动的概念、类型和特征 2. 能运用公关原理分析相关案例 3. 能运用公关原理展开相关技能活动	1. 演讲、谈判、写作 2. 广告、推销、CI、 3. 危机管理

第一单元　演讲

案例学习与分析

竞聘办公室副主任的演讲词

各位领导、各位同事：

大家好！

记得美国著名政治家富兰克林有句名言："推动你的事业，而不要让你的事业推动你。"今天，我正是为继续推动我无比热爱的农行事业而来。

记得一年多前，我曾幸运地站在同样的讲台向各位领导、同事汇报过自己的工作，阐述过自己的理想。此刻，我再一次站在这里，以平常、诚恳的心态接受大家的选择，希望带给大家的是一个更加真诚、理性、执著，更加坚毅、稳重和成熟的我。

知人者智，自知者明。说句心里话，能有幸与这么多资深的领导、同事一同走上今天这个竞聘的讲台，才疏学浅、资历平平的我，的确有点诚惶诚恐，忐忑不安。但人总是要有点精神，有道是：物竞天择，适者生存。作为一名年轻的共产党员，我拥护改革、渴望竞争，同时将以更加沉稳平实的心态、义无反顾的勇气以及前所未有的激情，迎接竞争的挑战，接受改革的洗礼。经过慎重地思考，我不改初衷，竞聘的岗位仍然是：办公室副主任。正确地估价自己，我认为之所以一如既往地竞聘办公室副主任主要缘于以下四大理由：

第一，充满激情的年龄优势给我带来了充分的自信。今年31岁，刚过而立之年的我，对于从事办公室工作来说有年轻的优势。即我有健全的体魄、充沛的精力；有年轻人特有的朝气与投入工作的激情；有只做不说的性格、雷厉风行的作风；有无私无畏的风骨、敢抓敢管的魄力；同时，我还有山里伢子特别能吃苦、特别能耐劳，朴实无华的品格；有不畏艰难、扎实肯干、执著追求的韧劲和敢于竞争、拼搏进取、不计成败的秉性。而最重要的一点是，我家庭稳定，负担较轻，家人全力支持我的工作，使我能摆脱家庭事务的纠缠，全身心地投入到我所热爱的工作中。这些都使我对工作充满激情与自信、对未来充满憧憬和希望。

第二，坎坷的成长历程丰富了一个不断成熟的我。我出身农村、成长坎坷，简要回顾自己的成长历程，我虽然没有什么非凡的阅历与令人炫耀的资本，但自19××年参加工作的那天起，我便深深地爱上了这份工作，把事业当作自己奋斗的最高理想，化作自己不懈追求的实际行动。之后，无论工作角色如何变换，我都干一行、爱一行，专一行、精一行。先后从事过会计出纳、信贷，以及内勤主任等业务工作，有8年的基层一线业务工作经历。在办公室从事过5年多的文字综合与综合管理工作，从事通信报道、文字综合工作至今，我已经在办公室业务岗位上整整工作了7年，简单的成长历程，短短的16年工作时间，相对于在座的资深的各位领导、各位同事来说是微不足道的，但对于一个从山村走向城市、从基层营业所一步一步走向机关的我来说，却令我受益匪浅，终身难忘。我常这样想，是党的政策、组织的培养、领导的关爱以及同事们的关心与帮助，我才能一步一步走到今天。我只有将心中这份感激与感念之情长存于心，使之成为对工作不懈追求的动力，才能报答领导和同事们的多年教育、培养和关爱。

第三，多年的专业实践历练了我对事业的忠诚。或许是执著追求、情有独钟的缘故，通过多年的办公室工作实践，我积累了一定的专业优势，历练了我对事业的忠诚。一方面在自学中提升了自己的专业。虽然我已拥有金融专业的大专文凭，但我又参加了全国文秘本科专业的自考，并通过近 5 年的艰苦努力自学了文秘专、本科的全部 17 门课程。同时，自费参加了中国作家协会鲁迅文学院为期一年的函授学习，较快地丰富了自己的文秘专业知识。另一方面在实践中丰富了自己的专业。先后在各级报刊发表各类文章 1500 余篇，获奖作品达数十篇。如今，我可以自信地告诉大家，我不仅有写“豆腐块”的水平，还具备了撰写材料、写报告、搞调研、上大稿的能力。7 年来，由我所撰写的各类调研文章和文字材料、领导报告不下 600 篇，其中每年仅在《中国城乡金融报》发表的就有 30 余篇，得到中央、省市有关部门有关领导的关注、批示，有的为推动全行各个时期的工作，发挥了较大的作用，曾被中国管理科学院市场营销学研究所聘任为客座研究员、《金融论坛》聘为特约评论员和《中国经济导报》《中国经济快讯》与《中国城乡金融报》等全国各大报刊聘为特约记者与通讯员。所从事的通信报道与文字综合工作连续 3 年获得了全省第二名的好成绩，自己个人也先后十多次被省市分行、总行报社评为先进个人和优秀通讯员；多次被市分行机关党委评为优秀共产党员、先进工作者和连续 5 年被省分行评为办公室先进工作者。

第四，多年的综合管理岗位健全了我的品格，提高了我的宏观驾驭能力和组织推动能力。在实践历练中，我深知作为一名合格的金融工作者，不仅要有较强的政治素质、过硬的业务工作能力，而且要有积极健康的心态、良好的品德和品格。做事必须先学会做人。参加工作后，我时常告诫自己：对党对农行要忠诚、做人要重德、为人要坦荡、待人要诚恳、处事要谨慎、工作要勤奋，并把忠于、勤于自己的事业化作不懈追求的实际行动。

坦诚地说，通过几年的磨练，我真切地感受到办公室工作确实是一个锻炼和提高综合素质的岗位，也是一个干事的岗位。真正做好这项工作，必须付出艰辛的努力。俗话说：“板凳坐得十年冷，文章不写半句空”，做人、做文如此，做事、做管理工作更是这样。在组织推动、综合协调方面，我能主动应对、把握得当。在几年的综合管理岗位上，尤其在 3 年的支行办公室主任的岗位上我较好地把握了工作方法和处事分寸。由于当时年仅 25 岁，年纪轻、阅历浅，但能尊重老同志、善待新同事，无论是在行级领导之间，还是与基层员工、网点工作的协调上，都较好地发挥了上传下达及左右协调的作用，为推动工作的创新与发展付出了努力。特别是在新楼搬家、开业庆典的过程中，我既参与组织、实施的全过程，又将宣传、形象策划工作推向了一个新的高潮，得到了各级行领导的首肯与同事的赞同。在宏观驾驭方面，我能敏锐地把握形势，并尽职尽责、尽己所能地主动进行介入。尤其是到市分行这 4 年多来，我针对南县、赫山、桃江、安化等支行企业逃废债务的情况，驾轻就熟地采写了数十篇深度维权报道和调查报告，先后在中央级内参及全国各大报刊发表，得到了各级领导的批示和各级部门的重视，挽回了较大的债权损失。不仅使办公室的职能在业务工作中得到了体现，而且使自己的宏观驾驭、观察分析问题的能力得到了展示。

在“王婆卖瓜”的同时，扪心自问，我也存在一些不足之处。一是工作的预见性还不够；二是创新能力不是很强；三是在加强联系方面还做得比较欠缺。总以为自己作为一个普通办事员，在工作职责范围内，应力争做到不越权、不越位，只想干好领导交给的事项便够了。这些，虽然不是什么原则性问题，但也是想干事、干好事的一大忌讳，不足之处都有待于自己在以后的工作中加以克服、解决。

各位领导、各位同事，竞职竞聘重在参与，站在今天的讲台上，我可以从容而自信地对大家说，面对激烈的竞争，我已经成功地实现了参与！至于参与能否成功，这取决于我自身的学识水平、务实的工作目标、健全的人格品德、独当一面的工作能力，以及对事业的忠诚度。当然，还有您手中最关键、最神圣、最为重要的一票！

有人说办公室工作十分清苦，是件苦差、杂差，大多数人不愿干，就是在干的人也千方百计想离开。但我要说办公室工作是一首歌，只要你细心耕耘、精心谱曲，照样能苦中取乐，弹奏出精彩的乐章！如果我这次竞聘成功，我的工作目标是：以为争位、以位促为，真正使办公室工作有为有位，在改革与发展中有所作为。

第一，找准定位，以为争位。我想作为一名办公室副主任关键是要找准自己的定位，做到办事不越权、不越位；工作不拖沓、不含糊；矛盾不上交、不下压；责任不躲避、不推诿。要善于和敢于承担责任、推动工作，注意当好“副手”，协助主任发挥好决策参谋、调查研究、综合协调、督查督办“四大职能”，用全新的经营理念，简化办事程序、提升办公层次，着力打造现代办公室工作品牌，真正让行领导放心、上下级行称心、全体员工顺心。用自己对事业的高度热爱与无比忠诚以及出色的表现，来赢得领导与同志们的信任、来提升办公室的地位。

第二，转换角色，以位促为。我将在主任的直接领导下，尽快转换工作角色，具体抓紧，抓好以下“四手”。一是具体抓好上传下达工作。无论是送文件、发通知，还是做会务、搞记录我都将亲自动手，亲力亲为。二是具体抓好办公、办文、办会等日常工作，简化工作程序，切实提高办事效率，特别对重要公文要及时处理，不积压、不延缓，对各支行的请示、报告要以最快的速度交与行领导及有关科室批办、落实。三是具体抓好领导临时交办的阶段性工作和其他中心工作，做到随喊随到、随到随办，办有回复、办有结果，抓而落实。四是具体抓好文字宣传活动，争取宣传工作今年在全省排名第一、综合信息在全省排名第二。

第三，勤奋工作，有为有位。我将身先士卒、率先垂范，做到“三勤”。一是腿勤。无论是行级领导交办的任务，还是同事及支行领导托办的事项，我都不怕多跑路，不怕多流汗，不怕多付出，舍得花气力，舍得下大劲，把工作做实做细、做在前面。二是脑勤。勤学善思，注重研究剖析矛盾，解决工作中存在的难点、热点问题，为领导多当参谋、多出点子。三是嘴勤。多向主任和行领导汇报工作情况，多向各科室和各支行通报行务信息，加强上下沟通，密切左右配合，切实提高办事效率。

空谈误事，实干兴社。我虽然没有什么豪言壮语，也没有什么博大精深的施政纲领，但我深知事业如山，同时我也清楚自己还有不适应这个职位的另一面。但我相信有在座的各位领导、各位同事的帮助、支持和配合，我有信心、有能力出色地做好竞聘的工作，当好一名称职的办公室副主任。

古人言：“不可以一时之得意，而自夸其能；亦不可以一时之失意，而自坠其志。”坦诚地说，我关注竞聘结果，渴望参与成功，但我更重视参与的过程，因为对于年轻的我来说，参与的过程有时可能比结果更为重要。我想我既然是为了推动我的事业而来，那么，无论竞聘成功与否，都不会改变我对党的忠诚，不会改变我对事业的执著，更不会改变我对在座各位的尊重与热爱。总之，无论怎样，我都会用同样年轻的心态，直面挑战、笑对人生！

给我一次机会，我将还您十分精彩！这就是我永恒不变的信念和这次竞聘的诺言。

（中国演讲网，佚名）

这是一篇非常成功的演讲稿，内容充实、结构严谨、语言生动，值得我们学习、借鉴。

案例讨论

（1）从上述案例中，你觉得对你将来的竞职演讲有何帮助？

（2）为何要在演讲中说自己过去的经历与未来的打算？

关联知识

一、演讲的概念

演讲又称讲演或演说，是人们为阐明事理、说服听众而进行的一种针对性很强的传播活动，是有声语言和动作相互配合表达思想观点和情感的一种宣传艺术。演讲在公共关系活动中能激发公众形成某种意识，鼓励公众的某种行为。公共关系演讲是公关人员为提高组织的竞争力，宣传、树立组织的形象，争取内外公众的了解、信任和支持，在特定场合与时间内，针对现实中的某一问题，或围绕一个中心，面对广大社会公众发表意见、抒发情感，从而影响和感召听众的一种信息传播活动。演讲要素主要有：演讲主体——演讲者；演讲客体——听众；演讲的沟通手段——语言；演讲环境——演讲场所的时空环境和人文环境。演讲四要素缺一不可。

二、演讲的特点

1. 时代性

演讲是对现实社会的判断和评价，是帮助或指导公众怎样面对错综复杂的社会现实的活动，反映在演讲内容上和信息价值上具有时效性。

2. 说理性

演讲具有说理性，无论何种演讲都以说理为主。生动活泼的演讲总是以雄辩的事实使人折服。演讲有着严密的逻辑性，并有形象、亲切的事例，更有理中含情的魅力，动之以情、晓之以理、导之以行。

3. 针对性

演讲大都是有感而发，针对某一个问题或某一个倾向，针对某种事情而表明自己的看法和态度，抒发自己的情感，而且演讲中所涉及的人或事大都发生在自己身边，使人感到可信，容易接受。

4. 鼓动性

演讲有很强的鼓动性。首先，演讲者能旗帜鲜明地说出广大听众想说、想听并爱听的话。尤其是当听众对演讲内容已经有了某种期望时，演讲者又和听众的期望相一致，那么，听众就会被鼓动起来。其次，演讲者大都有一种激情，能感召和振奋听众。演讲者总是褒贬分明，歌颂时总是怀着激情，讽刺时总是带着辛辣，赞扬时总是亲切，鞭挞时总是愤怒。这种演讲的激情，常常会使听众被吸引、被感染，从而也被激情所鼓动。最后，演讲者所显示的演讲风采、运用的修辞手法、语音的高低变化、语调的抑扬顿挫以及一些有感召力的手势表情，都能对听众起到鼓动作用。

5. 艺术性

演讲，顾名思义，有演有讲。既需要有声语言，又需要无声态势语言，这样才能使演讲生动活泼，发挥作用。讲，要求发音准确、咬字清楚，要求充分运用语言语调和节奏的变化来提高讲的水平。演，要求表情自然、举止大方、双目有神。各种姿态，包括站相、手势、表情，都要配合演讲内容，恰到好处、优雅美观，这样才能以情动人。

三、公关演讲的作用

作为一种交流活动，优秀的演讲能震撼人们的心灵，唤起人们的思考。公关演讲必须产生以下效果：

（1）“使人知”。这是一种以传达信息、阐明事理为主要功能的演讲。它的目的在于使人知道、明白。它的特点是知识性强、语言准确。

（2）“使人信”。这种演讲的主要目的是使人信赖、相信。它从“使人知”演讲发展而来。它的特点是观点独到、正确；论据翔实、确凿；论证合理、严密。

（3）“使人激”。这种演讲意在使听众激动起来，在思想感情上与你产生共鸣，从而欢呼雀跃。

（4）“使人动”。这比“使人激”演讲进了一步，它可使听众产生一种欲与演讲者一起行动的想法。它的特点是鼓动性强，多以号召、呼吁式的语言结尾。

（5）“使人乐”。这是一种以活跃气氛、调节情绪，使人快乐为主要功能的演讲，多以幽默、笑话或调侃为材料，它的特点是材料幽默、语言诙谐。

四、公关演讲词的结构与撰写规范

1．公关演讲词的结构

演讲词的结构要求层次分明、脉络清楚、重点突出。一般主要包括开场白、主体和结尾三部分。讲稿内容编排以“龙头、猪肚、豹尾”为宜，即开头要有生气，内容要充实，结尾要刚劲有力。

开场白要精彩，开门见山。演讲需要一个好的开头以吸引听众注意，然后再清晰地阐述主要观点，得出强有力的结论。演讲一开始就要抓住听众的注意力和兴趣。

许多人喜欢以笑话开头，并在演讲中用一些笑话。幽默是好的，但是选择适合听众的笑话却是件难事。如果对笑话的合适性有所怀疑的话，还不如不说。

主体部分要生动严密，情理交融。主体是演讲的主要部分，要紧扣演讲主题，观点明确、逻辑严密，通过真挚的感情构筑演讲的“高潮”，入情入理，论理充分自然。

结尾要画龙点睛，含蓄深刻。演讲的结尾要圆满，或总结全篇、或号召呼吁、或重申重点、或引用名言警句，抑或颂扬式结尾，要首尾呼应。例如，郭沫若在《科学的春天》中是这样结尾的：“春天刚刚过去，清明即将来临。日出江花红似火，春来江水绿如蓝。这是革命的春天，这是人民的春天，这是科学的春天！让我们张开双臂，热烈拥抱这个科学的春天吧！”

演讲类型分为三种：

（1）慷慨激昂式。一般用于政治和体育演讲，感情强烈而奔放，动作干脆有力，语言明快精悍，具有强烈的感染力和说服力。

（2）娓娓动听式。一般用于介绍自身经历或成长过程，感情真挚、语言生动、内容具体，大多用一些小故事勾连起来，能吸引听众的注意力。

（3）传播知识式。一般用于介绍某学科知识和取得的成就，要语言风趣、幽默，可适当穿插一些与主题有关的名人轶事等。

2．公关演讲词撰写规范

（1）演讲词开场白的撰写要求。

① 从形式上说，要力求新颖、别致、有趣味性，一下就能紧紧地抓住听众、吸引住听众。

② 从内容上说，要有新意，出奇制胜，使人耳目一新。

③ 要有容量，意境深远、内涵丰富。

④ 要有声势，起调高亢、不稀松平常。

（2）演讲词高潮部分的处理要求。

① 思想深刻、态度明确，最集中地体现演讲者通篇演讲的思想观点，是思想内容的凝聚点，是其精华所在。

② 感情强烈，演讲者的爱憎、喜怒哀乐在这里能得到尽情宣泄。

③ 语句精练。

（3）演讲词结尾的撰写要求。

① 揭示主题、加深认识。演讲结尾不应当是内容的重复，而应当总结全篇、突出重点、深化主题。亦可以说结尾是演讲内容的高度浓缩，是主题的发挥和升华，是画龙点睛，是思想认识的飞跃。

② 收拢全篇、统一完整。演讲结尾，是把全篇集中到一点，恰到好处地一收，即撒得开、收得拢。这样，使整个演讲显得结构完整、首尾呼应，通篇浑然一体。

③ 充满激情、促使行动。在结尾处，要以巨大的感情力量，把听众的情绪推向高潮。

④ 促人深思、耐人寻味。演讲结尾应给人意犹未尽、回味无穷的感觉，引发听众的进一步思索。

五、公关演讲应注意事项

1．演讲前的准备

首先要确立演讲的目的和主题，确保信息性、说服性和娱乐性；精心选题，广集材料；了解分析你的听众，充分调研所需材料；认真撰写演讲稿，准备直观辅助工具；真挚感人，态势传情；要反复修饰、排练演讲，恰当使用一些幽默技巧，力求准确地向公众传达信息。没有足够的时间做准备就别指望会有好的演讲效果。如果要用幻灯机之类的设备的话，事先预演一遍是最为理想的，会场辅助设施出毛病常会令人不愉快。

2．演讲时的状态

演讲也是一门艺术。在演讲中要有节奏感，掌握好时间节奏、内容节奏、语言节奏和动作节奏。掌握好语言和非语言的运用技巧，注意吸引听众的注意力。演讲过程中要有良好的自我控制。在公共场合的演讲规则如下：

（1）语言清晰，富有节奏；调整好语调，保持低音。

（2）调整好嘴与麦克风的距离，以便坐在后面的人能听到，没有刺耳的杂音。不要打口哨或手拍麦克风，正常说话，问问后面的人能否听到。

（3）确定麦克风的高度正好，以便您能自然站立。

（4）演讲要说到要点上。即使您是个出色的即席演讲者，但加入未经练习的说明也会让您跑题。

（5）在讲台上，您可以抓住边角，或做几个手势，或翻翻纸。不要编造事情，不要把口袋里的东西弄得叮当响，不要让手在面前发抖，不要弄出声响，注意使手保持静止。为表示强调，手势很重要，但到处晃动胳膊会起分散作用，听众也会分散注意力。

（6）千万不要用手抓麦克风。这样会发出声响，并会使您表现出紧张的状态。

（7）如果您感到要打喷嚏或咳嗽，只管打，但不要对着麦克风。如果连续地咳嗽，要道歉。暂停，喝口水，清一清嗓子，应该带着手绢以备用。

（8）演讲时的仪表和风度非常重要。英国前首相撒切尔夫人常涉足讲坛，十分注重仪表和风度。报界评论她是雍容而不过度华贵，庄重而不显老态，内心是“铁女人”，可谈吐却是温柔和善、满面春风。她的成功与她在公众场合演讲时注重仪表、风度密不可分。

3．演讲结束

如果时间到了或已经讲完了，总结性的讲话会给听众一个准备。如果您在他们开始坐立不安之前和他们希望您能讲得更多的时候结束演讲，您的听众会认为您是个出色的演讲者。演讲结束语应有力、简洁，给人以激情和回味，使之成为一个含蓄的意味深长的省略号——余音袅袅、耐人寻味。结束时要干脆，不要拖拉，要对听众表示感谢，离场时要注意自己的风度。

这里推荐几种结束语方式：（1）借用式。即借用名人名言、警句或诗歌等来结束演讲，以制造“权威效应”，将演讲推向一个高潮，更能使演讲显得典雅而富有魅力。（2）号召式。即用一些慷慨激昂、富有鼓动性的希望和号召结束，以起到进一步调动听众情绪、鼓舞士气的作用。（3）对比式。即用正反、远近、黑白、高低等手法，引起听众的思考。（4）总结式。即用精练的语言对所述内容做一简明扼要的概括，使要点更深刻，进一步强化主题。（5）幽默式。即以幽默的笑话做总结，产生一种意犹未尽的效果。

4．公共场合演讲中回答问题

通常演讲之后要接受提问，将问答阶段与几个简单的规则结合起来会更好。

首先，招呼屋子里所有的人，不要让他们不经点名就说话。请他们起立，如果合适，在他们提问之前要说出自己的名字和单位，重复他们的问题以便所有的人都能听到。

如果有人是在描述而不是在问问题，您可插入讲话并礼貌地说：“请问您的问题是什么？”

如果有人问了您不能回答的问题，您不必因为承认不能回答而感到为难。您可建议：“也许这个屋子里有人比我知道得多，可能更适合回答您的问题。”

如果有人问了不友好的问题，您可以避免回答，指出这里不是争论的地方，可以将回答延迟，建议与他私下会谈。

如果有人一个接一个地问，不管别人，您可建议会后私下谈，并说：“我很欣赏您的兴趣，但其他人也有机会提问才公平。”

5．演讲准备自查清单

听众是谁？我怎样才能更多地了解他们？演讲的地点如何影响着演讲的内容？是否有其他特殊事项应加以考虑？

我的目的是什么？提供信息？取悦听众？说服劝诱？

我的演讲应采用哪些结构形式？字母顺序？因果关系？时间顺序？数字顺序？问题——解答？空间顺序？主题顺序？

我应运用哪种方法来打动听众？逻辑诉求？情感诉求？

我是否已经调整了风格以适应听众、目的和场合的需要？遣词？语气？修辞？句长？

我的提纲是否完整准确？我是否有一个好的开头？正文是否有充足的材料作为支持？轶闻趣事？比较与对比？例子？事实？统计数字？权威证言？

我的结论是否完整有力？我是否修改了我的讲稿？题目是否合适有趣？幽默的运用是否恰当？我是否添加了相关的、吸引人视觉的辅助手段和道具？排练是否充分？为获得成功是否要精心打扮？是否要最大限度地利用嗓音条件和身体语言？

这里需要强调的是，假如公司负责人要在一个企业论坛上发表演讲，在他进行演讲前及其演讲过程中，作为一名公关人员，你做的工作是：检查麦克风；随身携带演讲稿；把演讲内容用录音机录下来。注意在企业内部演讲之后，公关人员不必把演讲稿寄给竞争对手。作为公关人员，如果组织一次演讲活动，演讲前准备的工作包括：了解演讲的规划、范围、规格、参加人数、演讲内容；做好宣传工作，收集有关资料；选择和布置会场；准备演讲器械等。

实践与评价

1．能力训练

（1）案例分析。

埃及　侯赛因·伊斯梅尔·侯赛因演讲词

中国人能够创造奇迹

亲爱的朋友们：

我想，在座的各位一定与我有着共同的感觉：在短短的几分钟里，表达我对中国的感情确实是一个艰难的任务。

之所以说其艰难，是因为中国具有五千年的文明史，她的天空下生活着世界上1/5的人口，她是绘制21世纪的世界蓝图的最大参与者；我说艰难，是因为中华人民共和国的诞生是20世纪后半叶世界上最重要的事件之一；是因为中国在最近20年中取得的成就，是许多国家和民族在这样短的时间内难以实现的；是因为这个世界应该授予中国最伟大的人权勋章。请问有比把占世界1/5的人口从穷困和死亡中拯救出来，使其过上体面的生活更伟大的成就吗？我真嫉妒自己，嫉妒任何一位生活在中国，特别是在这一时刻生活在中国的外国人。因为，我们亲眼目睹了这里目不暇接的发展，身心感受这里惊天动地的变化。如果说我对中国成就的一切是惊叹不已，那并不意味着我诧异不解。因为建筑了万里长城的人们是能够创造奇迹的！拥有如此深厚的文明遗产的人们，绝不会因一次跌倒、一次失足而放弃伟大的征程。

亲爱的朋友们：惊诧我的出生地——埃及的金字塔与你们的长城相距万里，但是，我从未觉得自己是中国土地上的陌生客，是中国人中的外国人。每当我离开北京时，心中总怀有深情的眷恋和强烈的回返之感。在我与中国的一切之间、与中国有关的一切之间，出现了一种奇怪的关系，使我于1997年7月1日之前背上行囊，前往香港，以把它的回归深深地镌刻在我的记忆之中；也是这种关系，使我非常珍重在1999年10月1日与你们同在，置身于你们中间；还是这种关系，会在今年的12月把我带向澳门，目睹其投向中国怀抱的回归。我真诚地希望能在不远的将来，与你们同庆台湾问题的解决，使中国大家庭得以团圆。就是这种关系，使我在谈起中国时，如我们的一些朋友们所说的那样，感情同中国人一样深厚。

亲爱的朋友们：50年前，中国的伟大领袖毛泽东在天安门上庄严宣告：中国人民站起来了！1982年，邓小平在中国共产党第十二次全国代表大会的开幕式上果断地宣布：我们坚定不移地实行对外开放政策，在平等互利的基础上积极扩大对外交流。到1997年中国共产党召开第十五次全国代表大会时，江泽民主席又郑重宣布：中国绝不放弃改革开放政策。此时此刻，我想起了中国伟大的思想家和哲人孔子曾经说过："吾少也贱，故多能鄙事。""吾十有五而志于学，三十而立，四十而不惑，五十而知天命。"今天，中国确确实实地知道了上天所欲。

亲爱的朋友们：在中华人民共和国欢庆成立50周年之际，授予我"友谊奖"，是一件意义深远的大事，因为它正式地表明了12亿中国人民对外国友人的友谊。生活在中国人民中间的人们，都了解中国人民对友谊的崇尚和珍视，他们把友谊视为一种生命的价值。作为一个国家，中国将其体现在对和平与发展的呼唤与提倡及其坚持不懈地与其他国家人民建立友好关系。再一次在新中国成立50周年之际向你们表示祝贺。我要对你们说，是你们伟大的人民使我热恋这个国家，成为她忠诚的情人。在这个国家里，我感受着中国的温暖，享受着友朋的挚爱。最后，我要对你们说：我爱你们，中国人民！

（选自中国演讲网）

问题：

① 你认为以上演讲词最关键处在哪里？

② 你若要演讲，从中可以得到借鉴吗？

（2）比较题。

① 比较《竞聘办公室副主任演讲词》与《中国人能够创造奇迹》演讲词的风格，说出差异，为什么？

② 倘若让你选择，你觉得在班级的××委员的竞职演说中应该选择哪种方式？说出理由。

2．测试题

（1）简述演讲的特点与作用。

（2）如何撰写好一篇优秀的演讲稿？

（3）如何开展一次成功的演讲活动？

3. 单元评估

表 1　单元课程评价表

单元内容　　　　学号　　　姓名　　　班级　　　时间

1. 本单元最有价值的内容是：
2. 以下问题需要进一步了解或得到指导：
3. 教师讲授的思路是否清晰？教学态度如何？
4. 教学方法对你的学习是否有帮助？
5. 你的学习计划是否完成？
6. 教学目标是否达到？
7. 对于教学有何建议？
学生签字： 组长签字： 学习委员签字： 教师签字：

表 2　基本能力测评表

单元内容　　　学号　　　姓名　　　班级　　　时间

基本能力	评价指标	测评结果（通过√，没通过×）	备注
判断能力			
管理能力			
交流能力			
创新能力			
其他			
教师评语： 教师签字：			年　月　日
成绩：		学生签字：	

表 3　单元能力测评表

单元内容　　　学号　　　姓名　　　班级　　　时间

关键能力	评价指标	测评结果（通过√，没通过×）	备注
其他			
教师评语： 教师签字：			年　月　日
成绩：		学生签字：	

第二单元　谈判

案例学习与分析

谈判实录：如何攻击采购的品类业绩门

调查显示，卖场的炒货品类不温不火，炒货采购经理正为此着急上火。KA 经理怎样利用这个弱点顺利进场？

林之最近既喜又忧。喜的是刚被任命为国内炒货五强、安徽炒货生产企业 Z 公司的 KA 部总监，可谓春风得意；忧的是 Z 公司以前是靠运作传统渠道起家的，运作 KA 渠道几乎没有任何经验和积累，压力颇大。

如何烧好前三把火呢？林之选择的第一个突破点是广州。这个城市高收入、高消费、KA 卖场相对集中，如果能在广州成功突破 KA 市场，将大大有利于 Z 公司顺势开拓其他大城市的 KA 卖场。

摸清底细

在谈判前，对谈判对象进行资本、信用、经营状况、相关人员、需求等各方面的调查，知己知彼。

通过各种渠道，对乐多卖场（化名）的调查结果如下：

（1）卖场总部在广州，在全国有 94 家店，其中华南区 39 家店，广州 17 家店，以整个华南区为单位进入卖场。

（2）乐多卖场财务状况和业内声誉均良好，无重大经济纠纷。

（3）负责华南区炒货类进场的采购负责人白野，河北人，30 岁，为人爽直。而且还了解到，白野与林之的朋友范总曾在康师傅同事多年，感情深厚。

（4）卖场已经有 8 个同类产品上架，包括炒货知名品牌“洽洽”。但由于缺乏重大活动支持，卖场炒货区销量一直上不去，人气不旺。采购白野一直急于找一个合适的产品来提高炒货的业绩。

（5）乐多卖场采购总监（负责整个华南地区店）是最终决策人，他很器重白野，一般情况下都会采纳其意见。

制定策略

在查清卖场的背景等情况之后，如果确定进入该卖场，必须对将要进行的谈判项目进行全面摸排，并找到自己的谈判底线。根据分析所得，综合双方利益需求，初步确立谈判策略。当然，首先要确定自己的供货价底线，这是重中之重。

1. 供货价格。

Z 公司规定，对所有收取通道费用的 KA 卖场，其相对出厂价的顺加利润都应为 25%左右，最低不能低于 20%。而分销商的这个比率为 5%，BCD 类店为 15%。卖场之所以高出这么多，是因为其进场费、条码费、店庆费等费用名目繁多，至少要花掉公司 10%～15%的利润，因此必须顺加 20%以上才有利润保证。

2. 谈判策略。

前期调查表明，采购白野正想找一个合适的产品来提高整个炒货品类的人气，而林之可以乘虚而入。在充分了解卖场的各项费用要求及进场条件后，林之逐项分析了卖场的交易条件，结合炒货品类需要提高人气的需求，制定了以“大促销提升卖场人气”为主题的卖场促销方案，初步确定了谈判策略和谈判项目的目标。产品进入新市场不可能不打广告、不做推广，关键是怎样让费用花得物有所值。与其让卖场一项一项地来收取费用，不如变被动为主动，利用大幅度促销提高卖场人气，博得其欢心，为以后的合作建立方便之门，同时也提高了产品的品牌形象和知名度。

抛出诱饵

采购室里：

林之：“您好，白经理吧，我是 Z 公司 KA 部总监林之。”

白经理：“您好，范总给我电话了，请坐。”（事前林之让范总给白经理打电话引见了一下。这可以大大降低谈判双方的隔阂，为见面谈判打下好的基础。）

林之：“白经理很年轻呀，听口音，北方人？”（适当的赞语给谈判对象以成就感，拉近彼此的距离，为接下来的谈话营造轻松的气氛）

白经理：“哪里，我是河北人。”

林之：“哦，半个老乡哟，我是河南人。”（拉老乡、套近乎，打开话题，是惯用沟通技巧。）

“这是我们的材料，您过目一下。”林之提交公司介绍、公司相关资料、产品报价、市场状况调查……

“我们卖场已经有三个你们安徽的品牌了。说实在话，你们品牌的影响力不如洽洽，所以我们暂时不考虑其他的炒货进场。”白野翻阅着材料，表情严肃地说。

洽洽在全国，尤其在南方的影响力确实比 Z 大得多，但 Z 也属于全国前三甲的知名品牌了。白野居然不给进场的机会，也驳了多年好友范总的面子，出乎林之的预料。（细想一下，白野其实是耍了一个花枪。要真一点也不想引进新品，就根本不可能坐在一起谈判了，挑剔的态度不过是为了争取更优厚的条件而已。）

林之：“白经理，据我所知，洽洽在贵卖场去年的销售额不过 80 万元，贵公司没有拿到一分钱扣点吧！”（卖场在示强的时候，你一味地示弱就可能丧失进场的机会，此时需要借用第三方力量打击对方。）

“不过今年他们的销售计划是 150 万，按照他们品牌的影响力，我想没有问题。”白野语调缓和了一些。（白经理对洽洽还是寄予厚望，这个时候就需要强调 Z 公司的优势，转移白野的注意力了。）

林之：“洽洽今年要全线作战，它要想在广州的卖场大规模投入会力不从心！我们的产品在北方市场已占据绝对的统治地位，完全可以腾出足够的人力和财力开拓南方市场。同时，进军广东卖场是我公司今年的战略决策，公司必然会有较大的市场投入，这一点与洽洽相比是具有很大优势的。”（说明竞争的状况和公司的策略，必要时揭一点自己的底牌，可以提高卖场对自己的兴趣。）

白经理：“洽洽在卖场的知名度可是大家有目共睹的，你们的品牌力有很大差距呀！”（白野既然强调差距，说明卖场对引进新品还是有兴趣的。）

“目前我们在广东卖场的品牌力，和洽洽确实有一点差距，但是我们可以通过一些互动性的促销活动，很快提高销量，当然这也能提升卖场的人气，这也是您所希望的吧？”林之呵呵笑着说。（在谈判对象来兴趣的时候，可以把诱饵抛出一部分，吸引对方把谈判进行下去。）

白经理不由自主调整了一下坐姿：“哦？你有何高见？说来听听！”（其实这一直是白经理

的一个心病，从惊讶的语气中，可以知道白经理还是很渴望将炒货产品销量尽快做上去的。）

林之：“这是我们的活动方案概要，您看一下，根据我们的促销方案，如果得到很好的执行，贵卖场的人气可以得到很大程度的提升。”（白野看上去听得很专心，脸上露出期待的神情。林之心里很清楚，只要对方按着自己设定的这条路走下去，进场的可能性就会大大增加。）

白野浏览了活动方案，表情温和了很多，“这个活动方案的可行性还是不错的，不过你的要求太高呀”！

“哪里，我们也在为咱们卖场做免费宣传啊！具体细节我们可以再谈嘛！”林之面带笑容。

大约30分钟过去了，林之话语顿了一下：“白经理，你看这样好不好，这次时间很紧张，我们下次再约个时间详细谈一下！相关资料我就放你这里，欢迎多提宝贵意见！”（在适当时机以退为进并约定下次见面时间，不但给对方留下良好印象，同时也能让自己进退自如，把握谈判的节奏。）

白经理看了看表：“也好，我马上还有一个谈判，那就下周一上午九点半左右，如何？”

“好的，下周一，不见不散！”

短兵相接
采购正面打压供货价格

周一，白经理办公室。

“白经理，非常高兴再次见到你！”林之满脸堆笑。虽然双方都客气地寒暄着，但空气中的紧张气氛仍然浓得化不开。

“林之，方案我仔细研究了，要求太高呀！你我分歧不小，怕是难以达成共识了！”白经理表情严肃，率先发难。（分歧肯定会有，但要说无法达成共识，鬼才相信呢！采购不是傻子，要是没有兴趣，才没工夫陪你玩呢。在谈判对手意图先发制人时，不如先向旁轻轻一闪，听对手如何说的，再对症下药。）

“白经理，有分歧是正常的嘛。既然今天我们再次坐在了这里，证明大家都是有诚意的。您觉得我们在哪些方面存在分歧呢？”林之不紧不慢地说。（谈判中让对手先出招，在了解了双方的分歧及对手的底线以后，找出对方招数中的空隙，适时调整自己的谈判策略及让步条件，后发制人。）

“你们的价格太高，至少需要下调5%，另外我们的陈列面很紧张，所以最多只能上两个规格！”白经理咄咄逼人。（一般厂家直供卖场价格比传统流通渠道高10%左右，这已是公开的秘密了。如果按照白经理的要求再压价5%，则最后毛利只有不到20%，这在公司的KA供价底线之下了。这样的话，以后的促销活动空间很小，非常被动。另外，规格数量与产品销量存在一定正比关系，只上两个规格万万不可，不但单规格费用太高，也不容易上销量，按照当初计划，至少应该进场四个规格。）

“我们的报价是全国卖场统一价，和贵卖场北方区的进场价格也是一致的；另外我们的产品和洽洽相比，价格也很有竞争力。从产品规格上来说，我们100克包装是洽洽所没有的，不但能丰富卖场产品，带来销量，另外作为促销捆绑也非常合适。”林之振振有词。（用横向、纵向多个角度比较分析的方法，能凸显自己产品、价格的优势，打动对方。）

“你们的品牌优势在北方，在南方的品牌力明显比洽洽弱很多，这也是不争的事实！”白经理的音调高了起来。

KA经理花开两朵

林之见起了争执，赶紧将话题引向白经理感兴趣的卖场促销上：“白经理，我们先谈谈促销计划，价格问题我们一会儿再商量，您看行不行？促销做不好，价格再低也无济于事啊，对吧？”（在谈判时，如果双方因某一问题起了争执，应该保留争议内容，立刻转向对方感兴趣的话题。过多的争执徒劳无益，反而易让谈判对手丧失兴趣，甚至恼羞成怒，从而导致谈判破灭。）

林之：“我们考虑中秋、国庆双节开展100克捆绑383克和300克促销活动，时间2周，这是促销案，请看。”

林之提交促销案：“促销展前一天，我们将在《羊城晚报》上刊登活动消息，并附上贵卖场连锁17家店的地址及电话；另外，我们还将在你们17家店上近20名导购员，把促销活动推向高潮。”（既然要进场，该花的钱总是要花的，与其让卖场一样一样收取，不如变被动为主动，以促销活动为诱饵。）

白经理仔细地翻阅着促销案：“林经理真是厉害啊。好吧，我同意上架四个规格，不过按照我们的要求，规格变更是要终止合同，并罚款5000元的。”（由于市场需要，厂家变更规格是常有的事情。卖场的条款显然是苛刻了。狡猾的白经理夸奖是假，罚款是真。）

“规格变更也会给我们厂家带来很多麻烦，但由于市场需要，不免会涉及此类问题，当然会在一定程度上给卖场带来不便，不过我们可以通过补交新规格条码费的形式予以补偿，你看如何？”林之显得很诚恳。（林之首先分析变更规格的原因，同时站在卖场的角度上思考问题，最终提出自己的解决方案，这样更容易被卖场接受。）

有进有退化解前期争议

“林经理真是谈判高手！这么实在，那就按你说的办！”白经理顿了一下，语气突变：“有关进场费以及扣点等问题，我们的差距不小，贵公司的诚意显然不够，我们南方区目前有39家店，规定的进场费才15万元，单店的进店费已经很低了！”（39家店，进场费15万元，单店进场费约3800元，低于公司标准4000元/店，可以接受。林之心里清楚，谈进场费本身不是目的，而是为下面的店、节庆费用以及扣点的谈判赢得主动。）

“但据我所知，洽洽进店费不过10万元。”林之盯着白野，眼光锐利。（利用手中掌握的信息向对手忽然发难，可以打乱对手的预定思路，取得谈判优势。）

“谁说的？哪有的事情！”白经理显得有一点慌乱，顿了一下道，“那也是两年前的事情了，那时我们南方区不过25家店，根本没有办法比较的。”（从表情上看，白经理对林之的调查工作进行得如此之详细周到有些吃惊。）

林之：“我们的产品进贵卖场北方区28家店不过花费5万元。”（横向比较，旨在说明公司产品的行业地位，暗示对方不要轻视。）

白经理：“说实在话，由于消费水平不同，我们南方区的进店费用普遍要高于北方区，这是上层的意思，我只能遵照执行。林经理，你看这样可好：进场费15万就不要再讨论了，条码费、店庆费、节庆费用以及新店开业、老店翻新费用按照贵公司要求，不过扣点不能少了！”（在进场费上斤斤计较，林之正是希望换来白经理的置换方案。不过砝码少了一点，扣点还得想办法降下来。）

“按照白经理方案，我们公司可就赔大了！”林之作吐血状。（对自己满意的方案，也不可流露出见猎心喜的神情，想办法得到对方更多的让步才是上策。）

白经理：“林经理，这个方案对你们已经非常有利了，扣点是没有协商的余地了，否则我们就没有合作的基础了！”白经理很严肃，看样子没有协商的余地了。（扣点直接关系到产品的毛利率，目前双方要求的扣点条件差距是4.5%，而供货价格要求的差距近5%。林之考虑两者取其一，达到最佳的置换方案。）

林之：“白经理，谢谢您的支持，不过我们投入也是要考虑回报的嘛！按照年销 200 万元的乐观估计，目前的价格和扣点，我们至少要赔 10 万元，这不符合我们双赢的目的，亏本买卖也不能保证我们长久的良好合作。考虑到南方卖场的实际情况，按我们原来的报价再下浮 3%，但是扣点最多只能 3.5%。”林之据理力争。（不做赔本的生意，这是大家都知道的道理，数据是最能说明问题的方法。用前面没有解决的争议问题——采购要求供货价格下调 5%，做适当让步，从而达成共识，是一种有策略的妥协。）

“这个问题我需要请示一下老总，你稍等一下。”白经理外出。（林之松了一口气，身体不由向后靠在沙发上。据他的经验判断，进场已经搞定了，剩下的都是次要问题了。）

不一会儿，白经理回来了：“林经理真是谈判高手！老总原则上同意你的意见，但要求进场的促销活动加强互动性！”

“这次的进场互动性促销活动，在媒体上我们投入了大量的费用，对贵卖场也进行了很好的宣传，另外为感谢贵卖场的支持，公司活动期间产品销售收入全部归卖场，不过我们要求贵卖场提供一期免费的端架、地堆、DM。”林之抛出最后的诱饵。（做堆头、特价促销，厂家一般会向卖场提出免费地堆、端架的要求。至于活动期间的产品销售收入，林之做了一个粗略计算，大约 5 万元，光明正大地送给卖场，有利于和卖场处理好关系，为以后的工作带来方便。）

白经理：“这个没有问题！”白经理脸上露出了罕见的笑容。“现在还有一些问题，就是临期货物的处理、保底销量以及最低送货量的问题。”白经理补充。（白经理心里当然清楚，销售收入归卖场是一个非常有利的条款，剩下的两个条款已经没有实质性的争议了。）

林之：“临期货物我们可以通过捆绑和地堆的形式处理；保底销量我希望卖场给我们一个月的适应期；最低送货量 200 箱其实要求不高，贵卖场广州市区目前有 17 家店，平均每店进货量不到 12 箱，并且 2%的配送费用是由贵卖场收取的，何乐而不为呢？”

“林经理明细账算得如此清楚呀！那恭敬不如从命，就这么定了！”白经理满脸堆笑。

“感谢白经理的关照，合作愉快！”林之边笑着，边和白经理大力握手。

谈判结果

通过谈判，节省了条码费 7.8 万元（一次性费用），节省的年度固定费用超过 0.5 万元，总体节省费用超过 20 万元，并且争取了相对较好的陈列面，便于终端生动化地开展，为今后的销售打下了良好的基础。

（全球品牌网 2007-1-23 胡以国）

案例讨论

（1）对以上案例，你认为其谈判取得成功的关键点是什么？
（2）衡量一场谈判的成功与否，最重要的因素是什么？

关联知识

一、公共关系谈判的含义

公共关系谈判是一项以语言为载体，运用人际传播手段进行的活动，它是公共关系实务的重要内容。组织的公关人员需要掌握公共关系谈判的语言技巧及其相应的原则和策略，运用谈判手段，协调和沟通组织与公众的关系，以实现组织的各项管理目标。

二、公共关系谈判的作用

公共关系运用谈判协调各种人际关系、组织关系，促使参与的各方共同受益，这是公共关系谈判的作用。它有利于消除和避免组织与上级部门、政府机构、合作者，以及竞争者等各类公众之间的误解、纠纷与损害。它不仅是公共关系活动的重要方面，也是实现公共关系目标的必要手段。

谈判实质上是一种双方都致力于说服对方接受其要求时所运用的一种交换意见的技能，是人们旨在改变相互关系而进行的一种积极行为，其最终的目的是要达成相对于双方都有利的协议。

三、公共关系谈判的特征

1. 共同性与目的性

没有利益就没有谈判，谈判的目的是要满足自己的需要，寻求自己的利益，公共关系谈判的出发点和落脚点都体现了组织与其公众之间的利益，谈判的目的就是寻求、获得、满足利益，且是双方的利益。

2. 排斥性与合作性

谈判同时含有合作与冲突两种成分。由于谈判双方的目的是相对独立的，利益和立场上的主观性与自私性，必然导致谈判中发生分歧、冲突与矛盾。然而谈判双方都明白，谈判一旦突破临界点，就会导致破裂。谈判需要从分歧、冲突与矛盾中找出各方的利益合作点。公共关系谈判本身就是相容与合作的，没有合作就没有谈判。

3. 差异性与竞争性

谈判是说服与拒绝交织在一起的一种行为方式。在谈判过程中，谈判双方为了获得各自的利益和目标，每时每刻都存在着激烈的竞争。然而，一味地去追求得到更多的利益，往往会使谈判破裂，最终一无所获。只有双方都做出一定的妥协和让步，消除或缩小差异性，才能带来谈判中一系列精彩的竞争表演。

4. 互惠性与均等性

谈判是施与受兼而有之的互动过程。尽管每一方都想从对方那里得到最大的利益和好处，但是，如果哪一方侵害了对方的利益，同样会进入谈判的临界点，致使谈判失败，双方均一无所获，使谈判呈现出利益上的互惠与对等关系。追求自己的需要是谈判的目的，但同时又要适当满足对方的需要，这是谈判得以成功的关键。为此要求同存异，缩小分歧，寻求互惠互利的最佳结局。应该说，成功的谈判不是两败俱伤，而是每一方都是胜利者，各自满足的是差异利益，或是对方“妥协”的利益。

5. 多变性与随机性

组织利益是受多方因素制约的，有政治、经济、文化、科技等客观因素，也有谈判主体的情绪、性格、知识、文化等主观因素。这种多变性给谈判带来随机性，随机性越大、变量就越多，谈判的可控性就越低。因此，公共关系谈判只有因势而变、因机而变，才能把握主动权，控制局面。

四、公共关系谈判的原则

遵守谈判的原则是谈判成功的基础。许多事实表明，谈判应建立在互惠互利的基础上，谈判时必须在不损害国家利益、组织利益的前提下，遵循谈判的共同原则。

1. 互惠互利原则

成功的谈判能够满足谈判各方的需求，是利益均沾，体现各方都是胜利者的新格局。谈判只有建立在互惠互利、共存共荣的基础上，才是健康的谈判。

谈判，是由双方共同利益所驱使的。各方都要从对方那里获得自己利益需要的满足，关键是争取更有利于己方的谈判。互惠互利的谈判结局对双方来说都应是有利的，但绝对的公平合理是不存在的。事实证明，有半块“面包”总比没有“面包”要好，这是谈判中的一个原则。

2. 求同存异的原则

公共关系谈判要使谈判各方面都有收获，大家都是胜利者，就必须要坚持求大同存小异的原则。古人云：“将欲取之，必先予之”，“有所不为而后可以有为”。在谈判中要善于看到各个方面的共同利益和发现对方利益要求中的合理部分，并以对方的合理要求作为自己让步的依据。这样才能推动双方做出同等程度的让步，才能以存小异求得大同，才能够保证双方的基本权利和要求的实现。

3. 实事求是的原则

所谓的实事求是的原则，就是各方围绕某一问题洽商时将自己提出的要求做一番掂量：是否是客观的、符合实际的或者是强人所难、想入非非的；对于对方的要求也做一番研究，哪些是符合实际的、真实的、公平的要求，哪些是不客观的或者是过分的要求。在分析时，应认真地为对方着想。进行换位思考，区分不同的要求采取相应的对策。

4. 平等相待的原则

谈判是在双方平等和互相尊重的基础上展开的，谈判双方以平等地位参与洽谈协商，对于谈判中出现的不同意见分歧，要以协商的方法妥善解决，以适当的让步寻求一致，坚持平等相待原则。谈判是智慧的较量，更是以理服人。谈判桌上，那种争雄斗气、压倒对方的谈判作风，是与谈判的真谛相悖的，只能将谈判引向破裂，只会搬起石头砸自己的脚。

除了上述的四个原则以外，还有开诚布公的原则、冷静和蔼的原则、以理服人的原则等。

五、公共关系谈判的程序

从谈判的程序上来看，公关谈判通常包括导入阶段、试探阶段、明示阶段、交锋阶段、妥协阶段和协议阶段。

1. 导入阶段

导入阶段是谈判的前奏和“序幕”，是通过介绍和被介绍使参与谈判双方相互认识的过程。在这一阶段误之一厘，在下一阶段就有可能失之千里。在开局阶段，要努力创造一个互谅互让、积极、宽松的融洽气氛，这是影响整个谈判过程气氛的关键。

2. 试探阶段

试探阶段是认识双方想法的“第一印象”阶段。双方简要阐述各自的谈判目的、意图和设想，了解对方的基本想法。一般而言，概说阶段时间短，双方都较为慎重，不会出示关键资料或意见，双方是利用这段时间摸底。“投石问路”或虚张声势的策略不妨一试。

3. 明示阶段

明示阶段是谈判各方明确地表达不同立场和意见，充分暴露出分歧点并初步开展讨论的阶段。谈判各方此时会根据前一阶段表述的意见，及早确认双方的分歧，进一步明确各自的立场、观点和想法。为了解决双方的不同意见，达成协议，必须以坦诚的态度对待自己和对方的需要、彼此互相的需要及外表不易觉察的内心需求，将彼此不同的意见纳入公共利益的轨道。

4. 交锋阶段

交锋阶段是双方为了获取利益、争夺优势而处于对立状态的阶段。双方的真正对立、竞争状态在这个阶段才明显展开。彼此就其观点、目标的对立进行实质性会谈，双方为达到自己的目的运用一切准备好的手段影响对方，争取使对方接受自己的条件，同时用足够的证据反驳对方提出的要求。在这种情况下，谈判人员要坚定自己的立场，既要尽可能地保证自己的利益，也要显示双方妥协的可能范围；既要用事实说明自己的观点，找出各方面的分歧和差异所在，又要运用谈判技巧和合理的妥协来缓和气氛，使谈判心平气和地进行下去，最终消除分歧差距，寻求一致、达成协议。

5. 妥协阶段

妥协阶段是谈判的关键阶段。双方在经过交锋后，权衡利弊，对可能达到的目的做出让步。交锋、相持一般不可能永无休止，双方的最终目的还是渴望谈判成功。正因为如此，谈判各方都会在会谈中适当地调整目标，做一些必要的妥协和让步。各方应在坚持基本要求的基础上，寻找出共同点，寻求各方面所能接受的折中方案，使争议得到合理解决。但妥协是有范围和限度的，善于打破僵局是谈判成功过程中一个不可忽视的环节。

6. 协议阶段

协议阶段是谈判的最后阶段。通过洽谈，双方本着求同存异的原则，认为已基本实现了自己的目标，便拍板同意，然后由双方谈判者各代表自己一方在协议上签名、盖章，握手言和，以保持相互之间的亲切感，为下次的谈判创造良好的感情基础。

应当注意：在协议阶段，谈判人员要特别注意拍板定案时，要将协议的主要条款陈述一遍，以防有误；谈判协议书的文字表达要准确，内容要全面，不能产生歧义和遗漏；谈判者应熟悉谈判协议的条文，严格履行协议；握手言和，再创亲切、和谐、协调的情感气氛。

六、公共关系谈判的策略

1. 以静制动策略

参加谈判者在谈判一开始就要注意观察分析，留心倾听对方的陈述，从中捕捉对方语言中透露出的信息，掌握对方的谈话内容，领会其真正意图，并从对方的谈话中寻求向对方发问的线索，以明确掌握对方的话中之话和弦外之音，并据此提出自己的观点，提出相应的问题。这样沉着应战，可以寻求有利的机会，向对方发起攻势，掌握谈判的主动权。谈判人员有针对性地诱发对方的意图，并根据对方的意图有的放矢地寻找双方都感兴趣之处的一种策略。如前所述，双方在谈判过程中各有所求，应该看到双方依存的范围越广，双方各自需求就越容易得到满足，从而要求双方要有更多的共鸣之处。双方的共鸣来自于启发所引起和明了的内在需求。

双方共同努力，在满足自己需求，追求自身最大利益的同时，尽量满足对方的需求。这是妥协阶段要采取的重要策略，也是谈判取得成功的最佳选择。

2. 驾驭语言策略

公共关系谈判有赖于信息交换，而信息交换离不开语言作为媒介。谈判各方立场和利益的冲突、纷争，不仅表现为谈判者智慧和意志力的较量，而且往往直接反映为谈判桌上“唇枪舌剑”的斗争。成就的谈判者，往往是那些成功地驾驭语言、谙熟语言技巧的艺术大师。

公共关系谈判的语言技巧主要有以下几点：谈判中聆听的技巧；谈判的修辞逻辑技巧；谈判中巧避锋芒，或沉默应对；谈判中巧用模糊性语言。谈判双方表明观点和意图，彼此产生对立情绪，相互争论不休时，告诉对方“对这个问题我只有这么大的权力，如果再让步，只能去同上司谈判”。这样可以让对方感到继续争论下去是没有结果的。从某种意义上说，权力只有受到限制时才会成为真正的力量，而一个大权独揽的谈判者并不一定总是处于有利地位的。

3. 曲径通幽策略

当谈判在交锋阶段，双方相持不下而出现横眉冷对场面，场内已无法打破僵局时，此时暂时休会，采取“私下接触”策略，也许能够找到新的突破口，出现“柳暗花明又一村”的局面。通过私下接触，一方面可以调整自己的情绪，寻求自己观点的依据，重新考虑一下让步空间；另一方面，也可以认真分析一下对方的观点是否有道理，以便采取新的对策。

4. 绵里藏针策略

绵里藏针策略是指掌握一定的弹性来应付真真假假、虚虚实实的种种伎俩的重要对策。在谈判交锋阶段，谈判者要善于随着谈判过程的发展，根据时间、地点、条件的不同来精心考虑动的方向和区间。一般来说，买方应采取缓慢让步的方式，先慢慢开始，吝于让步，在长时间内做出一定的妥协；卖方把握“以动应变”是建立在可让区间的基础上，先做出较大的让步，然后做较长时间的缓慢让步。寻求依据是指寻求国家的方针、政策、法律法令，以及其他具有科学性、权威性的文献、文字材料，在谈判中引以为据，能够增加说服力，会不知不觉地让对方产生一种威慑力量，使得对方能够接受协议的相应条件。在谈判中，卖方常常采取这种策略来束缚对方。面对这种束缚，有经验的买方也可以摆脱束缚，寻找更有说服力的依据，改变卖方的原有条款。

5. 掌握时机策略

谈判过程中，要有效地掌握谈判时机，准确把握和选择最佳时间，以争取收到最理想的效果。要善于忍耐，等待有利于自己的最佳时机，出其不意地予以反击。更要见好就收，适可而止。如果把某一方置于死地，那么双方都将一无所得。谈判妥协阶段已经到了再没有回旋余地的时候，可以做出最后通牒：“要么接受，要么就算了。”这种策略实际上是把对方逼到毫无选择余地的境地，容易引起对方的敌意。不到万不得已，不要轻易采用这种策略。

6. 扭转乾坤策略

尽管满足双方的需要是谈判的前提，但无论哪方总是希望谈判最后的结果对自己有利。因此各执一词，相持不下，谈判出现僵局是常有的事。一旦出现这种情况，为了使谈判不破裂，就要善于运用扭转策略，打破僵局。

从语言角度来说，转换一下话题，调节一下紧张的空气，是一种有效的扭转策略。这种转移话题扭转僵局的方法，如运用得当，常常使谈判绕了一个圈子后，还能成功地达成双方都能接受的协议。但转移话题必须注意以下几方面：

（1）必须视具体情况、具体对象因地制宜、就近转移，不能不着边际、随心所欲，风马牛不相及。

（2）转移的话题主题，必须围绕预定的目标。预定的目标不变，话题也不能变，虽然不涉及正题，但必须与正题有关。

（3）话题展开要循序渐进、环环相扣，自然而然地向正题靠拢，在对方不知不觉之中，使彼此的话题重新纳入正题。

（4）语言的表达必须做到情理交融、刚柔相济。

实践与评价

1．能力训练

（1）案例分析。

下面是一则公共关系谈判的案例，认真阅读后进行讨论。

案情：日本航空公司决定向美国麦道公司引进10架新型麦道客机，布置常务董事领队，财务经理为主谈，技术部经理为助谈，组成谈判小组负责购买事宜。美国公司代表以压倒性的准备资料淹没了日方代表。会议从早上9点开始到11点半，进行了两个半小时，三架放映机相继打开，字幕、图表、数据、电脑图案、辅助资料和航行画面应有尽有。在整个过程中，三位日方代表自始至终默默地坐着，一语不发。终于，麦道公司的谈判代表关掉了机器，充满期待地望着对方问道："你们认为如何？"三个不为所动的日本人礼貌地笑笑，技术部经理（助谈）答道："我们不明白。"

麦道的领队大惑不解地问："你们不明白？你们不明白什么？"

日航领队笑了笑，回答："这一切"。

麦道主谈急切地追问："这一切是什么意思？请具体说明你们从什么时候开始'不明白'的？"

日航助谈充满歉意地说："对不起，从拉上窗帘的那一刻开始。"日方主谈随之咧咧嘴，用连连点头来赞许同伴的迷惑。

"笨蛋!"麦道领队差一点随口骂出声来，泄气地倚在门边，松了松领带后无可奈何地说："那么，你们希望我们再做些什么呢？"日航领队歉意地笑笑说："你们可以重放一次吗？"别无选择，只得照办。但麦道公司谈判代表重复那两个半小时的介绍时，已经失去了最初的热忱和信心。是日本人开了美国佬的玩笑吗？不是，他们只是不想交涉之初就表明自己的理解力，未料想买方一开始就使卖方产生误解，以为买方在迎合、讨好卖方。谈判风格素来以具体、干脆、明确而著称的美国人，哪里会想到日本人有这一层心思呢?更不知道自己在谈判伊始已先输一盘了。

谈判进入交锋阶段，老谋深算的日航代表在"假痴不癫"上又使出了新的一手：装成听觉不灵、反应迟钝，显得很难甚至无法明了麦道方在说些什么；让麦道方觉得跟愚笨的人谈判，早已准备好的论点、论据和推理是没有用的，精心选择的说服策略也无用武之地。

由于报价双方差距甚大，谁也没有说服谁。麦道公司的主谈此刻对成交已不抱太大希望，开始失去耐心，提出休谈："我们双方在价格上距离很大，有必要都为成交寻找新的办法。你们如果同意，两天后双方再谈一次。"

休谈原来是谈判陷于僵局时采取的一种正常策略，但麦道公司却注入了"最后通牒"的意味，即“价格太低，宁可不卖”。日航谈判代表这时不得不权衡得失，他们决定适可而止。口吃了几天的日航主谈突然消除了语言障碍，十分流利地说道：“你们对新型飞机的介绍和推销使我们难以抵抗，如果同意降价8%，我们现在就起草购销11架飞机的合同。”（这增加的1架几乎是削价来的）说完笑吟吟地起身，把手伸向麦道公司主谈。“同意！”麦道的谈判代表们也笑了，起身和3位日本绅士握手：“祝贺你们，用最低的价钱买到了世界最先进的飞机。”的确，日航代表把麦道飞机压到了前所未有的低价位。

（根据中国谈判网等相关资料改编）

讨论：

① 日美两方在谈判上的不同风格有何差异？日方代表的做法符合我们中国古代“欲擒故纵”的方法和“大智若愚”的说法吗？

② 请对谈判双方的语言进行分析。

（2）比较题。

① 本案例中双方在谈判中所采取的技巧一样吗？为什么？

② 与开篇案例相比，谈判人的策略有何差异？

2．测试题

（1）简述谈判的特点、作用与原则。

（2）如何运用谈判原则取得成功？

（3）如何开展一次成功的谈判活动？

3. 单元评估

表 1 单元课程评价表

单元内容 学号 姓名 班级 时间

1. 本单元最有价值的内容是：
2. 以下问题需要进一步了解或得到指导：
3. 教师讲授的思路是否清晰？教学态度如何？
4. 教学方法对你的学习是否有帮助？
5. 你的学习计划是否完成?
6. 教学目标是否达到？
7. 对于教学有何建议？
学生签字： 组长签字： 学习委员签字： 教师签字：

表 2 基本能力测评表

单元内容 学号 姓名 班级 时间

基本能力	评价指标	测评结果（通过√，没通过×）	备注
判断能力			
管理能力			
交流能力			
创新能力			
其他			
教师评语： 教师签字：			年 月 日
成绩：		学生签字：	

表 3 单元能力测评表

单元内容 学号 姓名 班级 时间

关键能力	评价指标	测评结果（通过√，没通过×）	备注
其他			
教师评语： 教师签字：			年 月 日
成绩：		学生签字：	

第三单元 写作

案例学习与分析

中国式公关写作

第一次看到《宣·讲》一书时，其厚实的封皮足以让我感到它沉甸甸的分量。这是宣亚国际传播集团新近推出的一部力作。

俗话说：宣讲的人要想给别人一杯水，他自己必须有一桶水。这不啻向宣讲人明示，功底不够深厚、学识不够渊博、见解不够独到，就不具备宣讲的资格，也就不要将自己置身于一个宣讲者的位子。如果以上述之标准审视此书，那么橘黄色封皮下的铅字是否也会如同它的书名一样，让人伏案捧阅，并给人留下些许思考呢？

纵览《宣·讲》全书，字里行间随处可见作者扎实雄厚的文学功底、犀利老到的高超笔力和严谨缜密的逻辑思维。不过，如果该书只是简单地停留于文笔之功，也就失去了它真正的价值。

从一年一度的调查数据中可知，中国公关市场是一个快速发展的动态市场，与之相应就要有站立于这个动态市场前沿的新作。本书序中指出，与中国公关市场日新月异的发展进程相比，相关的学术研究却进行得相当缓慢。目前市场上有关公关写作的书籍，大多是来自美国的著作，而且多为偏重于理论的教材。《宣·讲》是一本解读中国式公关写作的新作，它没有刻板迂腐的说教色彩，也并非枯燥无味地阐述理论。作者立足于中国式公关，以传记式文体为主线，巧妙地将他的成长经历、观察思考、实战谋略相融合，辅以他对公关历史及公关理论的研究和剖析，推出了具有新意的“不一样的传播之道”，也为中国式公关写作提供了一本可活学活用的教材。

“文章即谋略。谋略是公关写作顶级的智慧，也是公关创新的源泉”，“有谋略的公关写作，才是升华式的公关写作”。诚如作者所述，本书自始至终都围绕如何将“谋略”用于公关写作而展开。作者初入公关职场的成功也与谋略不无关系。在本书的开篇，作者称自己“对传播、对新闻、对公关都茫然无知”，完全是“无意中一头扎进公关这个陌生的领域”。众所周知，公共关系是一个新兴行业，很多从业人员并非来自于公关专业。作者的经历在公关界具有一定的代表性。如何以长补短、如何“寻找一个适合于自己又契合客户公关战略的突破口”，作者对自己最初的定位无疑对那些准备或刚入公关职场的人们有所启示。据作者介绍，他为企业创作的第一篇公关写作是“经过了一番苦于心计的排查”，最终将眼光锁定在“从历史人物类稿件切入”。基于这种准确的定位，作者一炮打响，为读者呈现了一篇有血有肉的文学作品，却无人知晓隐藏于文章后面的“别有用意”——“谋略”决定成败。

本书收录了大量的公关写作案例，其与众不同之处在于这些中国语境下的案例多是出于作者本人之笔。其中包括有为凯迪拉克、摩托罗拉、蒙牛、张裕酒庄等企业撰写的新闻和软文稿件；有写给凤凰卫视主持人曾子墨的邀请函，以及为她撰写的主持人串讲词；有公司举办年会的通知和年会上电视短片的解说词等。这些鲜活的案例不仅在形式上不拘一格，更是在很多公关写作的书籍中难以遇见的上乘之作。其中很多案例是作者亲身作为，案例中的解说没有太多的点评或总结观点，描述更多的是作者在谋篇布局时脑力思维的过程。作者将自己在创作中所遇难点、选材角度、谋略出处等一系列策划的思路，以脉络清晰的表达方式展现给读者，进而再深层次地挖掘他完稿后的感受、领悟，用他的笔带着读者走进自己每一阶段的思考之中。

万事皆有门道。作者通过长年的笔耕和实战经验，还在本书中总结出很多中国式公关写作技巧。比如公关写作磨刀 7 法、公关稿件标题的 8 条原则、培养思考力的 4 个路径、公关写作“无米下炊 10 法”。这些技巧虽不是万能之法，却也为公关写作提供了一个有规律可循的模式。

其实，提高公关写作能力，离不开勤奋操笔，踏实为人。同时，致力于公关写作的人员也可将《宣·讲》一书作为“他山之石”，把自己的笔锋打磨得更为犀利。

（摘自公关网）

案例讨论

（1）“文章即谋略。谋略是公关写作顶级的智慧，也是公关创新的源泉”，“有谋略的公关写作，才是升华式的公关写作”。你认为正确吗？公关写作水平能按照其说的方法提高吗？

（2）“提高公关写作能力，离不开勤奋操笔，踏实为人。”你以为如何？

关联知识

一、文书的分类

一般来说，公关部门在执行对内对外联系的时候，主要通过文件、报告、函件、报道、总结、简报、宣传资料等形式进行。这些语言和文字媒介，常常直接体现着组织的政策和形象，反映了一个组织的业务文化素养。说它是组织的“门面”，是一点也不夸张的。所以，优秀的公关人员常常在说话和写文章方面需要下一番工夫，力求在这两方面都具备较强的能力和较高的水平。

公关文书牵涉的面很广，是一个“跨国公司”。就文件的类别来看，无论是公务文书，还是私人文书，都与公关文书有联系；就文体而言，几乎所有的常用文体都会涉及到；从使用的范围来看，公关活动的各个环节都必须使用。

公关文书种类很多。从组织内部来讲有请示、报告、通知、通告、计划、决议、公约、公函等公文类公共关系文书；有声明、广告、简报、新闻稿、演讲稿、调查报告等说明类公共关系文书；有合同、协议书、产品说明书等协约类公共关系文书；还有贺信、请柬、名片等礼仪类公共关系文书。

二、公共关系文书的特点

1．传播的实用性

公关文书是进行公关活动过程中的文字材料，具有很强的实用性。它不必像记述历史那样来写，也不需要像创作文学作品那样运用虚构和夸张。公关文书是传递信息、交流信息、反馈信息，具体处理公关活动中所必须用文字来表达的事情，目的非常明确。当然，文学作品也可以起到宣传传播的作用，但它只能是间接的，而公关文书则是直接的。如写一个请示和便函，就不可能写成一首诗，让对方自己去捉摸。

2．使用的广泛性

有人说公关文书是“无所不在的交通工具”，这是有道理的。正因为公关文书是个“跨国公司”，所以使用十分广泛。就范围看，有上行文、平行文、下行文。就时间看，每个组织几乎天天都要使用。

3．格式的规范性

公关文书要讲究格式的规范。所谓格式，包括书写、排印行款式样、结构层次、习惯用语、称谓、签署等。公关文书有了格式，可便于写作、阅读、承办、归卷、查询。当然，格式也不是一成不变的，但这种变化必须以社会公认为前提。

4．法定的权威性

这个权威性来自它的制发机关的权威和合法地位。也就是说，是由它的制发机关的发动职权和工作威信所决定的。一个法人资格在公众中享有很高的声誉，它制作的文书才能得到社会的承认，发挥它的效用。如一个企业做的广告，如果没有一定权威，就不会得到社会和公众的信赖。

5．表达的艺术性

公关工作本身是一门富于艺术性的工作。作为公关工作的书面表达形式，无疑也要讲究艺术性。这里讲的艺术性，并非花言巧语、哗众取宠、矫揉造作、华而不实，而是指文章的结构、语言、表达方式等要给人以美感，达到内容和形式上的完美结合。如书函、广告、请柬等常用的公关文书，都应讲究内容美、语言美、形式美，庄重而不矜持，亲切而不庸俗。

三、公关文书的写作原则

公关文书是应用文，它同一般的应用文具有共同性，例如主题鲜明、结构紧凑、层次清楚、文字流畅等。由于公关文书的实用性强，除了上面所述要求外，还有自身的一些特殊要求。概括起来，主要有以下几点：

1．准确、真实

公关文书与供读者欣赏的文学作品不同，不能像文学家那样对生活中的素材加以提炼集中创造出典型，也不能用含蓄的倾向性去感染读者，要让读者自己去联想和品味。公关文书是个办事工具，要用它来联系工作、树立形象。因此，必须准确无误，实事求是。

准确的关键是“立意”要准确、鲜明，提倡什么、反对什么；说明什么观点、解决什么问题，都要十分明确。古人云：“意在笔先”。“意”即主题，是文章的灵魂。主题明确才能有的放矢地开展工作。

真实，主要指恰如其分。在公关文书的各种体裁中，都是直接指其意、述其事、表其情，不允许任何的虚构和杜撰。

相关链接使用规范化的书面语，正确使用规范的词语，使读者准确理解公文，避免产生歧义。

2．新鲜、及时

文学作品可以用故事情节的曲折来扣人心弦，记叙文可以凭借写人写景逼真而吸引读者，所以写得生动。那么，公关文书怎样才能写得生动呢？一是要从公关工作的根本目的出发，写出本单位的个性与特色。如果写出来的东西尽是套话、大话，照抄照转、千篇一律，没有新鲜感，空空洞洞地讲了一大篇，没有本单位、本企业最能叫人信服的东西，别人看起来就会索然无味、无法卒读。像商品广告，如果千篇一律地说什么“质量可靠”、“实行三包”、“誉满全球”，就没有多少感人之处。二是写作的语言要新鲜活泼。公关文书虽然大多属直接叙述性文章，但是，如果讲究语言的表达方式，同样可以写得生动。那种认为公关文书不需要生动活泼的想法，完全是一种错觉。公关文书大都用于交流传递信息，所以，及时就是生命。如果磨磨蹭蹭、拖拖拉拉，“构思十年”，就会失去它的功效。

3. 简洁、清晰

公关文书只有便于阅读和处理，才能提高办事效率，所以，写得简洁、清晰非常重要。要写得简洁，首先要对所办的事的情况、存在的问题、采取的措施和步骤有一个清楚的分析和概括能力。如果在认识上比较模糊，抓不住症结和主要问题，写起来就无法做到层次清晰、文字简练。在写作技巧上，公关文书都应开门见山、简明扼要；切忌“帷幕”重重、画蛇添足。为了使语言简洁、清晰，经常使用一些专用词语与固定的习惯用语，如“业经”“遵照”“收悉”“为要”“照办”等。

4. 质朴、得体

公关文书大都要在广大公众中传递，散发面广。而且，从文书上可以看出这个组织的文化修养和知识水平，所以，无论在用纸、书写和外观设计上，还是在传递的方式和时机的选择上，都要严格把关，不可草率从事。内容和形式都必须美观、大方。公关文书涉及的文种较多，而各类文种都有自己的格式，不可潜越和混淆，否则，就会贻笑大方。因此，文书的起草必须掌握各种文体的规定形式，发出的文件必须符合本组织的地位和身份，落落大方、质朴得体。

四、公关简报的制作

公关简报是公关活动中使用的一种简报形式。一般来说是一种定期出版的综合性文书，它经过良好的设计，用简明的词句及时地把社会动态、信息、本组织的经营成果和经验、作风等反映出来。它对公众来说，是一个重要的信息源，起着传播信息、沟通情况的作用。对领导来说，可以通过提供的信息，反映的情况，更清楚地了解本组织所处的社会环境、政治环境、文化环境，为决策提供依据，从而使组织的经营建立在科学的基础上。对于本单位的员工来说，可以使大家的想象力和创造力不致于无法记载而消弭于无形，从而起到洞察形势、鼓舞士气的作用。

在公关简报上可以反映如下内容：

有关组织形象的材料，文字检索，调查了解到的内部和外部公众的意见、评价和要求。

（1）组织内部工作生产情况和思想情况等方面的动态、经验和趋势。

（2）公共关系部门开展的一些公共关系活动。

（3）公共关系部门对各项工作的咨询意见和建议。

（4）公共关系的有关会议。

公关简报与一般简报一样，虽然是一种传播载体，它可以登载各种文体的文章，但一旦形成简报，就必须符合简报的写作要求，主要是：

（1）必须使用第三人称。

（2）必须重点突出，有明确的主题思想，做到主题单一、内容集中。

（3）必须及时、准确、客观，内容真实，据实直说，不夹杂评述性意见，但编者除外。

（4）必须简短、通俗，有可读性、指导性。

（5）格式规范。

公关简报和其他简报的制作基本相同。格式分报头、正文、结尾三部分。如果是综合性简报，内容较多，在报头之下还有目录（如图）。

公 关 简 报

第×期

××公司公关策划部编　　　　　　　　　　　　　　　　××××年×月×日

目录
- 一、公司举办产品促销会效果好
- 二、目前市场家电产品行情
- 三、一周来公司对外公关活动集锦
- 四、公司企业文化巡礼

正文（略）

报：
送：　　　　　　　　　　　　　　　　　　　　　　　　　份数：
发：

另外，如果是带有机密性的简报，还可以在首页右上角标明密级，或在末页注明发送范围。有些公关简报可以集中报道组织的重大事件，如公司举办产品展览会，可以随着工作进展，向全公司动员、产品征集、制作过程、展览效果等分阶段编报。有的公关简报可在某阶段内按照不同发展情况分别编制几次。如与外商谈判的进展情况，可每天编一次简报，供领导和本单位有关员工掌握情况，以便在谈判间隙进一步商讨对策。又如样品展销会，可以把推销、订货等情况汇总起来，编成简报，在客户和外商中散发，进一步扩大影响。总之，编报方法可以不同，但必须把某一件事中的重要信息、公众的情绪、主要经验体会、存在的问题、采取的措施、下步安排等全面反映出来，以便领导及有关部门作为参考。对某些重要问题或带倾向性的问题，公关简报可以加上暗语，阐明意义，强调重要性，以唤起读者的注意。

五、公关简报的特点

公关简报的特点是由公关工作的性质和任务所决定的。综合起来，主要有以下四个方面：

1. 实

公关简报所用的材料必须十分可靠，如实地反映组织自身和外界的客观情况，不可靠的、道听途说的材料不能作为简报的内容。因为这不仅关系到本组织的工作问题，而且涉及声誉问题，所以编写公关简报的人员必须严肃认真，最好是身临其境、直接采写。对文中涉及的内容，切忌弄虚作假、张冠李戴。语言表达应十分准确，特别是牵涉到本组织外的情况，必须注意分寸，既不夸大、也不缩小，更不可讲空话、假话。如发现内容有错误，不符合事实，必须在下期简报中及时给予更正或补正。为了做到责任明确，在简报上都要署上撰稿人的姓名，选取外单位的材料，要注明材料出处。

2．快

公关简报有很强的时限性。它的任务是把情况迅速及时地反映给上级和有关部门，或传达到下级单位和有关人员。公关简报能否发生作用，快慢是个重要因素。在竞争激烈的现代社会，一个重要信息将会决定一个组织的命运和前途。如果在问题刚发生的时候，就把简报送到领导和有关部门手中，可以及时防止事态的扩大和蔓延。如果当一个新事物、新创造在萌芽状态就被敏锐地抓住，就能得到支持和扶植。与此相反，若是错过了时机，竞争就会失败，问题就会发生，新事物就会夭折。当然，快的前提是尊重事实，绝不是粗制滥造。

3．新

公关简报要反映新情况、新问题、新信息，能给人以启发和借鉴。刊登一般化的东西、过时的东西、陈腐的东西，就失去了简报“轻骑兵”的作用。在这方面，简报和新闻有着共同之处。

4．简

简报就是要简。搞得冗长、烦琐，必然拖延时间，就失去了简报迅速传递的功效。简报的文字越长，看的人就越少。因此，简报的文字最好在千字以下，最多不超过两千字。至于简，是在说明问题的前提下的简。简而明是简报赖以存在的根基。因此，要求在写作时，必须做到内容集中、篇幅简短。

六、公共关系宣传资料与自办刊物

宣传资料的形式是多样的，有的是一份小册子，有的是简单的一张示意图，一般都印刷精美。宣传资料的制作主要是安排它的内容。为国际社会所认可的宣传资料大多包括以下几个内容：

1．组织领导人的致辞

组织领导人的致辞往往被安排在整个宣传资料的首页或最前部，目的是为了增加它的权威性，并使公众产生亲切感。由于组织领导人代表该组织的最高权威，因此，其致辞应体现真诚和亲切的态度，每个词语、标点都应细加斟酌、精心考虑。组织领导人的致辞主要是以自己的眼光客观地评价自己的组织，既要谦虚，又要给予积极的肯定。

2．组织的历史和现状概略介绍

宣传资料中，应将组织的发展过程做一概括式的回顾，并对它的现状做出清晰地描述，使读过宣传资料的公众对组织的脉络有个提纲挈领的认识。为了使人们更确切地了解组织自身在同行中的地位，还可以适当加一些与同行业组织比较对照的文字或图表，这样更易令人信服，效果也要比单纯的自我宣传好。

3．对组织专业特色的说明

每个组织在市场上、社会上都有一些有竞争力的产品或引以为豪的特色服务，为强化公众的印象，引起公众的兴趣，宣传资料中有必要对此加以集中说明。由于宣传资料的读者很大一部分是非专业人员，因此，专业特色的说明一定要从他们的理解水平着手。

宣传资料的一大功能便是向公众提供本组织的信息，使他们一册在手、信息皆知。为此，在宣传资料的制作中，还应包括向公众准备的各种联系方式、内部机构分工图、电话号码、联系人姓名、网址等使公众能够按图索骥的材料。

宣传资料中文字占据了较多的篇幅，但如果配以适当图片，达到图文并茂、相得益彰的效果，那就可以使文字宣传资料的接受性更强。用图表、色块、数据等多种手段来描述诸多情况，如组织历史、产品市场的占有率、技术力量，甚至组织所在地的地理交通图等，其效果更直接、更明显。宣传资料的美学效应问题要在制作中始终放在一定的位置。

如果单靠宣传资料与公众沟通，往往容易在时机、版面及内容上处于被动地位。而公关组织自办刊物由公关人员亲自控制，则可以根据需要专门针对某一类特定公众进行经常的、有计划的、有步骤的宣传活动。自办刊物主要是指杂志、报纸、通信、墙报等。

［案例库］ 美国胜家公司的领导人说："我们认为，员工刊物是我们正常传播工作的第一线。"胜家公司有一种发行全公司的季刊和28种国内及海外工厂的小型报纸。该公司的刊物主要内容有金融、竞争、经济、社区服务、教育与福利。胜家公司认为，公司员工刊物成功的因素有：①管理当局的支持。②明确的目标。③有才气的编辑人员。④详细的工作计划。为达到刊物的效力，公司要求：①以清晰的文字说明目标，定期修改以适应现状。②赋予编辑以相当的地位，可以定期会晤到高级管理人员，了解公司政策，并分工明确。③调查员工兴趣，刊出能吸引读者的题材。④增加编辑内容，刊出专论，以讨论利润为主，以充满情感的方式来报道事业成就。公关人员在自办刊物时，应考虑到以下问题：读者、发行数量、出版频率、刊物宗旨、刊头、印刷工艺、形式或版式、免费发行还是收取工本费、刊物是否刊登广告、发行渠道、成本预算等。

七、公共关系新闻的写作要求

1．让真实的事实说话

新闻就是要以事实来说明问题，以事实来揭示观点。新闻的来源是事实，事实是新闻的基础。用事实说话，是新闻的特点和优势。新闻的真实性包含两层含义：第一，构成新闻的"五要素"，即时间、地点、人物、事件和因果关系必须是真实的，具体到每一个人名、每一个数字、每一个细节都必须完全真实；第二，能够反映事物本质的真实，而不是个别、偶然的现象。

2．让新鲜的事实说话

有人说"狗咬人不是新闻，人咬狗才是新闻"。这种说法虽然失之偏颇，却道出了一定的道理，即新闻一定要新奇，一定要吸引人。写作时突出"新"字，公共关系人员要善于发现自己组织中涌现出来的新成就、新人物、新经验、新知识、新发明、新创造，要不断地把事实的最新变化、最新发展介绍给公众，有时一则成功的新闻对社会的影响比广告要深远得多。

3．让时效抓住读者

在新闻文体中，新闻界对时效性有这样的说法"当天是金子，隔天是银子，第三天只捡得了石子"。公共关系人员一定要学会随时发现、随机采集、随时写作，及时加以报道，具备"立等可取"的本领，培养新闻工作者的职业敏感，为组织树立良好的形象。

4．让典型和现场融合

要善于选取能撞击读者心灵的材料，提炼出富有新意的主题；要调动多种表现手法，着重表现人物的精神世界，着力反映他们的美好心愿；力求把读者带到现场，要有生动的画面，典型的细节。述评结合、夹叙夹议的新闻报道体裁是评述性新闻。

八、公共关系礼仪文书

随着社会的发展和文化的进步，组织与公众之间、政府与百姓之间、人与人之间的社会交往日益增多。反映这种社会交往的规矩和礼仪的文字，称为公共关系礼仪文书。

1．祝词的写作

祝词指的是对人、对事表示祝愿和希望的言辞和文章。重在表述喜庆之事，具有强烈的感情色彩。祝词的主要作用是沟通双方情感、密切双方关系、增进友谊和团结，在发展人际、组织间的关系方面，都具有重要作用。

祝词的写法：第一部分为祝词的标题，有的仅写“祝词”二字，从正文开头的称谓和落款中可以看出是谁给谁的祝词。有的则在“祝词”前面加上修饰语，说明其属性。第二部分为祝词的正文。祝词的正文一般由称谓、开头、主体、结尾、落款（含单位名称与时间）组成。祝词的开头要简略说明是在什么历史背景或在什么特定情况下致祝词的。祝词的主体在说明祝贺的内容之后，应着重对正在进行中的事业表示希望和祝愿。祝词的结尾或以酒为媒介，提议为健康、为友谊干杯，或说些其他祝愿的话。在撰写祝词时还应注意彼此的关系应切合双方的身份，对公关对象要注意彼此的职业与地位，对亲戚要注意辈分的高低，而关系的深浅度、往来的亲密度，都决定了祝词的语体、语气要符合社交礼仪。

2．贺信的写作

贺信指的是对人、对事表示祝贺而写的书信、电文或对联。它可以使用于国家与国家、政党与政党、组织与组织、组织与个人、个人与个人之间；或用于祝贺组织或个人取得卓越成就和巨大贡献；或是用于祝贺重大会议、庆典的举行；或是对个人的就任、晋级、寿诞表示祝贺。贺信的主要作用是沟通情感、增进友谊，在发展人际、组织间的关系方面都具有重要的作用。

贺信的写法，第一部分为贺信的标题。贺信的标题可直接写“贺信”二字，也可以在贺信的前面加修饰语，说明其属性，还可以采用眉题加主题或主题加副题的标题方式；第二部分为贺信的正文，由贺信的称谓、开头、主体、结尾、落款组成。贺信的主体，一要充分肯定对方取得的成果、成就；二要直接阐发成果、成就的意义，使对方感到鼓舞和激励。贺信的结尾除了表示进一步向对方学习之外，同时还要表达鼓励和期待的含义，下级祝贺上级则以表示做好工作的决心为宜。贺信的内容要实事求是，对对方的评价要准确可靠，防止拔高。语气要真诚热烈，避免使用奉承逢迎之词。语言要简洁明快，防止浮泛。

3．请柬和邀请信的写作

请柬指的是一种礼仪性的请客信函，用于邀请对方参加组织举办的正规和庄重的公关活动。请柬表明组织对举办活动的号召，也表示对客人的尊重。因此，无论客人距离组织远或近，均需要寄送请柬。

请柬的撰写应符合“达、雅、礼、时”的要求。所谓“达”，就是要求通顺明确，它要使人一看就知道是什么人，在什么时间，到什么地方，做什么事情。所谓“雅”，就是要文字优美，不能语言乏味。所谓“礼”，就是要求措辞要贴切，符合身份和场合。所谓“时”，就是入时的意思，随着时代的变迁，在礼仪性的交往中，往往追求时代流行的习惯用语。

请柬一般由四部分组成：一是请柬的封面要以大写的美术体、手写体或烫金字写明“请柬”二字，再配以图案装饰；二是开头顶格写被邀请者姓名（或单位名称）；三是正文，用以交代活动的时间、地点、活动内容，如婚礼、寿庆、生日、节日、庆典等。正文的语言要求典雅、大方、热情；四是要使用问候的礼貌用语结尾，要写明邀请者姓名（或组织名称），注明发出请柬的时间。

公关交往中有时要用邀请信代替请柬以显尊重、特别。邀请信分为正式和非正式两种。正式邀请信和复信都要用第三人称，而且双方名字都要用全名。信可以打字或印刷，信纸质量要优良。非正式邀请信一般用于很熟悉的朋友之间，信用第一人称书写，称呼应比较自由。

4．名片的写作

名片指的是记有姓名和身份的卡片，是当代社会不可缺少的带有交际性质的文化作品，也是提供联系办法，提高办事效率的一件有效工具。名片的规格一般是长 10 厘米，呈长方形，由质地精美的纸张印刷而成。名片的艺术构思，反映了时代、文化、经济的脉搏，并与人们的职业相关联。名片写作给人以艺术享受，留下记忆与遐想。

5．慰问信与慰问电的写作

慰问信、慰问电指的是以组织和个人名义，向取得成绩、做出重要贡献的组织或个人表示慰问，鼓励他们戒骄戒躁，继续前进。或向遭遇重大灾害或困难的组织、地区表示同情安慰，鼓励他们振作精神，战胜困难，走出困境，表示慰问的公关应用文。

慰问信、慰问电的结构形式与写作要求：第一部分为标题，通常写“慰问信”或“慰问电”三字，有的则在慰问信、慰问电的前面加修饰语，有的标题则揭示主题内容；第二部分为开头，说明致信、致电的原因或背景，随之表示诚恳亲切的问候；第三部分为主体，要注意因人因事而异，防止模式化，有的重在颂扬事迹、先进思想，有的重在表彰同自然灾害作斗争的英勇果断精神；第四部分为结尾，主要写精神上、物质上给予支持的决心和行动，鼓励慰问对象再接再厉、继续前进。

6．推荐信和道歉信

推荐信是指推荐某人做某事的信件，其写法与介绍信有些相同之处，但在信中对于被推荐者的情况，往往叙述得更为详细。一般信中多是叙述被推荐者的优点，适合于做某事并可胜任之类的话。有时也提及不足之处。但所叙述的情况必须真实可靠、不夸大、不言过其实。因此，被推荐的人必须是写信人可以信赖、深为了解的人。

当自己由于一些事情难以做到、难以满足对方要求或工作中发生了疏漏，或自己因故未能应邀、失约、失迎、推迟约期、延误复函，未能及时奉还对方的物品等情况，都应写一封道歉信。道歉信应尽早写，不要拖延。信中应十分中肯和认真地说明没有做到预期要做的事情的原因，不宜平淡敷衍。如果确实属于自己做错了，应表示追悔；如果确有客观原因，要说明出于无奈，心有余而力不足，并请对方谅解。道歉信措辞要委婉，使双方原有的感情不要因为一次波折而受到伤害。

实践与评价

1．能力训练

（1）案例分析。

“我们更要做雷锋传人”——记中央新闻单位“学雷锋志愿服务活动”

今年 3 月 5 日，是毛泽东等老一辈无产阶级革命家为雷锋同志题词 50 周年纪念日。在这个特殊的日子里，人民日报社总编室的6位青年志愿者来到北京同心实验学校开展学雷锋活动。志愿者给同学们讲述了感人的雷锋故事，带领孩子们发掘身边的雷锋事迹，并发动“学雷锋”摄影兴趣组成员为同学拍摄全家福。几位志愿者分别带着相机，领着小组同学，培训摄影技术，指导实地操作，鼓励同学们拿起相机，为自己同学和身边人拍全家福，在有趣的体验中培养兴趣，积累作文素材。至今，这项活动已坚持 4 个学期，先后有 80 多位编辑记者上了超过 300 节课，累计批改作文超过 5000 篇。

这是中央新闻单位学雷锋活动的一个剪影。在中国记协、全国新闻战线“三项学习教育”活动领导小组办公室的组织下，中央新闻单位在 3 月 5 日来临之际纷纷开展“学雷锋志愿服务活动”。近年来，全国新闻界学雷锋的先进集体和先进个人层出不穷，广大新闻工作者不但用笔用电脑用影像记录雷锋精神在当代的传承，还用实际行动去发扬雷锋精神，尤其是志愿服务活动，已经在新闻界开展多年，有的新闻单位还形成品牌。此次活动，其实是对各新闻单位日常学雷锋行动的一次集中展示。

从 1973 年开始，新华社每年的 3 月 5 日都依据当时的具体情况，开展大规模的学雷锋活动，整整坚持 40 年。今年的“光盘行动”和“节能减排”尤其引人注目。

3 月 5 日，光明日报社团委和北京同仁医院团委在光明日报社门口举办公益服务日，光明日报的青年编辑、记者和同仁医院的年轻专家走上街头，为市民赠书赠报、医疗义诊，还将印有“厉行节约、反对浪费”的环保袋发放给市民。

3 月 5 日一早，33 名来自编辑、记者岗位的志愿者头戴小红帽，在经济日报社 1 号楼大厅举行了志愿者服务队授旗仪式。随后，他们来到北京南站，在二楼的东、西咨询台，为旅客答疑解惑；在爱心服务区，帮助搀扶老人、推轮椅、提行李。“药店在哪儿？”“哪里可以换钱？”“我是在网上购票的，应该到哪儿取票？”面对乘客的提问，志愿者耐心解答。下午 10 名队员拿着铲子、喷壶，出发到北京西城区的街道清理小广告。

3 月 1 日上午，解放军报社组织 50 余名年轻编辑记者，走进北京街道，向群众宣传雷锋精神。在活动现场，雷锋事迹展示、医疗咨询、心理咨询、健康知识宣传、报刊赠阅……在 20 多米长的雷锋事迹展板前，很多行人驻足观看，不少人还拿起手机拍个不停。一位年近 70 岁的老伯感慨地说，“你们的雷锋事迹宣传，很真实，很直观，像我这样上了岁数的人看了也很受感动。”解放军报社青年编辑袁丽萍说，这次活动赠阅报纸 1000 余份、期刊 1200 余册，其中精心制作的雷锋精神和健康知识宣传页备受欢迎。

中国国际广播电台的青年编辑和记者与京豫陈打工子弟学校早已经牵手，3 月 4 日，他们将募捐来的物品送到孩子们手里，还为孩子们上了一堂大课。3 月 5 日，工人日报的编辑和记者分成多个活动小组，有的做一天清洁工，有的当一天快递员，有的到繁华地带疏导交通。

在中央新闻单位，在全国新闻界，学习雷锋精神，争做志愿服务者，正蔚然成风。“我们更要做雷锋传人。”经济日报社团委书记王玲经过一天的志愿活动后深有感触地说。

（选自《人民日报》2013 年 03 月 06 日，作者：陈原）

① 这篇新闻稿写得很真实、精彩，取得了较大的社会反响，请分析其成功的原因？

② 请从公关写作角度，分析这篇新闻稿的写作特色。

（2）比较题。

① 试比较贺信与祝词写作的异同。

② 试比较新闻与简报写作的差异。

2．测试题

（1）简述简报的特点、体式。

（2）如何撰写新闻稿？

（3）怎样办好组织的自办刊物？

3. 单元评估

表 1　单元课程评价表

单元内容　　　　　　学号　　　　姓名　　　　班级　　　　时间

1. 本单元最有价值的内容是：
2. 以下问题需要进一步了解或得到指导：
3. 教师讲授的思路是否清晰？教学态度如何？
4. 教学方法对你的学习是否有帮助？
5. 你的学习计划是否完成？
6. 教学目标是否达到？
7. 对于教学有何建议？
学生签字： 组长签字： 学习委员签字： 教师签字：

表 2　基本能力测评表

单元内容　　　　学号　　　　姓名　　　　班级　　　　时间

基本能力	评价指标	测评结果（通过√，没通过×）	备注
判断能力			
管理能力			
交流能力			
创新能力			
其他			
教师评语： 教师签字：　　年　月　日			
成绩：		学生签字：	

表 3　单元能力测评表

单元内容　　　　　　学号　　　　姓名　　　　班级　　　　时间

关键能力	评价指标	测评结果（通过√，没通过×）	备注
其他			
教师评语： 教师签字：　　年　月　日			
成绩：		学生签字：	

第四单元　广告

案例学习与分析

宝洁品牌广告的“四大法宝”

回顾宝洁的玉兰油、SK-II 等品牌的广告宣传，不论是平面广告、影视广告还是网络广告，都长期集中优势兵力进行广告教育，坚持“数证法、对比法、专家法、人证法”的四大原则，而且“四把斧”融会贯通、合力出击，让消费者逃不出宝洁布下的天罗地网。

为什么“数证法、对比法、专家法、人证法”就能如此奏效？深入分析，我们就可以知道这四大法宝是如何环环相扣地打造出势不可挡的“宝洁气候”。

1. 解密“数证法”

列举数字、数据最容易获得消费者的信任，“数证法”的说服力有目共睹，而宝洁已将其使用得登峰造极。请看这则玉兰油清透平衡露的介绍：“清透平衡露夏天使用效果很好，特别针对油性和混合性两种皮肤，经过 4 个星期的时间，就可以使肌肤出油状况得到改善，毛孔的出油率可以降低 96%”。只要一细心就能发现，短短的一句话里，好几个数字概念让这个“平衡露”的特点一览无余，数证说服的诀窍深植玉兰油的精髓。

而玉兰油多效修复霜的杂志广告则声称：“能帮助抵御 7 种岁月痕迹，令肌肤焕发出青春光彩”，还写出了一句非常出名的广告语“1 种减退秘诀，7 种岁月痕迹”，并不厌其烦地一一列举皮肤的干燥粗糙、细纹色斑等“7 种痕迹”，把所有问题皮肤都一网打尽，试问爱美女性怎能不对号入座、慷慨解囊？

再看 SK-II“神仙水”的广告语：“使用 4 周后，肌肤年轻 12 年，细纹减少 47%”。此外，在其他产品中也时有运用。如“帮宝适”纸尿裤电视广告通过现场实验声称：“使用帮宝适纸尿裤，哪怕宝宝一晚上尿 1、2、3、4、5 次，都可以保持干爽，让宝宝安睡到天亮。”碧浪漂渍洗衣粉的包装袋上则标明：“可以去除 99.9%的细菌。”连洗发水“全新潘婷深层修护系列”在广告中也运用了数字：“防止分杈，使毛糙的头发比以前顺滑 70%。”

如此“准确”、“严谨”、“绝对”的广告语言，加上宝洁世界 500 强的江湖地位，中国消费者如何不为之倾心？

2. 解密“对比法”

“对比法”令宝洁日化线产品屡屡在市场兴风作浪，风头甚至盖过了其出色的化妆品线。就拿牙膏市场来说，近 5 年来，相信消费者对什么“打蛋壳”、“碰贝壳”、“比颜色”、“显微镜”、“专家说”等早已是耳熟能详。笔者就曾亲眼看见一个 5 岁的小女孩，振振有词地跟她妈妈说为什么要用佳洁士牙膏：“妈妈，用佳洁士，没有蛀牙！”

尤其是宝洁在与多年市场对手高露洁的竞争中，为快速争夺市场份额，屡屡使用各种对比性诉求。2003 年 7 月起，“高露洁”向中国市场推出了一款新产品：高露洁洁齿白美白液，2003 年 11 月，“佳洁士”的深层洁白牙贴也在中国问世，并打出“佳洁士深层洁白牙贴的产品效果是涂抹式美白牙齿液的 3 倍”、“……美白牙齿液往往于涂上后数分钟便被唾液冲掉而大量流失，洁白成效相对偏低”等广告语。

3. 解密“专家法”

善用专家，并通过“提出问题、分析问题、解决问题”三大步骤来让消费者信服，这是宝洁等跨国品牌在中国的一大创造。

一般来讲“专家法”是这样的：首先宝洁会指出你面临的一个问题来吸引你的注意；接着，便有一个权威的专家来告诉你，有个解决的方案，那就是用宝洁产品；最后，你听从专家的建议后，你的问题就得到了解决。

其中，这个专家一般都是属于某个特定的，虽然不是政府部门但却拥有不容置疑的权威的专业组织。在中国，拿牙膏来说，最闻名的恐怕就是“全国牙防组”了，专家的白色医护服装、鲜红的红色公章，在电视画面上让人过目难忘。

4. 解密“人证法”

“人证法”就更明白了，那就是用普通人、名人作秀，用最亲切、最动听的证人证言来描述使用前后的改变，强化效果。早在1995年，刘嘉玲结缘SK-II成为“神仙水”（护肤精华）在港台地区的广告代言人。虽然她后来遭遇尴尬的“周刊事件”，让SK-II的形象承受意外考验，但后者迅速声明不离不弃，力挺代言人渡过难关。刘嘉玲知恩图报多次公开盛赞SK-II，SK-II在关键时刻所凸显的高风亮节深受业界好评，形象危机与事件营销同步完成。为了避免产品太过高端而出现曲高和寡的局面，SK-II不遗余力地实施亲民策略，专门请中央芭蕾舞团的冯英女士量身定做了一套“晶莹芭蕾形体操”的礼物献给消费者。同期，SK-II还在《世界时装之苑》开展名为“晶莹剔透的优雅美人”的征文活动，据称各地的稿件“像雪白的鸽子从四面八方飞来”。从明星到普通女性，SK-II的“人证法”玩得炉火纯青。

（选自中华广告网）

案例讨论

（1）如何看待宝洁品牌广告的“四大法宝”？

（2）为什么“数证法、对比法、专家法、人证法”能如此奏效？

（3）这些方法是否有仿效的价值与意义？

关联知识

一、公关广告的概念

公共关系广告是社会组织借助大众传媒等方式，向公众宣传组织声誉、树立组织良好形象，以求得社会公众对其理解与支持而进行的一种广告形式。它是一种长期行为，着眼于长远利益和发展目标，力求与公众建立一种持久的合作伙伴关系。它集公共关系的特点与广告的特点于一身，是一种特殊性的新型广告形式。

中国广告业2006年的经济规模达到了1600亿，2008年将突破2000亿大关，2010年预计会成为世界第二大广告市场。

二、公共关系广告的特点

1. 以“推销”组织良好形象为基本目标

与商业广告推销产品获取直接的经济效益相比，公共广告则是以优良的手段，塑造起良好的组织形象和信誉，间接地实现让公众自觉购买组织产品和服务的目的。俗话说得好：商业广告是让大家买我，公关广告是让大家喜欢我。

2. 以持续、长期发展为着眼点

与商品广告着眼短期直接效益相比，公关广告注重的是组织发展的长远利益和发展目标。

3. 周期长、成本高

与商业广告追求制作周期短、费用成本低相反，公关广告立足于质量、信誉，追求“公众——企业——产品”的认知路线，将“公众”、“企业”放在前列，最后才是商品本身的经济价值。

商业广告：如，维维集团的广告“维维豆奶，欢乐开怀，维维集团”。

美菱集团的广告：“美菱电器，美菱集团”。

公关广告：如，太阳神集团的广告“当太阳升起的时候，我们的爱天长地久”。

邦迪的公关广告：“邦迪坚信，没有愈合不了的伤口”。

三、公共关系广告的作用

1. 扩大社会影响

公关广告通过向社会大众及时发布某社会组织的方针、政策、经营及计划，吸引广大公众的关注，创造组织的美誉度和知名度，从而提升其在社会生活中的地位，以扩大其社会影响力。

2. 争取社会支持

公关广告通过某组织对社会福利、国家发展和公众利益所做的贡献，赢得大众的广泛肯定、真诚理解与大力支持。

3. 提高公信力

公关广告对内能促进员工与组织之间的互相沟通、理解，强化组织、部门、员工之间的情感沟通，调动员工之间的积极性、协作精神，发挥各自工作的积极性、创造性和主动性，从而提高组织内外部的公信力。

4. 消除误会

公关广告能借助信息的疏通畅导，加强组织与内外部公众之间的信息沟通，化解组织与公众之间的某些误解与隔阂，增进双方之间的相互信任与友好合作关系，促成彼此的理解、谅解与信任。

四、公关广告的类型

公关广告发展迅速，范围、类型不断扩大。按照不同的标准，可将其分为不同的类型：

（1）根据传播范围，可分为国际性、全国性和地区性的广告。

（2）根据对象类别，可分为营利性、非营利性和互利性组织的广告。

（3）根据内容不同，可分为介绍、赞助、顺应、辩驳、致敬和庆典的广告。

（4）根据宣传目的不同，可分为扩大知名度、谋求理解、增强信誉和确立观念的广告。

（5）根据我国国情和现状，兹介绍几种常用的公关广告。

1. 公益广告

这是以倡导和维护公共生活秩序和公共道德准则为主要内容的广告形式，组织一般通过表现强烈的社会责任心和责任感，体现为公众服务、为社会尽责的工作宗旨，以引起社会公众的关注、好评，从而达到树立组织良好形象的目的。在当前“三个文明”的建设中，诸多组织通过开展有效的宣传，对于维护社会秩序、方便群众生活、提倡文明的良好社会风尚，促进社会文明进步有着十分重要的积极倡导作用。其内容丰富，一般包括以下三个方面：

（1）宣传文明礼貌，维护社会公德。

这类广告在一般公共场合很多，也深受公众欢迎，诸如“讲文明，讲礼貌是中华民族的美德”、“爱祖国、爱人民、爱劳动、爱科学、爱社会主义”、“吸烟有害健康”、“节约用水，利国利民”、“保护环境，造福子孙万代”、“前人栽树，后人乘凉”等。

（2）宣传计划生育，控制人口质量。

这类广告在城乡各地随处可见，因为控制人口、提高人口素质已成为我国当今十分迫切的头等大事，关系到国运兴衰，家族利益和社会文明进步。诸如“控制人口数量，提高人口素质”、“实现计划生育是每个公民应尽的义务”、“计划生育，人人有责”、“少生、优生、优育，关系到国运昌盛、家族兴衰”等。

（3）宣传交通法规，防止交通事故。

这类广告主要是交通管理部门设置的，目的很明确，防止和减少交通事故的发生，诸如“高高兴兴上班去，平平安安回家来”、“为了您和家人的幸福，请自觉遵守交通法规”、“宁让三分，不抢一秒”等，对于维护交通安全，减少和防止交通事故发生起到了一定的积极引导和疏通的作用。

2. 实力广告

这类广告是组织以广而告之的形式向社会公众展示自身组织机构的实力，如组织的机构设施、技术装备、人才阵容、生产与经营状况等，使公众对该组织产生信任感。

一般情况下，此类广告大多通过组织本身的数据、图片来说服公众，不能容忍丝毫的浮夸。

3. 赞助广告

这是社会组织凭借自身实力，以一定的经济手段积极参与社会活动，从而推动社会公益事业发展的一种广告形式。

赞助对象主要包括医疗卫生事业、教育、福利事业、体育比赛、文艺活动等。诸如中央电视台“同一首歌”——走进×××，各家赞助单位在节目结束处一一列出；社会各界对“希望工程”、“春蕾计划”的捐助等。

4. 祝贺广告

这是指社会组织对新开业或举行庆典的单位，以同行的身份刊登广告以示祝贺，一举两得。既抬高了别人，又扩大了自身的知名度。

例如，“迎客松集团热烈庆祝中国芜湖房屋装饰博览会隆重举行”、“亚夏集团隆重庆祝亚夏汽运驾驶学校落户江城长江市场园区”等。

5．辩驳广告

这是指社会组织运用一定的媒体作为载体来回答、澄清其他组织、公众的攻击、诽谤及谣言，以客观、公正的态度恢复组织形象。

例如，美的食品绝不掺杂“水”货，假一赔十。

“××”饮料中不含咖啡因，一旦发现，立即取缔，追究当事人的法律责任。

6．征询广告

这是社会组织通过征询公众意见和建议，提高组织知名度和记忆度及熟识度的广告形式。其内容一般包括组织的名称、标志、商标、品牌、对联、宗旨、制度等，借助广告向公众广泛征求意见，从而吸引公众的注意，引起公众对本组织的兴趣，树立起组织在社会上的良好形象。

例如，某自行车厂征询消费者，回收 1958 年所生产的××牌自行车。某白酒厂向消费者呼吁，寻找有一 24K 金盖的酒瓶盖，“开盖有金”，奖励 1 万元人民币等。

7．歉意广告

这是社会组织用广告形式就自身的失误、过错向公众道歉，以证明自身需要承担社会责任和有错必纠的气度与风范，争取社会各界的谅解；有时，组织又以谦虚的方式向社会公众表达本身已取得的进步、荣誉或进一步发展的意愿，这是以退为进的良好手段。

五、公关广告运作程序

1．公关广告应遵循的原则

（1）诚实守信原则

公共关系最关键的核心点就是诚信，公关广告宣传务必将实事求是作为最基本的行为准则，向广大公众传递真实情况，赢得最真诚的信赖，从而引起公众对组织及其产品的信赖、尊敬与认同。

（2）勇于创新原则

公共关系是一门与时俱进的智慧与经验交融、实践与冒险相伴的智学。公关广告正是实现这一交融、相伴的最佳手段，宣传内容、角度、手法应与时俱进，以新取胜，事事新、句句新，从而获得公众的认同，驾驭市场，吸引注意力，引导消费，实现新的开拓和成就。

经典回顾，美国可口可乐，一直以“只有可口可乐，方是真正的可乐”作为总的口号，同时与时俱进，不断推出新品，喊出响亮诱人的新口号“可口可乐令你万事如意”、“挡不住的感觉，可口可乐”。这种创新之举使其一直保持世界第一的美誉。

（3）别具风格原则

公关广告应避免千篇一律的老调重弹和亦步亦趋的拙劣模仿，应当在特定的主题之下形成企业或组织自身独特的风格，从而加深社会公众对本组织及其产品、服务价值的认同与印象。

好的公关广告会引人注目，醒目、个性、耐人寻味是关键，比如，北京同仁堂的“同修仁德，济世养生”。美国某诊所的戒烟广告，“为了使地毯没有洞，也为了使你的肺部没有洞——请不要吸烟”。

（4）服务至上原则

公关广告作为广告的一种，难免涉及组织的经济效益性，但它与一般商业广告最大的差异就在于尽力避免刻意追逐当前的经济价值，而着眼于组织的良好形象和长远利益。

服务至上是公关广告制作者务必遵循的重要原则，坚持非营利性与服务性是其基本目标。立足于维护社会公众利益，站在中立、公正的立场，尽量避免商业化运作痕迹，力求在公众中留下美好的印象。比如威力洗衣机的广告："威力洗衣机，献给母亲的爱。"海尔的广告："海尔，真诚到永远。"

2．公关广告的一般程序

（1）选择目标，确定主题

任何一项公关广告的运作，无不是针对组织的特定状况，首先选定一个明确的目标，确定切实可行的中心，采取果断的行动。

确定广告主题，是建立在对公众和市场调查的基础之上的，要求依据组织的宗旨、目标、思想、文化及发展的需要，依据公关目标与原则来确定。

一般情况下，公关广告的主题可从下面几个方面来选择：

① 以建立组织信誉为主题的公关广告。这类广告的目的主要是追求企业的整体形象，通过宣传企业的历史、现状、经营方针及服务宗旨，伴随着介绍企业的先进技术、设备和优良的环境。

② 以宣传组织经济贡献为主题的公关广告。这类广告目的是加深社会公众对组织实力的了解，反映其对国家、地区的经济发展的实际贡献，大多以一定数据来说明。诸如通过销售量和销售额指标表现企业对社会的贡献；通过市场占有率指标，表现企业产品在市场所拥有的位置；通过利润指标，表现企业对国家所做的贡献。这样就能加深社会公众对该企业的认同，增强信赖感和热爱程度。

③ 以推行公共服务为主题的公关广告。这类广告旨在通过企业的社会福利、公益和公共事业的发展所做出的贡献，扩大企业的知名度，让社会公众信任该企业的经济实力和高尚的社会风格。

④ 以追求特殊事项为主题的公关广告。这类广告一般通过某社会组织或经济组织的新址落成、周年庆典、颁奖庆功、股票发行和新品问世等提供赞助的形式来加强与社会各界的友好往来，从而引导新闻媒介进行报道、宣传，是富有创新型的公关活动形式。

（2）立足实际，找准媒体

根据自身情况，确定主题后，就要寻找媒体，而组织自身的定位是立足实际，找准传媒渠道的关键。

目前，随着科技的进步，可供选择的媒体越来越多，如报纸、杂志、广播、电视、电影、幻灯片、户外招贴画、广告牌、霓虹灯、样本、传单、小册子、包装纸、网络、手机、电话、黄页等。公共关系广告所运用的主要媒体是报纸、杂志、广播、电视和网络这五大媒体。

选择媒体的目的，就在于花有限的资金取得最大的经济和社会效益，一般要注意以下几种因素：

① 媒体的性质。要注意不同媒体的性质与特点，认真研究其传播范围、发行数额、影响力与可信度。

② 社会公众的习惯。务必充分考虑不同的社会公众，在工作职业、兴趣爱好、文化程度、知识结构和生活习惯等方面的各自特征，恰到好处地选择，有的放矢。

小常识：知识分子对报纸、杂志十分关注，青少年、儿童普遍愿意接受电视和网络媒体，农民兄弟则喜欢收听广播。

③ 广告目标的要求。企业在选择广告媒体时，务必要考虑广告目标与企业社会活动、经济活动的结合点，求同存异、弃异趋同。

例如，某新建企业要举行开幕式，广告目标是提高企业知名度，公关组织就应当为其选择时效性强、辐射面广的当地报纸、广播和电视等媒体。如果企业参加某项重大社会活动，广告目标是提高美誉度，就应当选择精当的印刷品，发布有关企业历史、现状与未来的广告，确保语言流畅、图文并茂。

④ 企业实力状况。不管是采用媒体制作公关广告，还是通过参与赞助、捐赠等社会活动制作公关广告，都要支付相当的费用。作为企业应量力而行，不能好大喜功，否则会劳民伤财，被逐步拖垮。诸如秦池集团、爱多集团等折戟央视标王之争的例子让人触目惊心啊！

（3）把握时机，果敢出击。

在确定主题、选准媒体后，公关人员就应当审时度势，在“万事俱备，只欠东风”时，要敏锐观察、抢抓机遇、瞄准时机，主动、果断策划、行动，求得公关广告的最后出炉、横空出世、举世瞩目、赢在今朝。

名家点拨：

① 凭借组织各种纪念日发布公关广告。

② 配合国家重大节日和喜庆日子发布本组织的恭贺信息。

③ 妙用举办活动时机发布企业形象广告。

④ 依据组织取得重大业绩来发布企业形象广告。

六、公关广告策划

公关广告策划的基本要求

（1）实事求是，以真实事实为依据，始终遵循客观事实的本来面目进行策划宣传，谨慎处理相关技术数据，少用“全国第一”、“亚洲首位”、“誉满全球”、“引导世界新趋势”之类的含有浮夸之嫌、易引起人们反感的字眼。

（2）遵章守制，无论在何种情况下，均要遵守国家法律规章，更要注重符合社会主义的道德规范，伤害民众道德情感的思想行为均应禁止。

（3）构思新颖，创意新巧，想人之未想，道人之未道，创造出构思独特、简洁完备、时时出新的新思想、新理念、新观念、新方式。“语不惊人死不休”、“一语天然万古新”。

（4）立意深刻，除去简陋直白的浮浅之语，道出深含的创造之意，让公众最易接受、启迪最深，感知到组织的群体精神及强大的凝聚力。

七、公关广告的制作

公关广告的制作是在调整创意的基础上，根据对象的实际状况，通过广告的表现手法和技巧，将广告内容完整、全面地表现出来。

1. 拟制公关广告制作方案

制作公关广告首先应该具备公关广告计划书，这有利于广告制作者了解创意者的意图，进一步调整广告的思路，使广告真正反映原创的思想、理念，选择有效的途径并借助相关媒体发布出去。

一份标准的公关广告计划书包括下面几方面：

（1）封面

① 计划书名称。

② 计划客户。

③ 计划者。

④ 计划日期。

（2）目录

（3）正文

① 前言。

② 企业形象的现状。

③ 公众分析。

④ 企业形象问题点与机会点。

⑤ 企业形象定位。

⑥ 企业形象设计建议。

⑦ 广告表现。

⑧ 媒体策略。

⑨ 经费预算。

⑩ 效果预估。

⑪ 附件（广告草图或CF脚本）。

2．广告文案的创作

（1）广告标题的创作

① 新闻式。这类标题在广告开头直接发布最近发生的事，引人关注。

“热烈祝贺中国建设银行隆重上市，存款突破1000亿”、“中国品牌排行榜出炉，青岛啤酒属酒类企业前列”、“最新消息，××产品被评为国家质量免检产品”。

② 建议式。这类标题针对消费者的不确定性心理，提出某种合理的建议，促使公众去思考，具有晓之以理、动之以情的双重功能。

“为了您及家人的安全，请不要酒后驾车”。

③ 设问式。这类标题通过提问吸引公众注意，又通过回答来向公众宣传、灌输某种思想、意图。

“孩子缺钙怎么办？请喝盖中盖”。“中原之行哪里去？郑州亚细亚”。

④ 对比式。这类标题通过将宣传的商品与同类其他商品进行比较，来突出该商品的特殊性，加深公众的印象。

⑤ 告诫式。这类标题运用科学、坦诚、严肃、认真的态度，从反面来说服公众，引起极大关注。

“80%的人脸部患有螨虫病”！

⑥ 诉求式。这类标题往往采用劝勉、嘱托、希望、劝诫等口气，目的就是要促使人们立即采取果断、迅捷的行动。

“只要您拨打电话×××××××，其他的事就等我们来做吧”！“亚运在我心中，凯歌为您服务”。

⑦ 宣言式。这类标题是向公众直截了当地宣布某项重要的事实。

“志高空调获中国品牌奥斯卡年度奖”（2006 年度）。“中国联通庆祝公司成立十五周年，向老客户赠送××手机”。

⑧ 炫耀式。这类标题是表现广告主向公众展示自己产品的优越精美之处和对自身产品的自觉尊重态度，引起社会公众的关注、青睐。

“三源美乳霜，做女人挺好”。“奥妮洗发水，黑头发，中国”。“没有最好，只有更好——澳柯玛”。

标题制作的方式举不胜举，但基本要求是：

a．醒目；b．动人；c．联想；d．简洁；e．健康；f．忌双关、典故、晦涩。

（2）广告正文的创作

正文是广告的主体部分，公关广告所要表达的一切思想都融汇其中，正文在广告中所起的作用是巨大的，介绍、推荐产品，树立光彩动人的形象，推动公众喜爱并产生购买意愿。正文与标题之间是相辅相成、水乳交融的关系，标题吸引注意力，正文进行加强说服力；标题提出疑问，正文回答问题，解释疑难；标题充当广告先锋队，正文就是广告大本营的主力部队。

广告正文一般由“起、承、转、合”四个层次组成。起，即开头的话，要在标题与正文之间起桥梁作用。承，即阐述广告主题和提供产品论据的主要部分，要准确阐明产品及服务的品质、特色和优点等。转，即主体与结语之间的衔接，要承上启下，顺利过渡到结语部分。合，即将文案的所有内容归纳于一个终结点之上，推出一个道理或结论，促使消费者采取购买行动。

① 正文写作要求。

a．突出重点。广告正文的主要任务是展现广告主题，一般情况下，一则广告最好只有一个主题，即突出说明组织或商品的主要特点，向公众奉献出产品所给予公众的相关利益点。

b．生动有趣。广告正文要说理，但是广告要吸引人就要讲情，正文表述力求生动、别致、形象、贴切，使广告具有趣味性和人情味。广告上下文要按照组织或商品的特点、广告心理、广告策略等相关因素，可采用叙事、说明、论理等方式，或运用诗歌散文、戏剧、说唱、警句等多种创作体裁，以增强广告的感染力和说服力。

c．简洁明晰。尽管广告标题要醒目简洁，但正文也应当与其相呼应，尽可能做到浅显易懂，口语化、通俗化，用最精当的文字说明、阐释尽可能多的含义。要开门见山、一针见血，力戒烦琐拖沓。长短应根据产品性质来决定，有些消费者已基本认识了解了该产品，广告正文就要简洁有力；对于尚未面世的新产品、新技术，广告正文就应当详尽全面。无论长短，正文写作均应达到长而不拖沓，短而不晦涩的实际效果。

d．诚实可信。广告正文，无论用何种体裁、方法和技巧，正文内容的事实应确凿有据，多为消费者着想，对社会负责，切忌主观臆断、无中生有和夸大其词；科学的态度是实事求是，一切从客观实际出发，所有数据应准确核实，一切承诺均应兑现，从而真正树立起诚信的口碑。

② 正文的写作。

a．公告式。这是一种常常采用的应用文体的形式，用简洁的语句将广告的项目、事由、条件、注意事项等说明清楚。常用于企业招聘广告、学校招生、企业更改名称和地址启事、开业庆典、业务活动海报和道歉声明等。这种形式的广告，要求以事实为依据，文字简明，具有新闻性。

“长虹：以产业报国，以民族昌盛为己任”。

b．描写式。逼真的描绘与摹写，使其有声有色、有形有情，在消费者脑海中留下难忘而深刻的印象。“明基笔记本：魔鬼的外在，天使的内涵，还犹豫什么”？

c．幽默式。采用幽默的笔法、俏皮的语言，把本来单调枯燥的内容写得别开生面、富有情趣，在轻松逗乐的气氛中宣传产品及服务，让消费者在愉快的笑声中快乐地接受。

“提神醒脑，喝七喜”。

d．诗歌散文式。用诗、散文的形式宣传广告产品，想象丰富、情感浓烈、语言优雅、意境优美，效果亲切感人，通常是高品位广告的常用形式。

“中国联通，情系中国结，联通四海心”。

e．曲艺式。用曲艺——生动活泼的说唱艺术，文字、音乐、表演相结合，借曲艺演员之口，把商品或劳务的特征生动形象地表现出来，收到良好的艺术效果。

f．证明式。由证人出面，凭借亲身体验发出议论、感叹和评价，从而实现广告的目的。例如，“万家乐”牌热水器请香港明星汪明荃做证言人：“告诉你吧，我用过很多热水器，万家乐是最好的”。

g．说明式。这类广告以人们对事物的理性认识规律为基础，或平铺直叙地介绍产品的功能和特点，或用逻辑推理的方式阐明事理，来说服人们购买。这种方式是重事实、重论证、重证据，不加任何虚构的修饰。其魅力在于其本色，往往能俘获公众的注意力。

“西门子冰箱：0℃不结冰，长久保持第一天的新鲜”。

八、公关广告效果的检测

检测公关广告效果是至关重要的最后一个环节，通过科学的方法准确检测广告的效果，发现问题和不足，以便今后不断调整、改进，做得更加尽善尽美。

公关广告本身效果的检测主要以广告的视听率和产品的知名度等因素为测定依据。主要的测定内容包括视听率、记忆率、注意度、理解度和知名度等。主要的测定方法有随机抽样法、座谈法、观察法和填表法等。

公关广告销售效果的测定，尽管公关广告对产品销售的直接促进效果不是很明显，但也可采用销售效果的测验方式，对其进行某些定量的效果测定。

通常的测定公式如下：

广告效果＝好感公众增加数/公关广告费用增加数×100%

广告效果＝市场占有率增加数/公关广告费用增加数×100%

广告效果＝销售额增加数/公关广告费用增加数×100%

公关广告注意率和认知率测定，可采用下列公式：

注意率＝（似乎看到报刊（电视）广告的人数＋确切看到的人数）/阅读总人数×100%

认知率＝认知广告名称的人数/广告节目收视、收听的人数×100%

实践与评价

1．能力训练

（1）案例分析。

《益生堂》案例 2000 年在首届中国企业著名策划案评选活动中荣获“中国十大策划案”。

益生堂三蛇胆胶囊为除痘保健品。它在 1997 年保健品市场泛滥、普遍销售低潮的环境下脱颖而出，成为华南市场保健品的新星，其年销售额近亿元。

这是一个小预算、大手笔的经典策划案例。其成功之处在于：完整地运用了整合营销策略，通过市场调查开始以准确的市场定位推出了广告“战痘的青春”系列，结合巧妙的“资料曝光”、

“投保 1000 万元”公关活动，迅速崛起。其完善的销售管理工程的导入亦为其长久发展奠定了基础。益生堂三蛇胆胶囊的广告、公关、促销创意及表现影响深远，仿效者众多。

“每粒胶囊必含一粒蛇胆”、“1000 万投保产品质量险”及“慰问交警、升国旗”等系列整合行销的运用，更是石破天惊，在传媒界产生轰动，为保健品市场营销的新发展拓展了空间。

① 你认为以上的分析正确吗？为什么？

② 你认为还有更好的策划吗？为什么？

（2）比较题。

① 试比较公关广告与商业广告的区别。

② 公关广告正文的写作哪种方式更好？

2．测试题

（1）简述公关广告的含义、特征。

（2）如何撰写公关广告稿？

（3）怎样才能对公关广告的效果进行较为科学、客观的检测？

3. 单元评估

表 1　单元课程评价表

单元内容　　　　学号　　　姓名　　　班级　　　时间

1. 本单元最有价值的内容是：
2. 以下问题需要进一步了解或得到指导：
3. 教师讲授的思路是否清晰？教学态度如何？
4. 教学方法对你的学习是否有帮助？
5. 你的学习计划是否完成?
6. 教学目标是否达到?
7. 对于教学有何建议?
学生签字： 组长签字： 学习委员签字： 教师签字：

表 2　基本能力测评表

单元内容　　　学号　　　姓名　　　班级　　　时间

基本能力	评价指标	测评结果（通过√，没通过×）	备注
判断能力			
管理能力			
交流能力			
创新能力			
其他			
教师评语： 教师签字：　　年　月　日			
成绩：		学生签字：	

表 3　单元能力测评表

单元内容　　　学号　　　姓名　　　班级　　　时间

关键能力	评价指标	测评结果（通过√，没通过×）	备注
其他			
教师评语： 教师签字：　　年　月　日			
成绩：		学生签字：	

第五单元　推销

案例学习与分析

刘亭开设了一家风景服务公司，他在5年前涉足此行业，开始时的主要业务是修理草坪、修剪花草树木、除草，以及收拾花园等。第2年，他开始从事草坪以旧换新业务。第5年，刘亭风景服务公司终于应运而生。该公司以服务优质且快捷而著称。客户反映尽管工作不错，但收费太高了。

吴军一家刚刚搬入一幢价值225,000元的房子，占地1/4亩，但地面潮湿，还有沙土，仅有的几棵树也太高太老，快要枯死了。吴军已经给刘亭打电话询问这一服务，他们星期五下午见了面。

星期五的首次会面：

刘亭：下午好，吴军先生，我是刘亭。

吴军：下午好，这是我夫人，海子。

刘亭：见到您真高兴，吴夫人。

吴军：我们久闻您在此行业的大名。

刘亭：我以我们的优质服务为荣。在城里，我们的杰作随处可见。

吴军：我们已见过了几处，很满意。

刘亭：现在让我们谈谈您的住宅吧。您希望我做些什么？（刘亭和吴军在住宅周围转了几圈，吴军就这所宅子谈了自己的几个想法。）

刘亭：（参观后）我有一个好主意，我现在想好了一个大体框架，最好另找时间咱们谈谈。您看下周三的晚上怎么样？

吴军：星期三很好。

下周三的第二次会面：刘亭与吴军寒暄几句，便步入正题。

刘亭：我现在有几张草图。

吴军：您能解释一下吗？

刘亭：您的房子太漂亮了，您和夫人一定为之骄傲。

吴军：是的。

刘亭：为了更完善一些，您必须有一个漂亮的环境，草坪、灌木丛、花卉和树荫。我建议您不用4英寸厚的填土，而是直接从附近庄园引入一层2英寸厚的沃土，并种植那里的兰草。这虽然贵了一些，但您今年夏天就有漂亮、迷人的草坪了，如果让我们撒种，那要花很长时间（又做了其他解释）。就这些，您的意见如何？

吴军：听起来不错，要多少钱？

刘亭：我们的服务将一直延续2年。全部费用要10,000元。

吴军：10000元！太贵了。我们两年前只为这块空地花了3500元。

刘亭：看起来贵了点，但是，我们还要向您提供2年内的各项配套服务，如种植灌木，养护等。

吴军：我们也与其他几家风景公司谈过，价格比您便宜。

刘亭：如果那样的话，我们也可以做到，帮您植草、翻土、种树，直到草坪变绿，那要用约 1 个月时间，只需 3000 元。但是以后的事情我们就不负责了，据经验，有一些草坪挺好，但有的会出问题。

吴军：我也明白，3000 元和 10000 元的服务会大不一样，我只是在想，为了那些服务差异而多花 7000 元是否值得？

刘亭：让我们回顾一下那些差异。首先，地皮是全套的优质地皮，来自附近庄园，每一棵灌木都精心挑选，放在合适的位置，有一些是常青的，有一些是四季变化的。这样，您的花园便四季如春、景色各异。另外，每一棵树都是不同类型的，有两棵 20 英尺高，1 年后便可有树荫。另外，我们在 2 年内为任何死去的草木免费更换，如果按照便宜的价格，您得到的只不过是一个绿草坪，一点灌木，几棵小树。但多花一点钱，便可迅速拥有一所豪华宅院。

吴军：听起来真是不错，但我还是不知那多花的 7000 元是否合理，我要等我夫人下周回来，同她商量。

（根据中国营销网等资料改写）

案例讨论

（1）你认为刘亭做成这笔生意的机会有多大？

（2）刘亭的陈述有哪些不足之处？

（3）刘亭的优势何在？

（4）如果是你，请设想在下一次会面时，你该怎样达成这笔生意？

关联知识

推销的程序及技巧

推销是一种以最方便、最吸引人的方式向潜在的购买者介绍产品的艺术。在消费者决定市场推销的今天，应该是顾客喜欢什么就推销什么。但搞市场推销主要不在于卖什么，而是在于怎样卖。推销的方式不同，效果也就会有所差别。买卖的成功是双方的行为，只要不欺诈顾客而又能使推销成功，各种技巧都是可以尝试的。

推销过程也就是推销双方通过协商洽谈，以解决彼此的分歧，劝服对手，维护各方的原则立场与利益要求，达到预期的推销目标的行为。

一、推销的常见方法

1．自我推销法

所谓“自我推销法”，就是推销员把自己融入推销之中，以建立自己与顾客融洽的人际关系为基础的推销法。推销员要做到“自我推销”，就要注意对自己能力的锻炼，平时就要注意人格、道德和知识方面的能力训练。

2．公关推销法

公关推销法的特点在于善于捕捉机会，而后大肆渲染，制造轰动效应，引起公众关注，从而推动并促进销售。值得指出的是，机会可以人为地创造。在推销中，攻心为上。公共推销法若运用得当，要比简单直白的推销方式更加巧妙，也更具威力。

3．展示推销法

展示推销法的主旨就是力图让消费者亲眼看到、亲耳听到、亲身感受到商品的精美和实用，把商品的特性尽善尽美地表现出来，以引起顾客的兴趣。

4．替商品说好话

商品最怕客户找到致命的缺点，推销员为了掩盖商品的缺点，必须为商品多说好话。要为商品多说好话，推销员就要强调推销商品的特色与优点，以提升客户对自己商品的认同。当客户发觉自己推销商品的缺陷时，推销员要避重就轻，引导顾客忘记商品的缺点，而且在推销中，推销员还应投向顾客的喜好。当然，这里的缺点不是事关商品质量的大问题，否则，推销员要诚信告之。

5．利用满意顾客群

利用满意顾客的客户群来推荐更多新的客户，是推销过程中最有效的方法之一。使用这种推销方法，推销员应该牢记：既要找出优秀的推荐人，又要找出具有购买潜力的客户，而且不要按推荐人所促成的实际销售额来奖励推荐人。

6．打破心墙的技巧

先把隐藏在客户内心的“砖块”拿掉，他才会安心地与你商谈。这里的“砖块”主要指的就是客户对推销员的不信任或对推销行业一直存在的偏见等。推销工作的顺利与否，其前提就是要消除这种不信任和偏见，然后有创意、有人情味地开展推销活动。

二、推销的程序

现代推销的四大法则是唤起注意、激发兴趣、陈述事由和促成交易。其实这也就是对推销程序的简化总结。具体推销的程序如下：

1．推销准备

销售人员每次拜访客户之前，一定要做好准备工作，特别是首次拜访一个新客户更要做好准备工作。拜访客户前，应确定拜访应达到的目标，首先要设法达到最重要和最容易达到的目标。拜访前，一定要周密地做好出访前的各项准备工作，学会拜访客户的程序与步骤。

这主要包括三个方面：第一是推销员的自我准备；第二是推销员充分认识自己推销的产品；第三是对顾客做好应有的准备。每一位推销员都应该在推销前做好这三方面的准备工作，以便做到心中有数，稳操胜券。

2．访问顾客

（1）拟定计划。积极、充分的计划是指心理上的和物质上的计划，包括业务员的仪表、谈吐、销售客户的分类、行动路线的确定、拜访频率的设立、销售的目标、步骤，客户的资料、竞争对手的资料，拜访时间的约定、拜访用品的准备，以及在拜访过程中可能出现的拒绝或异议的应对手段等。这些内容，不仅需要业务员在头脑中有清楚的认识，更应在笔记本上记录下每天不同的目标和结果，做好细致的工作，这样一份实用的行动计划书也就不难得出，成功的出访就开始了。

选择好当天或第二天要走访的具体顾客，确定已联系好的顾客的访问时间与地点，拟定现场作业计划，准备推销工具。第一次拜访客户非常关键，首先要准备好8种材料：名片、公司简介、产品简介、样品、价格单、促销方案、公司的销售政策、服装。

（2）约见顾客。一般初次拜访客户要达到的目的是：引起客户的注意、激发客户的兴趣、赢得客户的满意。可以通过电话、信函、访问等方式约见顾客。

（3）介绍产品。在初次与客户洽谈业务时，有利的一方是客户，这时要争取保持洽谈平衡才能推进销售工作。这时推销员一般要先介绍自己的公司，再介绍自己，再说明为什么来访。要小心谨慎地准备，陈述要有条理，认真地倾听，在谈话时尽量使客户产生兴趣，注意推销谈话的细节，密切注意顾客的反应，用词要简单率直、易懂，谈话内容要丰富，不要打断别人的谈话。

（4）激发购买欲望。当顾客开始注意到你和你的产品时，下一步要做的是快速把握顾客的兴趣集中点，然后重点示范给他们看，以证明你的产品可以解决他们的问题，适合他们的需求。然后开动脑筋，迅速而准确地把握住顾客的心理，在适当的时机点破顾客的疑虑。这里包含一些重要技巧：

① 与客户初步接触的技巧。接近顾客，是销售人员面对顾客展开商品销售工作的重要开端，同时也是下一步进行说服销售的过渡阶段。首先要唤起顾客的注意。顾客注意的产生有两种原因：一是顾客有需求；二是推销刺激。一般顾客有需要是产生注意的决定性因素，不能盲目刺激。要了解顾客，针对其需求、爱好、性格特点来刺激其购买欲望。

推销人员必须使自己谈话的内容具有针对性，才能够吸引顾客。对一般顾客讲话要切忌专业化和学术性；而对专业技术人员，讲话时应突出专业知识，以使顾客产生良好的心理效应。接近顾客的技巧，主要可以参考以下几种方法：

a．直接接近法。由推销人员直接上门，将自己及其要推销的产品介绍给顾客。这种方法直截了当，只要商品富有特色、货真价实，往往很容易吸引顾客，达到推销目的。

b．馈赠接近法。推销人员利用馈赠礼品的方法以吸引顾客，引起顾客的注意。赠送礼品时要注意礼品与自己销售的产品有联系，让顾客试用而唤起其注意。如果没有与产品相关的赠品，可赠送有纪念意义的小物件，如笔记本等。

c．展示接近法。销售人员通过对商品的展览、演示，以引起顾客的注意与兴趣。例如，销售人员可以将要推销的产品或用模特或用陈列的方式展现于顾客的面前。

d．利益接近法。销售人员利用购买商品可以得到的益处或实惠去打动顾客，以引起顾客的注意与兴趣。以实际利益去接近并打动顾客，往往是颇为奏效的重要手段。

e．奇疑接近法。销售人员利用顾客的好奇心理，用一些异乎寻常的疑问，来引起顾客的兴趣与注意。

f．搭讪接近法。推销人员利用各种借口跟顾客接语搭腔，以接近顾客。无论对方是否愿意，都可以随着回话接着交谈。

② 说服销售技巧。说服销售是推销人员运用各种方法去努力劝说顾客购买的过程。这个阶段的关键，是销售人员必须设法让顾客能比较迅速地认识商品，诱发并刺激顾客的购买欲望。

在这一阶段，首先，推销人员应推销自我，给顾客留以好的印象，让顾客产生信任感；其次，要让顾客接受你的推销观念，尽量弱化顾客的价值观、思维方式，这样才能排除顾客接受新观念的障碍；再次，向顾客广泛介绍与产品相关的生活、生产知识，能加强顾客对产品的认识能力；此外，向顾客宣传企业文化，在顾客心中树立企业良好的形象，使顾客从情感上对企业有认同感、归属感、信任感，这是企业推销产品、扩大产品影响力的基础；最后，推销人员应把握交易时机，操之过急容易给顾客造成较大的思想压力而使交易失败；贻误时机也会给企业带来重大损失。

说服销售成功的关键在于销售人员的良好态度。积极、诚恳的态度有助于增强顾客对销售人员的信任感，增强顾客的兴趣。态度技巧方面除了要善于聆听，还要保持友好的气氛，帮助顾客出主意，以及体谅顾客。但说服销售时要注意：不要没完没了地说个不停，同时还要注意察言观色。

在与顾客面谈时还要注意语言和非语言上的一些技巧。首先，要有“三心”听顾客的需求和意见：耐心、虚心、会心。其次，要注意选择好的开头——问候与寒暄，中间也要注意运用日常文明用语以及语言的技巧，如直言、委婉、模糊、反语、沉默、自言、幽默和含蓄，以拉近距离。再次，要注意非言语的沟通作用，如目光、衣着、姿势、声调、礼物、时间和微笑等。

3. 终结成交技巧

在实际进行的、具体的推销工作中，出于各种自我保护的心理，顾客通常不会主动地提出成交，即使心里很希望成交，也不愿首先提出成交。这就需要作为推销主体的推销人员，必须敏锐地捕捉到顾客自觉或不自觉地表露出来的某些成交意向。推销人员应不失时机地运用适当的推销策略与相应的语言技巧，促成销售，实现成交目的。顾客购买激情或成交机会的到来常常伴随着一些信号和迹象，以各种方式流露出来，可能表现为动作、表情、评论或提问等。

（1）表情信号。顾客频频点头，对你的介绍表示满意；或者紧锁的双眉分开、兴致盎然。

（2）动作信号。本来紧张的双手放松；耸起的双肩放松下来；向你靠近，探过身来；拿起或触摸订货单。

（3）提问信号。询问订货期和连带服务；询问价格或试探最大的折扣限度；询问产品质量的细节问题，对质量或细节问题流露出关切之情；询问产品使用、保养和维修方法。

（4）评论信号。“我正在寻找这样的产品”！“这正是我所需要的”！

当出现了有利信号，就要抓住时机、促成交易。可以直接要求订货，也可以试探摸底性地要求订货。当谈判成交出现价格或其他条件上的分歧时，暂时退却和做出妥协是促使交易成功所不可缺少的策略。

达成交易的瞬间，是推销过程中关键阶段的关键时刻，推销人员要注意在面对成功时，神情自然、见好就收、切勿拖延。如果最后不能成功，也要留下后路，总结教训。

4. 处理异议

当销售人员努力施展各种推销手段来极力推销自己的产品时，部分顾客却极有可能在不屑一顾的神情中迎头泼上一盆冷水，对其所推销的商品提出这样或那样的不同意见。这是正常的现象。准顾客对推销员所说的持不明白、不同意或反对的意见，推销员不但要接受，更要欢迎，因为它可以告诉你继续努力的方向。

通常异议有两种分类方法，以及相应的排除对策。

（1）4 类异议。误解、拖延、价格、怀疑心理。当顾客对产品、企业或销售人员存在误解而不愿购买时，推销人员要着重于澄清误解。如果澄清之后顾客仍然不买，可能顾客是在拖延，你要通过提问探索其拖延的真正原因，例如问客户：“您还有什么疑问？或许我能帮助您。”对价格有异议的可能是最难对付的异议，如果顾客有怀疑心理，争取信任、拿出证据是关键。

（2）6 类异议。不需要、对产品不满、对价格不满、对企业不满、对推销人员不满和不想马上购买。

① 不需要。遇到这种异议，你必须检讨自己的介绍有何不足，或通过提问检查你的介绍出了什么问题，并进行补充介绍。必须尽力说服，使其相信尽管以前他不曾想到自己有这种需要，但现在情况变了，生活水平提高了，工作节奏加快了，再没有就不方便了等。

② 对产品不满。关键的办法是提供证明，用证据说明产品的优点和长处。另外也可能需要使用对比方法去说服顾客。

③ 对价格不满。这时首先设法探索“价格太高”异议后面的真正原因，然后有针对性地进行说明。下面是一些典型的应答语：

我们的产品强调高质量，而不是价格，为了保证高质量和企业的竞争地位，价格难以再降低；

我很珍视这笔生意和我们的合作关系，我们再看看是否能为你节省些钱，您想在我们的产品里可以减去哪些项目，以便能满足您的要求；

如果您订货批量大，我们可以做些让步。

④ 对企业不满。对这种不满，推销人员一定要态度诚恳地向顾客证明，情况已经改善，今后不会再有类似的情况发生。扭转顾客的印象，只有不厌其烦地拜访和证明，应相信坚持不懈的努力一定会使顾客回心转意。

⑤ 对推销员不满。这就要求推销员提高自身素质，如果实在不行，可以另换一个推销员前去拜访。

⑥ 不想马上购买。就是刚才所说的拖延。

排除异议一般要对异议表现自然，避免争论，提供证据，实事求是地说服顾客。

5．建议成交

首先要寻找顾客的购买信号，有时顾客自己也许没有强烈感觉到或不愿意承认自己已经被你说服，但他的语言或行为会告诉你可以和他做买卖了。推销员要准确把握时机。顾客没有发出购买信号就说明你工作还没有做到家，还应该进一步刺激而不宜过早提出交易。找到合适时机便可立即建议，令顾客自动说出要买你的商品。交易顺利达成，千万不要让顾客感觉出你的态度开始冷淡。一定要让顾客记住你的情义，感到购买你的商品是明智的决定。一旦交易不成，也要做到“买卖不成人情在”，以备下次再访成功。

6．售后管理

（1）客户跟踪与管理。

推销员与顾客成交签约后，并不意味着推销活动的结束。成交后，推销人员必须及时履行成交协议中规定的各项义务，及时处理各种问题，回收货款及收集顾客反馈意见并对客户资料进行收集、归类和整理，与客户经常沟通与联系，不断改进对客户的服务方式和服务内容。这一阶段推销人员与顾客仍需要保持紧密的联系，最终目的是为了提高客户的满意度和忠诚度，建立并不断扩大稳定的客户队伍。

（2）产品的售后服务。

交易成交只是顾客与推销员之间达成的协议，顾客的真正满足，则在最后的售后服务上。谁为消费者提供良好的服务，谁就能卖得多、卖得快，谁就占有市场优势，赢得更多的“回头客”。因此，做好售后服务工作关系到推销员的成功绩效，关系到企业的信誉和竞争能力。售后服务包括送货服务；“三包”服务，即包修、包换、包退；安装服务；产品包装服务。

要做好售后服务就应当与你的客户保持经常性的联系，将与他们有关联的消息不断地传递给他们，也包括坏消息。绝大多数客户都是通情达理的，他们也知道有些事不是你或你的公司能够控制的，他们往往会感激你及时向他们通报，并且欢迎你的坦诚。

销售人员绝对不能使顾客中的任何一个人产生购买后的不满意，否则后果将不堪设想。售后面对顾客的投诉和抱怨，首先要了解客户不满时想得到什么：受到认真对待；有人聆听；对问题的处理有紧迫感；立即见到行动；获得补偿；得到被感激的态度。其次，如何处理客户的投诉和抱怨：要礼貌地对待客户；鼓励客户讲话；留心听取客户意见；避免争吵；对给顾客带来的不便致歉；表现出一种渴望让对方满意的真诚；立即采取行动解决问题；记下无法解决的问题并告诉客户将向公司汇报；向客户表示感谢；做客户的拥护者；在现场的处理原则为仔细聆听，大事化小、小事化无。

实践与评价

1．能力训练

（1）案例分析。

30天提高记忆商数18.52——脑灵通

脑灵通为广州轻工研究所研发的健脑保健品，我们对它的策划成功之处在于大胆走出常规的健脑益智产品的做法，走细分市场之路，避开当时强劲的对手（脑轻松），集中火力攻打考生市场，与对手打贴身战，巧妙地夺取了市场份额。

此整体策划分三个阶段在考生中进行推广：首先，以“30天提高记忆商数18.52”为利益承诺点，并借此推出“脑灵通成龙工程”，一举打响脑灵通的知名度。其次，加强产品与考生、考生家长之间的沟通，使产品具有亲和性，使消费者与购买者对产品产生好感。最后，以证言式、新闻式广告出击，给考生信心，为考生加油！

不到3个月，脑灵通从一个新品牌快速成长为市场的竞争品牌，一段时间内使脑灵通成为广州、深圳两地指名购买率最高的健脑产品，销售回款（深圳、广州）倍增。

（根据中国营销网等资料改写）

① 从公关广告角度分析这一案例成功的原因。

② 如果让你重新策划，请列出新方案。

（2）比较题。

① 试比较自我推销法与公关推销法的优点。

② 直接接近法与馈赠接近法在与客户初步接触中应如何运用？为什么？

2．测试题

（1）简述推销的程序。

（2）如何替商品说好话？

（3）怎样才能做好推销工作？为什么？

3. 单元评估

表 1　单元课程评价表

单元内容　　　　　　　学号　　　　姓名　　　　班级　　　　时间

1. 本单元最有价值的内容是：
2. 以下问题需要进一步了解或得到指导：
3. 教师讲授的思路是否清晰？教学态度如何？
4. 教学方法对你的学习是否有帮助？
5. 你的学习计划是否完成？
6. 教学目标是否达到？
7. 对于教学有何建议？
学生签字： 组长签字： 学习委员签字： 教师签字：

表 2　基本能力测评表

单元内容　　　　学号　　　　姓名　　　　班级　　　　时间

基本能力	评价指标	测评结果（通过√，没通过×）	备注
判断能力			
管理能力			
交流能力			
创新能力			
其他			
教师评语： 教师签字：　　　　年　月　日			
成绩：		学生签字：	

表 3　单元能力测评表

单元内容　　　　　学号　　　　姓名　　　　班级　　　　时间

关键能力	评价指标	测评结果（通过√，没通过×）	备注
其他			
教师评语： 教师签字：　　　　年　月　日			
成绩：		学生签字：	

第六单元 CI 策划

案例学习与分析

国内外 CI 策划之经典广告语

人头马 XO：人头马一开，好事自然来。

尊贵的人头马非一般人能享受得起，因此喝人头马 XO 一定会有一些不同的感觉，因此人头马给你一个希望，只要喝人头马就会有好事等着到来。有了这样吉利的“占卜”，谁不愿意喝人头马呢？尤其是那些尊贵的人，更是深信不疑。

德芙巧克力：牛奶香浓，丝般感觉。

之所以够得上是经典，在于那个“丝般感觉”的心理体验；能够把巧克力细腻滑润的感觉用丝绸来形容，意境够高远、想象够丰富。充分利用联想感受，把语言的力量发挥到了极致。

英特尔：给电脑一颗奔腾的芯。

英特尔公司的微处理器最初只是被冠以 X86，并没有自己的品牌。为了突出自己的品牌，从 586 以后，电脑的运行速度就以奔腾多少来界定了。据说英特尔公司为了推出自己的奔腾品牌，曾给各大电脑公司 5%的返利，就是为了在他们的产品和包装上贴上“intelinside”的字样。而“给电脑一颗奔腾的芯”则一语双关，既突出了品牌，又贴切地体现了奔腾微处理器的功能和其澎湃的驱动力。

丰田汽车：车到山前必有路，有路必有丰田车。

20 世纪 80 年代，中国的道路上除了国产汽车就只有日本的进口车了。丰田汽车作为日本最大的汽车公司自然在中国市场上执牛耳，而这句精彩的广告语则很符合当时的情况；巧妙地把中国的俗语结合起来，体现出自信和一股霸气，且朗朗上口。如今，丰田汽车恐怕已经不敢再这样说大话了，但很多中国人还是记住了这句广告语。

金利来：男人的世界。

金利来的成功除了有一个好名字外还在于其成功的定位，他们把自己的产品定位于成功和有身份的男士，多年来坚持不懈，终于成为了男士服装中的精品，而这句广告语则画龙点睛般准确地体现了金利来的定位和核心价值。

沙宣洗发水：我的光彩来自你的风采。

沙宣是宝洁公司洗发水品牌中的后起之秀，他们请来国际著名美发专家维达 · 沙宣做自己的品牌形象大使，并用维达 · 沙宣本人的名字作为品牌，从而树立起专业洗发、护发的形象，而“我的光彩来自你的风采”则有画龙点睛之感。

飞利浦：让我们做得更好。

飞利浦在家电领域取得的成绩有目共睹，而且成为了世界 500 强中盈利最多的电器集团。然而，飞利浦在广告宣传中除了不断强调自己创新的技术外，还从不忘记谦虚地说一声“让我们做得更好”。这种温柔的叫卖似乎更容易赢得国人的认同，难怪当年的爱多会搬出一个东施效颦版的“我们一直在努力”。

李维牛仔：不同的酷，相同的裤。

李维牛仔是世界上最早的牛仔裤品牌，一直以来都以个性化形象出现，在年轻一代中，酷文化似乎是一种从不过时的文化。李维牛仔裤就紧紧抓住这群人的文化特征以不断变化的带有“酷”像的广告出现，以打动那些时尚前沿的新“酷”族，来保持品牌的新鲜和持久的生产力。

案例讨论

（1）这些企业产品的 CI 策划的成功说明了什么？

（2）从现代 CI 策划角度对其广告语进行分析，亮出你的见解，并说出理由。

关联知识

CI 战略设计的内容

一、理念识别系统（MI）

1．含义

理念识别是企业识别系统的核心。它不仅包括企业经营的宗旨与方针，还应包括一种鲜明的文化价值观。对外它是企业识别的尺度，对内它是企业内在的凝聚力。系统的 CI 工程，从理念识别开始，不管在理论结构还是在操作程序上，它都是一个起点。

企业理念识别是 CIS 开发实施的关键，能否开发成功一个完善的企业识别系统，主要依赖理念识别的建立与执著。只有把这一思想体系扩展到动态的企业活动与静态的视觉传达设计之中，才能很完美地创造独特的企业形象。

2．内容

一个企业的理念识别系统包括企业使命、经营哲学、企业的价值观和精神，以及行为准则 4 项。

（1）企业使命。

企业使命是构成企业理念识别中最基本的出发点，也是企业行动的原动力。只有树立明确的使命感，才能满足企业成员自我实现的需要；只有持续地激发他们的创造热情，才能赢得公众更普遍更持久的支持、理解和信赖，否则企业即使在营运，也将是没有生气并将走向破产的边缘。

（2）经营哲学。

经营哲学（Management Philosophy）是指依据什么样的思想来经营企业的经营基本政策和价值观，是企业内部的人际交往和企业对外的经营活动中所奉行的价值标准和指导原则。经营哲学是企业人格化的基础、企业文化的灵魂和神经中枢，是企业进行总体设计、总体信息选择的综合方法，是企业一切行为的逻辑起点。它是在生产经营中逐渐形成的，具有经营性、实用性的特征。美国 IBM 公司坚信“原则是一个组织的唯一圣典”。

（3）企业的价值观和精神。

这也是企业文化设计的重要内容，任何企业都要树立自己本企业的特色价值观和特定的企业精神以统一内部员工的思想、鼓舞内部员工的士气、增强内部凝聚力。

（4）行为准则。

这是指企业内部员工涉及企业经营活动的一系列行为的标准、规则，它体现了企业对员工的具体要求。具体地讲，它包括服务公约、劳动纪律、工作守则、行为规范、操作规程、考勤制度等。

3．企业理念的应用形式

企业理念的应用形式可谓多种多样，如标语、口号、广告、歌曲、座右铭及条例、手册等。白云山制药厂的——白云山人精神：爱厂、兴利、求实、进取；IBM 公司的“IBM 就是服务”；麦当劳的经营信条是：高品质的产品（Quality）、快捷微笑的服务（Service）、清洁优雅的环境（Clean）、物有所值（Value）。日本电器定位：索尼（高精尖）、东艺（洋大全）、日立（科技新）、松下（家电）、三洋（物美价廉）。还有洋烟定位：万宝路（豪放）、555（绅士风度）、健牌（白领消费）、沙龙（清新）。广告口号，如飞利浦：让我们做得更好（Let’s make thing better）；可口可乐：无处不在（买得到）、物有所值（买得起），我心中首选（乐得买）；中国电信：沟通从心开始等。

总之，企业理念的实用范畴和表现形式不仅仅局限于这些，重要的是企业在导入 CIS 的过程中要善于创造出符合企业实际、有个性特点的企业理念识别语汇，使企业理念更好、更快地在内外公众中传播。

二、行为识别系统（BI）

1．含义

行为识别是企业 CI 系统中的“做法”，是指将企业理念体现在企业的管理培训、行为规范、公共关系、营销活动、公益事业等具体活动中。在 CI 中，行为识别是最宽泛的领域，也是最难控制和把握的一个领域。

2．企业行为或活动识别应具有的特点

（1）行为（活动）识别的统一性。

首先，表现在企业一切行为（活动）要与企业的理念（MI）保持高度的一致性，不能与企业的经营理念相违背。其次，企业的一切行为（活动）应当做到上下一致，即全体职工以及企业各部门所开展的一切活动都要围绕一个中心，即为塑造企业良好形象服务，任何行为与这一目的相违背，都会有损或者破坏企业形象的统一性。

（2）企业行为（活动）识别的独特性。

企业要在对手如林的商战中取胜，就应当在企业理念的指导下，企业的行为（活动）识别体现出与其他企业不同的个性。而这种独特的个性，正是社会公众识别企业的基础，否则就容易陷入无差别的境界，企业就淹没在商品的海洋之中。所以，企业应当注意创立企业活动的独特性、差异性，因为广大消费者正是通过这种独具个性的活动来认识企业的。

具体来看，行为识别因素可以分为对内和对外两个方面：

① 对内方面。干部教育；员工教育、服务态度、电话礼貌、应接技巧、服务水准、作业精神；生产福利；工作环境；内部营运；生产设备；废弃物处理、公害对策；研究发展等。

② 对外方面。市场调查；产品开发；公共关系；促销活动；流通对策；代理商、金融业、股市对策；公益性、文化性活动等。

从传播角度来看，CI 行为识别可以根据传播性质与渠道分为企业对内与对外的行为识别。对内行为识别是对外行为（活动）识别的基础；对外行为（活动）识别则是对内行为识别的延伸和扩展。

三、视觉识别系统（VI）

1. 含义

视觉识别将企业理念与价值观通过静态的具体化的视觉传播形式，有组织有计划地传达给社会，树立企业统一性的识别形象。视觉识别系统由基本设计要素与应用设计要素两部分构成，是企业形象最直接、最直观的表现。

2. 企业视觉识别系统的基本设计要素

（1）企业标志。如企业所生产经营的商品商标，包括文字和图形类型的标志，以及企业的一些象征物和图案。

（2）企业品牌标准字。这代表本公司产品的品牌，一般有中文和英文的两种设计。

（3）企业专用印刷书体。公司主要使用的文字（中文、英文）数字等专用字体或选定设计的专用字体、规定，作为主要品牌、商品群、公司名称及对内容的宣传、广告所用的文字。

（4）企业标准色。用来象征公司的指定色彩，通常采用 1～3 种色彩为主。也有为了区分企业集团与母公司的不同或公司各企业部门，各品牌、产品的分类而采用多种颜色的色彩体系。它往往频繁地出现在广告、包装等各种宣传物上。

（5）企业标语。对外宣传公司的特长、业务、思想等要点的短句，经常和公司名称标准字、企业品牌标准字等组合运用。

视觉设计要素的确定是建立在对公司的历史、现状和未来的调查以及广泛征求公司内外意见的基础上，在明确了自己的特点和奋斗的目标后，通过象征物的形象体现出来的。无论企业标志、标准字和企业标准色都要体现出企业的精神。如日本美津浓公司原来的“日出”标志和“冠军杯”标志在运动用具的销售上不统一，虽然经多次改良，但由于形象趋于安静，缺少现代感和活泼动态感。对此他们提出了新的标志，既要维护传统和高品质的形象，又要有明朗的现代感，要求企业和商品的视觉设计统一化和系统化。把国内和国外的地区区别化，把标志类整理、统一，从而设计出了具有符合时代潮流并能应付从 20 世纪 80 年代到 21 世纪的变化。既合乎传统标志的格调，又适用于世界著名运动厂商风格的新字体标志。标志采用了英文“MIZUNO”书写公司名称，并把字头 M 进行了变化，斜形的粗线条给人带来了速度感、运动感和现代感。公司标准色彩用两种蓝色（钻蓝色和天蓝色），表现运动的速度感和新鲜感，同时也表达了企业的严正格调及稳定性。这一新的形象设计受到专家们的好评，设计者的认真态度和严谨作风也得到了企业内部员工的广泛认可。

3. 企业视觉识别系统的应用设计要素

（1）企业证件类——用于识别公司员工，如徽章、工作证、名片、旗帜等。

（2）办公用品类——公司专用信封、信笺、各种表格、文件袋、笔记本等。

（3）符号类——公司招牌、建筑物外观、霓虹灯、大门、门口标志等。

（4）交通工具类——各种业务用车、运货车等企业的各种车辆，均印上公司的标志和公司的名称或商品名称，作为活动广告。

（5）大众传播广告类——各种报纸、杂志、宣传卡、招贴、年历、广播、电视、POP 广告等。

（6）商品及包装类——各种纸盒、纸袋、购物包、皮箱、容器包装、包装纸等。

（7）制服、服装类——男女制服、工作服、臂章、钢盔、工作帽、领带、手帕等。

（8）其他用品类——橱柜、家具、餐具、烟灰缸、壁饰等。

视觉识别设计是企业理念表达的重要载体，是企业个性的重要表现，因此它就成为了 CI 设计中的核心和重点。CI 设计的开发作业中，以标志、标准字、标准色的创造最为艰巨，是整个 CI 识别系统的核心，也最能表现设计能力。标志、标准字和标准色三要素是企业地位、规模、力量、尊严、理念等内涵的外在集中表现，是视觉形象设计（VI）中的核心并构成了企业的第一特征及基本气质，同时也是广泛传播并取得大众认同的统一符号，CI 中视觉形象识别皆据此繁衍而成，因此这三者便成为了 CI 设计中的核心与重点。

四、CI 与 CS 战略

CI（Corporate Identify，企业形象标志）是顺应科技发展和信息革命的时代大潮而产生的营销战略。作为一种营销战略，CI 的营销意义并不像打折等促销策略那样立竿见影。它通过塑造良好的企业形象来达到吸引顾客的营销目的。CI 可以提升企业形象，良好的企业形象就像是一块磁铁，把顾客紧紧地吸附在企业周围。而良好的形象本身又是一项无形资产，一方面容易得到公众的理解和支持，另一方面也可以激励员工的士气。

CS（Customer Satisfaction，顾客满意）战略，其指导思想是把顾客需求作为开发的源头，在产品功能、价格设定、分销、促销环节的建立及完善售后服务系统等方面以便利顾客为原则，最大限度地使顾客感到满意。它要求企业综合、客观地测定顾客的满意程度，并据此来改善产品、服务及企业文化的一种经营战略。目前，国内外很多企业都已采用，如国内海尔提出的“顾客的难题、我们的课题”、“网络定制、量身制作”；宝马公司的“顾客设计，宝马制造”；还有很多企业的 800 免费电话，海尔集团甚至为此成立了全国连网的“999”电话服务中心等。

CS 的雏形是 20 世纪 80 年代北欧斯堪的纳维亚航空公司提出的“服务与管理”的企业理念，此后传入美国，发展为“对顾客满意度”的调查。在 20 世纪 80 年代后期，美国汽车行业的领导企业——通用等开始正式实施 CS 战略。1986 年美国首次以 CS 为标准，发布了消费者对汽车行业满意度的排行榜，对全美企业界震动很大。自此，CS 开始席卷全球。

可以说，CI 战略更偏重于企业对外形象的塑造和内部凝聚力的形成，它运用的是具体的方法或手段。而 CS 战略更注重企业整体营销理念的提升，强调的是保持企业长久的生命力。在手段的运用上也包括了 CI 战略中的一些内容，比如员工的理念、行为等。因此，企业在全面推行 CI 战略的同时，也要适应新形势下观念转变的要求，即由“以企业为中心”的旧观念转变为“以顾客为中心”的新观念。注重 CS 战略的引进，从而实现 CS 与 CI 的有机结合，这样，实践效果会更好。

五、从 CI 到 EPIS——形象构建的新命题

眼下，社会上又开始流行一个新的形象设计的命题，那就是 EPIS，即 Entrepreneur Personal Identity System，意思即指领导人形象的设计问题。众所周知，现代国际社会的竞争日趋激烈，企业必须要以其强大的形象力介入，要有自己独特的魅力。这不仅来自于传统的企业产品、员工管理、技术等，更与企业领导者的形象密切相关。一个好的领导者形象往往会使组织形象的塑造工作锦上添花。因此，企业家作为公众形象，对企业形象的确立有着不可替代的作用。在国外，近两年来，以比尔·盖茨为首的新企业正全力塑造企业领导人的形象，比尔·盖茨塑造的是电脑天才、工作狂的形象，引起了年轻人的向往和模仿。传达的信息是：你也可以成功，只要用电脑；电脑就是这么普通、随意。而国内的，像海尔的张瑞敏、长虹的倪润峰、杉杉的

郑永刚（杉杉服饰的成功，在于郑永刚的公众形象。郑永刚频频出现在各商业媒体的封面，频频曝光于电视媒体，对杉杉的整体形象起到了提升作用。）、TCL 的吴士宏、美的空调的董明珠（曾任格力空调市场部经理，个性刚强，自传《棋行天下》塑造了一个刚强的中层干部形象，同时又不缺乏女性的柔情，引起了轰动）等。他们进行的一系列个人宣传，都是企业在进行“EPIS”，也就是说，是在塑造企业领导者识别、企业领导者形象。这种形象的塑造，对企业形象的塑造有着不可估量的作用。

EPIS 与 CI 一样，同样偏重于企业家形象的视觉识别，比如企业家的仪容、仪表、服饰，家居、办公环境、运动、演讲、社交等。但是由于历史和现实的原因，很多国内的企业是在无意中实施的 EPIS，但公关人员必须要有意识地去运用 EPIS，以期更快地提升企业形象，为组织谋求更大的发展。

六、CI 导入时机的选择及程序安排

1．CI 导入时机的选择

CI 作为现代企业的经营策略，虽然有它的共同性，但每个企业的实际情况不同，其导入 CI 的动机与目的不同，解决问题的切入点不同，因而在选择导入 CI 的时机上，也会自有区别。一般说来，以下诸种情形，都可成为企业导入 CI 的有利时机。

（1）新产品准备上市时。

当一个新产品开发成功后，需要上市推广之前，企业可适时引入 CI，对产品进行“形象包装”，使产品富有个性，使企业形象富有深意。这样一方面会促进销售，另一方面也会树立企业独特的产品及其他形象。

（2）公司准备系统化、科学化、统一化并进一步发展时。

面对激烈的市场竞争所带来的机遇和挑战。中小型企业创业初期的商号、标识、商标等出现过时、陈旧、零散、混乱等现象极为严重，需要统一规范，系统化对外集中传播；这时导入 CI，可以统一公司形象，建立集团形象，增强对子公司、关系企业的号召力，形成整体优势，是导入最佳时机之一。

（3）公司要树立自己品牌时。

大多数企业创业初期只重视利润的增加，忽视了产品品牌的树立，而一个良好的品牌会给企业带来巨大的现实和潜在效应。所以为创立品牌而导入 CI 设计，运用 CI 进行品牌传播、推广，已成为企业导入 CI 的目标和时机之一。

（4）公司创业纪念日时。

不少企业都会利用创业 5 周年、10 周年等周年志庆这一契机，导入 CI 以达重塑公司形象、提升员工士气的目标，从而为企业经营再激发活力。当然，利用周年志庆导入 CI，需要至少考虑 3 至 5 个月的“提前量”，即为导入 CI 新形象设计留下时间。有的企业由于对导入 CI 的前期准备工作缺少了解，临近周年志庆前 1、2 个月起才导入 CI，这样草率从事，其效果就大打折扣了。

（5）公司推行多元化经营方针时。

随着企业规模的发展，其产品发展策略也随之有所改变。在确保自己主导产品发展的同时，许多企业开始涉足其他行业和领域，那么原先产品的标志、名称等必然要发生改变。这时引入 CI，既符合企业实际情况，又能契合未来发展的识别系统，统一新开发产品与企业本体的关系。

（6）公司进军国际大市场时。

原有的企业只盯住国内市场，因此商标多用本国语言。随着企业发展产品进入国际市场和国际经济一体化趋势的发展，原有的企业和产品标志系统不适应国际市场需要，因此修正和建立新的企业标志、标准等识别系统，就成为了企业导入 CI 建立品牌新形象应对策略之一。

（7）企业出现危机时。

企业面临经营不善的危机困难或陈旧落伍、业绩衰退时，除了内部的人事改革、制度革新之外，借助 CI 革新公司形象统一视觉识别系统，将有助于经营危机的解决，导入 CI 即成为最佳方案。

（8）公司上市时。

目前越来越多的公司在战略重组中挂牌上市。借着公司成为上市公司的契机，对企业进行全新的“形象包装”，注入现代经营理念，以新的形象、前卫的理念出现在社会公众面前，无疑是吸引资金、推动企业快速发展的必要手段。因此，公司上市前即成为导入 CI 的最佳时机之一。

2. CI 导入的程序

CI 导入的程序是一个企业具有一定规模的一项正式活动，是指从调查分析到执行实施反馈评估全过程的先后次序和具体步骤。CI 战略的科学导入，有助于提高 CI 导入的效率和质量。

CI 从立案导入到实施管理是一项复杂而又具体的系统工程。企业要想获得良好的 CI 成效，首先要制定良好 CI 导入计划。CI 的导入虽然会因各企业特点和问题而有所不同，但总要遵循大致相同的导入程序和原则才能完成企业形象的塑造。

CI 系统工程主要作业划分为以下 4 个阶段：

（1）提案阶段。

要明确导入 CI 的动机与目的；组建负责 CI 的机构；安排 CI 作业的日程；预算导入 CI 的费用和完成 CI 提案书。

（2）调研阶段。

确定调研总体计划；分析与评估企业运营状况；企业总体形象调查与视觉项目审查；调查资料的分析与研判完成调研报告书。

（3）开发设计阶段。

完成总概念书的企划；创立企业理念、开发设计视觉识别系统和办理有关法律行政管理手续。

（4）实施管理阶段。

实施内部传播与员工教育；推行理念与设计系统；组织 CI 对外发布；落实企业各个部门的 CI 管理和 CI 导入效果测试与评估。

4 个阶段的规划囊括了 CI 作业的主要内容和程序，这 4 个阶段是一个相互衔接的过程，每个阶段都有其特定任务和工作重点，企业导入时要注意把握。

另外，导入 CI 时还必须遵循一定的原则，如战略性原则、民族化原则、个性化原则、同一性原则、系统化原则、创新性原则、可操作性原则和传播性原则。

实践与评价

1. 能力训练

（1）案例分析。

“世界通用的语言：麦当劳”——CI 策划的典范

麦当劳的 CI，以出色的理念、行为、视觉识别，在连锁经营上成为了世界认同的 CI 典范，这说明 CI 与经营、管理殊途同归。

以黄色 M 字为标志的麦当劳企业，在世界各地拥有 6500 多家连锁店，是世界上最大的饮食企业。麦当劳的企业识别有三大特点：第一，企业理念很明确；第二，企业行动和企业理念具有一贯性；第三，企业外观设计的统一化。

麦当劳企业在美国现代社会中具有强烈的存在意义，其企业理念是 Q、S、C、V，即优质（Quality）、服务（Service）、清洁（Clean）、价值（Value）。

优质，麦当劳的品质管理十分严格，食品制作后超过一定时限，就舍弃不卖。这并非是因为食品腐烂或食品缺陷，麦当劳的经营方针是坚持不卖味道差的食品，这种做法重视品质管理，使顾客能安心享用，从而赢得公众的信任，建立起高度的信誉。

服务，包括店铺建筑的舒适感、营业时间的设定、销售人员的服务态度等。在美国，麦当劳的连锁店和住宅区邻接时，就会设置小型的游园地，让孩子们和家长在此休息。“微笑”是麦当劳的特色，在与顾客交谈、做事时所有的店员都面带微笑，让顾客觉得亲切，忘记了一天的辛劳。

清洁，麦当劳要求员工要维护清洁，并以此作为考察各连锁销售店成绩的一项标准，树立麦当劳“清洁”的良好形象。

麦当劳的企业理念以前只采用 Q、S、C 三字，后来又加了 V，即价值。现代社会逐渐形成商品品质化的需求标准，而且消费者的喜好也趋于多样化。如果企业只提供一种模式的商品，消费者很快就会失去新鲜感。麦当劳虽已被认为是世界第一大企业，但它仍需要适应社会环境和需求的变化，否则也无法继续生存。麦当劳强调价值，即要附加新的价值。

麦当劳忠实地推行它的企业理念，并将其渗透到整个现实组织内，推出具体的企业行动，这就是其有别于其他企业识别的优点。在现代社会中，大多数企业都提出自身的企业理念，但能使之行动化的不多，所以麦当劳得到了良好的评价。

麦当劳的视觉传达也独具特色，企业标志是弧形的 M 字，以黄色为标准色，稍暗的红色为辅助色，标准字设计得简明易读，宣传标语是“世界通用的语言：麦当劳”。这个标语没有设计成“美国口味，麦当劳”，实在是麦当劳的成功之处。

麦当劳的视觉识别中，最优秀的是黄色标准色和 M 字形的企业标志。黄色让人联想到价格普及的企业，而且在任何气象状况下黄色的辨认率都很高。M 字的弧形图案设计非常柔和，和店铺大门的形象搭配起来，令人产生想要走进店里的欲望。从图形上来说，M 字形的标志是很单纯的设计，无论大小均能实现，而且从很远的地方就能识别出来。

麦当劳企业识别的优越性就在于企业理念实施得非常彻底，为了达到这个目的，麦当劳进行员工教育、发行编制相当完备的行动手册，同时，还完成了非常优秀的视觉识别设计。从企业识别的立场来审视麦当劳的历史，可以发现，麦当劳是综合性企业识别的范本，实行得很成功。

① 麦当劳 CI 策划的成功说明了什么？

② 从现代 CI 策划角度对其理念 Q、S、C、V 进行分析，说出你的观点，并说明理由。

（2）比较题。

① 试比较日本与美国 CI 策划的差异。

② 试比较中国与日本 CI 策划的异同。

2．测试题

（1）简述 CI 程序的安排。

（2）企业如何选择 CI 导入的时机？

（3）怎样才能做好 CI 的导入工作？为什么？

3. 单元评估

表 1　单元课程评价表

单元内容　　　　学号　　　姓名　　　班级　　　时间

1. 本单元最有价值的内容是：
2. 以下问题需要进一步了解或得到指导：
3. 教师讲授的思路是否清晰？教学态度如何？
4. 教学方法对你的学习是否有帮助？
5. 你的学习计划是否完成?
6. 教学目标是否达到？
7. 对于教学有何建议？
学生签字： 组长签字： 学习委员签字： 教师签字：

表 2　基本能力测评表

单元内容　　学号　　　姓名　　　班级　　　时间

基本能力	评价指标	测评结果（通过√，没通过×）	备注
判断能力			
管理能力			
交流能力			
创新能力			
其他			
教师评语： 教师签字：　　　　年　月　日			
成绩：		学生签字：	

表 3　单元能力测评表

单元内容　　　学号　　　姓名　　　班级　　　时间

关键能力	评价指标	测评结果（通过√，没通过×）	备注
其他			
教师评语： 教师签字：　　　　年　月　日			
成绩：		学生签字：	

第七单元 危机处理

案例学习与分析

巴林银行倒闭

1995 年 2 月 26 日，一条消息震惊了整个世界金融市场。具有 230 多年历史，在世界 1000 家大银行中按核心资本排名第 489 位的英国巴林银行，因进行巨额金融期货投机交易，造成了 9.16 亿英镑的巨额亏损，在经过国家中央银行英格兰银行先前一个周末的拯救失败之后，被迫宣布破产。后经英格兰银行的斡旋，3 月 5 日，荷兰国际集团（ING）以 1 美元的象征价格，宣布完全收购巴林银行。

事件的经过

巴林银行创立于 1762 年，至今已有 233 年的历史，最初从事贸易活动，后涉足证券业，19 世纪初，成为英国政府证券的首席发行商。此后 100 多年来，该银行在证券、基金、投资、商业银行业务等方面取得了长足发展，成为伦敦金融中心位居前列的集团化证券商，连英国女皇的资产均委托其管理，素有“女皇的银行”之美称。在《亚洲金融》杂志组织的由机构投资者评选亚洲最佳经纪活动中，巴林银行连续 4 年名列前茅；该集团 1993 年的资产达到 59 亿英镑，负债 56 亿英镑，资本金加储备 4.5 亿英镑，海内外职员雇员共 4000 人，盈利 1.05 亿英镑；1994 年税前利润高达 1.5 亿英镑。该行目前管理 300 亿英镑的基金资产、15 亿英镑的非银行存款和 10 亿英镑的银行存款。

就是这样一个历史悠久、声名显赫的银行，竟因一个 28 岁的青年进行期货投机失败所累而陷入绝境。28 岁的尼克 · 里森（Nick Leeson）1992 年被巴林银行总部任命为新加坡巴林期货（新加坡）有限公司的总经理兼首席交易员，负责该行在新加坡的期货交易并实际从事期货交易。

1992 年巴林银行有一个账号为“99905”的“错误账号”，专门处理交易过程中因疏忽而造成的差错，如将买入误为卖出等。新加坡巴林期货公司的差错记录均进入这一账号，并发往伦敦总部。1992 年夏天，伦敦总部的清算负责人乔丹 · 鲍塞（Gordon Bowser）要求里森另行开设一个“错误账户”，以记录小额差错，并自行处理，以省却伦敦的麻烦。由于受新加坡华人文化的影响，此“错误账户”以代码“88888”为名设立。

数周之后，巴林总部换了一套新的电脑系统，重新决定新加坡巴林期货公司的所有差错记录仍经由“99905”账户向伦敦报免，“88888”差错账户因此搁置不用，但却成为了一个真正的错误账户留存在电脑中。这个被人疏忽的账户后来就成为了里森造假的工具。倘若当时能取消这一账户，巴林银行的历史可能就改写了。

1992 年 7 月 17 日，里森手下一名刚加盟巴林的王（Wang）姓交易员手头出了一笔差错：将客户的 20 份日经指数期货合约买入委托误为卖出。里森在当晚清算时发现了这笔差错。要矫正这笔差错就必须买回 40 份合约，按当日收盘价计算，损失为 2 万英镑，并应报告巴林总部。但在种种考虑之下，里森决定利用错误账户“88888”承接了 40 份卖出合约，以使账面平衡。由此，一笔代理业务衍生出了一笔自营业务，并形成了空头敞口头寸。数天以后，日经指数上升了 200 点，这笔空头头寸的损失也由 2 万英镑增加到了 6 万英镑。里森当时的年薪还不足 5 万英镑，且先前已有瞒上不报的违规之举，因而他更不敢向总部上报了。此后，里森便一发而不可收，频频利用“88888”账户吸收下属的交易差错。在其后不到半年的时间里，该账户就吸收了30次差错。为了应付每月底巴林总部的账户审查，里森就将自己的佣金收入转入账户，以弥补亏损。由于这些亏损的数额不大，结果倒也相安无事。

1993年1月，里森手下有一名交易员出现了两笔大额差错：一笔是客户的420份合约没有卖出，另一笔是100份合约的卖出指令误为买入。里森再次做出了错误的决定，用“88888”账户保留了敞口头寸。由于这些敞口头寸的数额越积越多，随着行情出现不利的波动，亏损数额也日趋增长至600万英镑，以致无法用个人收入予以填平。在这种情况下，里森被迫尝试以自营收入来弥补亏损。幸运的是，到1993年7月，“88888”账户居然由于自营获利而转亏为盈。如果里森就此打住，巴林银行的倒闭厄运也许又一次会得以幸免。然而这一次的成功却从反面为他继续利用“88888”账户吸收差错增添了信心。

1993年7月，里森接到了一笔买入6000份期权的委托业务，但由于价格过低而无法成交。为了做成这笔业务，里森又按惯例用“88888”账户卖出部分期权。后来，他又用该账户继续吸收其他差错。结果，随着行情不利的变化，里森再一次陷入了巨额亏损的境地。到1994年时，亏损额已由2000万、3000万一直增加到7月份的5000万英镑。为了应付查账的需要，里森假造了花旗银行有5000万英镑的存款。其间，巴林总部虽曾派人花了1个月的时间调查里森的账目，但却无人去核实花旗银行是否真有这样一笔存款。

自1994年下半年起，尼克·里森在日本东京市场上做了一种十分复杂、期望值很高、风险也极大的衍生金融商品交易——日本日经指数期货。他认为日本经济走出衰退，日元坚挺，日本股市必大有可为。日经指数将会在19000点以上浮动，如果跌破此位，一般说日本政府会出面干预，故想赌一赌日本股市劲升，便逐渐买入日经225指数期货建仓。1995年1月26日，里森竟用了270亿美元进行日经指数期货投机。不料，日经指数从1月初起一路下滑，到1995年1月18日又发生了日本神户大地震，股市因此暴跌。里森所持的多头头寸遭受重创。为了能反败为胜，他继续从伦敦调入巨资、增加持仓，即大量买进日经股价指数期货，沽空前日本政府债券。到2月10日，里森已在新加坡国际金融交易所持有55000份日经股价指数期货合约，创出该所的历史纪录。

所有这些交易均进入“88888”账户。为维持数额如此巨大的交易，每天需要3000～4000万英镑。巴林总部竟然接受里森的各种理由，照付不误。2月中旬，巴林总部转至新加坡5亿多英镑，已超过了其47,000万英镑的股本金。

（选自中国营销网）

案例讨论

（1）巴林银行倒闭的根本原因是什么？为什么？

（2）你认为巴林银行采取危机管理措施，可能避免一场灭顶的危机吗？

关联知识

一、公关危机的含义和特点

公关危机是指在公关活动中，由组织内外的某种非常性因素所引发（起）的非常性或失常性事态。英文为 Public Relations Crisis，专指灾难或危机中的公共关系。在汉语中，危机的含义有两种：一种是指潜伏的祸根，如危机四伏；另一种是指严重困难或生死成败的紧要关头，如经济危机。从社会组织角度而言，危机是指由于组织自身或公众的某种行为而引起和导致组织环境恶化的突发性事件。乔恩·怀特在《危机管理三部曲》中指出："危机是一种不可预见的突发事件。组织由于不可预见的威胁、事故或灾难而进入危机状态"。罗伯塔·沃尔斯泰特在针对 1941 年日本突袭珍珠港的研究中指出，以美国政府和军队的力量而论，预防这种突然袭击是完全可能的。危机来势凶猛，一般具有如下特征。

1. 突发性

公关危机大多数是突发性的事件，一般在难以预料的时刻突然爆发。如 2004 年 9 月 17 日，在西班牙的埃尔切城，16 个集装箱的中国鞋被当地暴徒焚烧，造成直接经济损失约 800 万元。中国鞋城的 50 多位鞋商和鞋城仓库内价值几十亿元的温州鞋处于被焚烧的威胁之中。又如"非典"、"禽流感"等，这均让人在毫无准备的情况下感到意外、吃惊，以致带来一定程度的恐惧、混乱。

2. 未知性

未知性又称潜伏性，指危机中包含着诸多未知因素，具有不可预测的特点。诸如某航空公司可能遇到的空难事故，人们难以预测在何时何地可能发生。某家企业在难以预测的关键时刻却遭受舆论、公众的批评、指责。1993 年，美国百事可乐罐中发现注射针头事件，一周内又出现了 7 例同类事件，导致谣言四起，使其蒙受 2500 万美元的经济损失。

3. 危害性

危机一旦发生，将对组织形象造成严重的危害性。如俗语所说，好事不出门，坏事传千里。据美国学者调查表明，每有一名通过口头或书面直接向公司提起投诉的顾客，就有约 26 名保持沉默的感到不满意的顾客。这 26 名顾客每个人都有可能会对另外 10 名亲朋好友造成消极影响，而这 10 名亲朋好友中，约有 33%的人又会有可能再把这个坏消息传给另外 20 个人。可见，只要有 1 名顾客不满意，就会产生 1＋（26×10）＋（10×33%×20）＝327 人的不良影响。这就清楚地解释了 1992 年 3 月 15 日中国化妆品行业的"灾难日"，使处于化妆品销售黄金时节的化妆品企业濒临倒闭，预计损失高达 5 亿元。"霞飞"遭受了灭顶的危机。

4. 普遍性

危机的发生大多带有普遍性，所有知名不知名的企业在其发展历程中都经历过或大或小的危机。1985 年，美国莱克西肯传播公司对美国主要企业领导的一项调查表明，89%的领导人均认为"企业发生危机如同死亡和税收一样，是不可避免的"。

5. 关注性

危机事件由于事发突然，内容往往又与公众直接相关，常常成为社会舆论关注的焦点和热点。如 1984 年美国联合碳化物公司在印度博帕尔邦化工厂的毒气（甲基乙氰酸酯）渗漏事件，1986 年前苏联的切尔诺贝利核电站的核泄漏事故，一夜之间成为了全球关注的焦点。

6. 复杂性

危机的产生、爆发、影响均有较显著的复杂性。一旦发生，往往涉及方方面面，解决危机要耗费大量物力、人力和时间；倘若发生灾难事故，造成相关人员伤亡，又将牵涉到相当多的单位、部门和人员。

危机降临，准确认识和判断其类型就十分必要。一般来说，从不同角度可以划分出不同类别的危机，以便采取相应举措。

（1）从存在状态角度，可将危机分为一般性和重大性两类：

① 一般性危机。主要指常见的公关纠纷，从某种意义上看，这些纠纷还算不上真正的危机，仅仅是一种征兆、信号或暗示，诸如内部组织关系纠纷、消费者关系纠纷、同业关系纠纷、政府关系纠纷、社区关系纠纷等。

② 重大性危机。主要指重大工伤事故、重大生产失误、火灾等造成的严重损失、突发性商业危机、劳资矛盾纠纷等，诸如产品或企业信誉危机、股市交易中突发性大规模收购等。

（2）从危机同企业的关系程度及归咎对象来衡量，可将其分为内部和外部危机：

① 内部危机。发生在企业组织内部，主要由该企业的成员直接造成，责任主要由其成员来承担，范围不太广。

② 外部危机。发生于组织外部，影响到多数公众利益的一种危机，范围广，不可控因素较多，一般较难处理。

（3）从损失的表现形态来看，可将其分为无形危机和有形危机：

① 无形危机。这种危机所引发的损失表现不够明显，易被忽略，损失是慢性的，但若忽略，将会逐渐增大。

② 有形危机。这种危机所引发的损失较直接，并且明显，难以挽回，易于评估，只能采取其他措施来弥补。

（4）从其产生的主客观原因分，可将其分为人为危机和非人为危机：

① 人为危机。指由于人的某种行为所引起的危机，具有可预见性和可控性的特征。

② 非人为危机。指不是由于人的行为直接造成的某种危机，具有大部分无法预见、不可控性、损失有形性等特征。

（5）依据其外显形态，可将其分为显在危机和内隐危机：

① 显在危机。指已发生的危机或危机趋势非常明朗，何时爆发仅是时间先后问题。

② 内隐危机。指潜伏性危机，具有更大的危险性。

此外，还可根据危机的性质，将其划分为灾变性危机、商誉危机、经营危机、信贷危机、素质危机、形象危机、环境危机、政策危机等。

二、公关危机的成因与处理原则

美国危机管理专家诺曼·奥古斯丁说过："危机就像普通感冒病毒一样，种类繁多，难以一一列举。"诸如自身经营管理不善，市场信息捕捉不够、同行恶意诬谄、谣言诽谤、不可抗拒因素等，都能让某一组织处于四面楚歌的危机之中。而分析危机产生的原因就显得十分必要。

根据国外危机管理专家的调查统计表明，可能引发危机的因素主要有：

（1）生产性意外。

（2）环境问题。

（3）劳资争论及罢工。

（4）产品质量。

（5）股东信心丧失。

（6）具有敌意的兼并或股市上大股东的购买。

（7）谣言或向大众传媒泄露组织内的秘密。
（8）恐怖破坏活动。
（9）组织内部人员的贪污腐化。
（10）安全因素。

针对不可预测的危机来临，公关人员在弄清其形成原因的同时，应掌握处理原则，将矛盾化解，使损失降低，以收到事半功倍的效果。

危机事件的处理应遵循下列原则。

1. 及时

及时是处理危机的首要原则。鉴于危机事件的突发性、危害性、严重性，处理时一定要迅速及时，包括迅速了解基本情况、迅速做出正确判断、迅速控制事态发展、及时向领导及有关部门汇报、快速与新闻媒体沟通、向相关部门和人员呼吁帮助、隔离危机，以便将可能的损害程度降到最低。

2. 诚恳

诚恳是处理危机的关键。对问题要是非分明，冷静、客观、公正，一旦查清责任，就应当勇于承担，尊重事实，诚心向受害者及社会公众道歉，积极主动地消除不良影响，为最后解决问题奠定基础。

3. 准确

准确是处理危机的前提。要率先弄清时间、地点、缘由、性质，对内对外宣传要准确，确保事实的真实、客观、精确，各种材料、数字要准确无误，禁止使用“估计、可能、大概、也许、差不多、左右”等模糊字眼，既不夸大、也不缩小。

4. 冷静

当危机发生后，公关人员应保持冷静、沉稳、镇静，切忌急躁、烦闷、信口开河，以积极、负责任的态度，沉着镇定、坚持不懈、应对自如、游刃有余。

5. 全面

危机将涉及或影响企业内、外等诸多方面，公关人员应遵循全面考虑的原则，既考虑内部公众，又兼顾外部公众；既注意监控公众目前的反响，又预防对公众未来或潜在的影响，全程跟踪、周密布置、防患于未然。

6. 公正

在处理危机的过程中，要积极排除主观、情感因素的干扰，公正地对待受损害的公众，力求坦诚、客观、实事求是。

7. 灵活

鉴于危机事件可能随情况的发展而会不断地发生变化，原定的预防措施、抢救方案可能不能尽善尽美。公关人员务必随形势变化而及时修订原计划、方案，确保组织形象和声誉不再受到损害，与时俱进、灵活变通，在发展变化中力求完善。

至于英国危机公关专家里杰斯特所提出的“三 T”原则，在处理危机的实际操作中就尤为值得推崇。“三 T”原则为：Tell your own tale（以我为主提供情况）；Tell it fast（尽快提供情况）；Tell it all（提供全部情况）。

在危机处理的过程中，危机管理小组需要在一个设备齐全的危机控制中心办公，应当具备的设备如下：

（1）充足的通话线路。

（2）足够的内线电话。

（3）无线电设备。

（4）处在危险情况下的各种装置的显示图，应标明：

——危险物质方位；

——安全设备位置；

——灭火水源系统或其他水源；

——其他灭火器材的储备；

——工厂通道的最新状况，尤其需要明确哪条路不通；

——伤亡处理中心；

——工厂四周社区方位。

（5）应能说明下列问题的显示图，应标明：

——危机影响波及范围或危险区域；

——应急车辆和人员调度；

——出现特别问题的区域；

——撤离区域；

——其他有关信息。

（上述显示图应用塑料或玻璃予以罩覆，以便于使用水笔随意书写、涂擦。）

（6）用于记录信息或其他任何需要发出指示用的笔记本、钢笔、铅笔等。

（7）雇员名单。

（8）重要人物的地址及电话。

这说明在处理危机时，组织应掌握信息发布的主动权，尽快地将最重要信息不断及时公布，确保全面、真实、准确，维护组织声誉。

总之，公关危机处理的总原则应是真实传播、挽回影响、减轻损失、趋利避害、维护声誉。

三、公关危机处理程序

公关危机的处理，是指危机爆发后，为减少损失与危害，按照一定处理计划和应对策略所采取的直接、妥当、必要的处理措施。只有采取正当而合适的举措，组织才能避免工作的随意性、盲目性，防止事态进一步恶化，使危机在有效的监控下得到缓解，将损失与危害降到最低。具体处理程序如下。

1．迅速反应，隔离危机

危机一旦发生，组织就应当在第一时间迅速做出反应，成立处理相关危机的专门机构，机构组成人员应包括组织负责人、公关部门负责人、相关组织与部门负责人、新闻发言人、值班人员等。这是有效处理危机的组织保证。

危机仿佛危害人们身心健康的病毒，滋长蔓延将十分可怕。组织在危机降临时，就应当迅速将其隔离，以免蔓延、扩大。首先，采用人员隔离，将人员分为处理危机与维持日常工作两部分，既安排好专门管理危机的管理人员，又稳定好日常工作，以免相互干扰，造成不必要的损害。其次，对危机本身进行隔离。在危机发生时就应当进行隔离，如列车事故、空难事故，除做好抢救外，应立即开通线路，保证24小时全程监控，避免其影响全局工作。

2．收集信息，确定对策

危机发生后，组织应迅速及时地联络相关专家、公关人员、记者、群众等组成调研机构，详尽、全面、细致地收集与危机相关的各种综合信息。如事件发生的时间、地点、原因、人员伤亡、财产损失、事态发展、控制举措和公众、舆论的反应等，得天时与地利，为赢得“人和”创造良好条件，以便有针对性地安排应对措施，以免无的放矢。

3．分析症结，控制事态

在调研事实真相后，组织就应当将收集的各种相关材料汇总，在高层领导、专家们的评估研究后，采取相应对策、措施，全盘考虑，将眼前危机与长期发展联系起来考虑，正确处理危机所涉及的各个方面关系，不懈努力，透过危机看到发展的态势，以便迅速控制事态，使其朝着有利于组织的方向发展。

4．组织力量，处理善后

在组织制定危机处理对策后，就应当积极组织力量，实施既定方案，协调好各方面的关系，采取有效行动，收集、整理、分析媒介对危机事件的报道，对于客户和消费者则处理好善后赔偿、安慰、关怀等工作，让其满意。

5．总结评估，吸取教训

在事件平息后，组织应当从社会效应、经济效应、心理效应和形象效应等方面评估处理危机相关举措的合理性、有效性，对危机处理情况做全面总结评估，将结果向董事会和股东们报告，向社会公众和报界公布。对于某些重大事故可采取刊登广告的形式向社会公众做检讨，并改进所存在的薄弱环节，将教训写成书面材料，以此来教育本组织及其员工，加深印象，从而积极纠正失误，弥补过失，修正危机管理计划，居安思危，防患于未然。

四、公关危机处理对策与技巧

当危机降临时，因类型不同、对象不同，处理方式也会有差异，没有固定不变的模式，只有随机应变、处变不惊的对策。一种有的放矢的思路，一种因人、因事而异的原则性提示。

当机立断、立即成立专门处理机构，确定主要负责人全权负责，制定处理危机的基本对策，相应措施和良好有序的善后工作则是上上之策。至于不同公众对象构成不同的公众关系，则应采取不同的对策。

1．组织内部对策

（1）要动员全体员工齐心协力、共渡难关。负责人应将处理危机的基本原则、方针、具体程序和对策向内部全体员工通报，确定对外的统一口径，统一思想，以便协同行动。

（2）尽快组建处理危机的专门机构。确定由本组织领导担任机构负责人，由公关部与相关部门组成富有权威性、高效率的工作机构。

（3）迅速确定危机事件的类型、特征，准确把握事态进展情况，判明情况，以便尽快确认相关公众对象。

（4）与媒体保持密切沟通、联系，及时向外界报告事态的进展情况，将本组织所持态度、处理危机的原则、立场、程序及对策快速通报，以求得公众的理解、认同与支持。

（5）对于因危机而造成的意外伤亡，一方面应立即进行救护工作或做善后处理，另一方面应立即通知其家属，并提供一切条件以满足其家属的探视或要求。

（6）迅速调查引起危机事件的原因，并对处理工作进行客观评估，奖励有功者，处罚主要责任者，并通告有关各方。

（7）倘若是因不合格产品所引起的危机，应不惜一切代价立即收回不合格产品，或立即组成检修小组，对不合格产品认真逐次检验。

（8）如果是因外界误解或人为破坏所造成的企业信誉危机，重大劳资纠纷或股票交易危机和市场危机，应立即查明原因、及时公布事实真相，调动一切力量缓解矛盾、挽回影响。

2．受害者对策

（1）立即认真调查受害者真实情况，实事求是地承担责任，并诚恳地道歉。

（2）冷静耐心地听取受害者及其家属的意见和要求。

（3）尽量避免在事故现场与受害者及其家属发生纠纷与争执，即使受害者有一定责任，也不要在现场追究。

（4）组织应避免发表为自己辩护的言辞。

（5）立即向受害者及其家属公布赔偿方法及标准，并尽快实施。

（6）应由专人负责与受害者及其家属谨慎地接触，给予其安慰与同情，并尽可能为其提供所需服务，尽最大努力做好善后工作。

（7）在处理危机过程中，如无特殊情况，不要随意更换负责处理工作的人员。

3．消费者对策

（1）立即查清和判明消费者的类型、特征、数量、范围等，以便有的放矢。

（2）妥善接待消费者投诉，公布事故经过、处理方法和预防措施，并表示歉意。

（3）注意听取和收集受到不同程度影响的消费者对事件处理的意见和愿望。

（4）通过零售代销部门向消费者公布说明事故梗概的书面材料。

（5）对于涉及面广的案例，可通过报刊、广播、电视、网络等媒体公告事故真相、进展情况及应急处理办法。

4．新闻界对策

（1）保持一条开放的信息渠道，及时公布事实真相，确保真实传播。

（2）迅速成立临时记者接待机构，由专人负责发布消息，集中处理与事件有关的新闻采访，提供权威可信的资料。

（3）确定新闻发言人，由他全权负责向新闻界发布事故产生的原因、经过及补救措施。

（4）对于重要事项，宜以书面材料，谨慎、扼要，避免使用技术术语和晦涩难懂的词汇。

（5）对于新闻界应尽量主动、合作，如遇不便发表的消息，应妥善说明理由，不宜用“无可奉告”来搪塞，以求得记者的同情与谅解。

（6）注重以公众的立场和观点来进行报道，不断提供他们所关注的信息，诸如善后措施、补偿办法等。

（7）在刊登相关事件消息的报刊上发布道歉广告，及时向公众公布事实起因、经过及事态进展真相，并向相关公众表示道歉及承担相应责任。

（8）当记者发布失实报道时，应注意及时纠正错误信息，并向新闻界提供全部与事实相关的真实详尽材料，安排相关人员参观、接受专访，新闻发言人可接受咨询、访谈，表明真实、客观、公正的立场，尽量避免使公众产生敌意。

5. 上级主管部门对策

（1）在事件发生后应及时向上级主管部门实事求是地汇报，争取其援助、支持与关注。

（2）在事件处理过程中，应定期汇报事态的发展状况，以求得上级主管部门的指导。

（3）在事件处理后，应详细汇报处理经过、事件起因、解决办法及以后的预防措施等。

6. 社区居民对策

（1）查清危机事故的原因，倘若事故给社区居民造成损害，应主动上门道歉、取得谅解。

（2）根据事件的性质，也可派人到每一户家庭分别致歉，请求理解、支持。

（3）在有影响的报刊上分别刊登致歉谢罪广告，旗帜鲜明地表达勇于承担责任、知错必纠的态度。

（4）必要时，应向社区居民赔偿经济损失或提供其他相关补偿。

此外，还应根据具体情况，分别与市政、公安、工商、交通、消防、消协、兄弟单位等公众保持密切无间的沟通关系，运用妥当合适的传播策略，通报情况、回答咨询，调动各方面力量，反复解释，以帮助企业尽快渡过难关，将受损危害减少到最低限度。

五、危机的预防与监控

国内外危机处理的实践证明，预防与监控是解决危机的最好办法。国外危机管理专家曾对《幸福》杂志排名前 500 名的大公司的董事长和总经理就危机事件所展开的调查表明，所有组织都存在着遭遇危机的可能性。而对危机早做预防的组织，其损失相对要少些。

如何预防与监控是危机管理中十分必要的组成部分。预防是危机管理中的关键，而捕捉先机则是关键中的关键。

（1）快速收集危机信息。任何危机降临前总有不同程度的异常先兆，公关人员可从不同方面来捕捉第一手信息，诸如从消费者、营销部门与人员、财务后勤部门、生产管理部门和人力资源部门等方面收集显性的和隐性的危机信息。同时，一般企业或组织应组建舆论监测或信息反馈系统来捕捉危机先兆信息。

（2）组建专家队伍，由相关行业权威、政府官员、高级记者、教授、研究员、公关专家等组成，形成预防危机的智囊团。

（3）分析鉴别相关危机信息。将收集来的各种显性、隐性信息集中汇合，通过分类、整理、甄别，统计出危机可能出现的概率，以便制定相应的对策。

（4）制定妥当的预警方案。针对所收集的各种危机信息，有针对性地制定相应的监控方案，诸如危机管理计划手册、应对策略等，内容全面、规范统一，实用便捷。

（5）对照方案，认真督查。在预警方案制定妥当后，还应提醒相关领导、责任人定期检查，如何应对紧急情况，如何撤离相关区域、人员，如何控制危急局面，如何应对新闻记者的来访等，对特定区域可能存在的隐患应予以特别关注、督查，以便危机降临时能采取应急措施，控制局面。

（6）培养全员危机的观念。务实、仔细、全面、可行是每一项危机预警计划的关键因素，也是考验新闻发言人、组织领导人临危不惧、镇定自若的必要前提。只要上下齐心合力，树立“预防就是一切”的危机管理意识，共赴危难、团结协作，始终将顾客利益、公众利益、企业信誉、企业良好形象放在首位，就一定能稳操胜券、勇往直前、消除隐患，建立良好声誉，赢得社会公众的广泛认同与支持。

实践与评价

1．能力训练

（1）案例分析。

尼康D600现黑色斑点中国拒不退还

江西南昌万建英买的尼康D600相机，没用几天，她就惊讶地发现，照片左上角莫名奇妙地出现了一些黑点。“我一开始认为是鸟，回来一看全部都是渣点”。北京的任鹏也遇到了同样的问题，用新买的尼康D600拍出的照片，也出现了黑色斑点，并且“不是一两个，是好几个，非常明显”。广东用户韩先生用新买的尼康D600拍摄发现黑色颗粒。

这些用户购买的D600是尼康公司于2012年9月推出的全画幅单反数码照相机，拥有二千多万像素的超高清晰度和高画质，号称“影像艺术大师”，售价高达一万多元。

一款如此专业的相机，怎么会拍出这样的照片呢？

全国各地很多用户都发现，用D600相机拍出的照片，都出现了这些黑点。这些黑点是什么？又是从哪里来的呢？

尼康合肥特约维修店的工作人员向记者表示，“这个现象，对单反相机的进灰是很正常的啊”。尼康公司北京售后服务中心工作人员同样认为，这东西进灰是一个正常现象。

但是全国各地的用户们都感到很奇怪，新买的相机，一直是正常使用，也没换过镜头，怎么会进灰呢？江西南昌消费者万女士就表示，自己以前没有换过镜头，不可能有灰尘掉进去。而尼康公司北京售后服务中心工作人员则说，“去哪儿玩去了，去坝上还是去哪儿了？或是说你在哪儿换过镜头了？风沙大的地方？或者在马路上扫街去了？就进灰了”。

2013年2月22日，尼康公司在官方网站上发出公告，多次指出照片上出现这些颗粒状影像，是尘埃造成的，用户可以去尼康售后做检查和清洁。

按照尼康公司的要求，任鹏和万建英这些D600用户在尼康官方维修站对相机进行了清洗。可是没过多久，这些黑点却再次出现了！江西省南昌市尼康D600用户万建英就反映了这一情况，“大概拍了两百多张吧又有了”。北京市尼康D600用户任鹏也有同样遭遇，“又拍了没多少张照片，又出现了这样的问题，而且甚至比第一次还要严重”。

山东济南毛成胜的D600相机在短短2个月的时间里，先后接受了4次清洗，黑点依旧如影随形。而修理该机的尼康济南维修店工作人员表示，“你这个，修理过4次了。像这个机器我们也没什么办法”。

北京的邵铁林，已经是第5次来到尼康公司售后服务中心了。没完没了的清洗，让用户们失去了耐心。这款专业单反相机，为什么总是进灰呢？

尼康公司上海售后服务中心工作人员解释道，“因为雾霾嘛，可能灰尘更多一点嘛，现在空气灰尘很差的啊，没办法的”。“你看上海都没有蓝色的天了，整天灰蒙蒙的，前段时间还雾霾，对吧，这个没办法的”。更有甚是广州售后服务中心工作人员的解释，“除非你要求的话，完全没有，你只可以去无尘空间了”。

这样的解释让用户们感到匪夷所思。当初尼康公司在宣传册中特别强调——全面的密封设计令D600防尘、防潮；密封性能不受天气影响；允许您在严苛的环境下进行拍摄；具有卓越的耐候性和防尘性能。济南市尼康D600用户李菲感慨道，“别的机器也同样在这样环境下操作，没有出现这个问题，为什么D600会这个问题比较突出呢”？

用户们想知道，照片上的黑点究竟是什么原因造成的？会不会是相机本身出了问题呢？

一些用户找到了尼康公司（中国）总部，工作人员坚称，尼康 D600 相机没有任何问题。“我确认过，D600 没有问题。就是我们公司给我的消息说这个机器是没有问题的”。尼康映像仪器销售（中国）有限公司工作人员回复道。

就在尼康公司一再强调 D600 相机没有任何问题的时候，越来越多的用户却一再遭到这些黑色斑点的困扰，他们自发地在网络上聚集起来，表达对尼康公司的不满。江西省南昌市尼康 D600 用户方文军就说，“我不谈你的相机品质多么多么好，那么拍出一张完好无损的照片，这是最基本的一个要求”！

在一片质疑声中，尼康公司悄悄地改变了做法，对上门来清洗相机的 D600 用户，免费更换快门组件。记者问尼康映像仪器销售（中国）有限公司客户服务部高级经理江滨，“换快门的话这已经算是质量问题了吧”？江滨承认是质量问题，一般单反机不会进灰。简单地清洁还不能解决问题的话，还需要更换零件。

然而，尼康公司偷偷摸摸更换快门这种做法，并没有彻底解决黑色斑点问题。上海的杜阳在更换完快门组件 2 天后，黑色斑点又出现了。无奈之下，杜阳再次来到了尼康公司上海售后服务中心。在清洁完相机之后，杜阳现场进行了测试。仅仅拍了 10 张照片，黑点又出现了。

“10 张，我数着呢，10 张照片，又 1 个。你告诉我你是进灰了还是你内部的问题”？

现场测试的结果让工作人员也感到有些不可思议，只好再次做清灰处理。令杜阳没想到的是，又拍了 10 张后，黑色斑点还是出现了。工作人员的解释，便是奇怪的拍摄要求，这让杜阳哭笑不得，“我不是对你说嘛，你不要这样子（向上）对着拍，这样子（向上）一按快门的话，很容易掉灰进去的”。

跟上海的杜阳一样，在广州、在北京、在江西、在江苏、在山东、在浙江、在安徽，其他地方的用户也更换了快门组件。尼康工作人员表示，这个雾霾天，总是灰蒙蒙的，这个没有办法。除非是你要求完全没有，只可以去无尘空间了。黑色斑点问题始终无法解决。尼康公司上海售后服务中心工作人员则无所谓地说道，“有些客人要求高，那就来回擦来擦去，他觉得他有耐心嘛他就擦嘛，我们又无所谓的，对吧”。

从终点又回到了起点，尼康 D600 的用户们彻底失望了。他们无法接受反反复复的清洗，要求尼康公司更换相机或者退机。但是，尼康公司售后服务高级经理唐音之表示，不可能换机的啊，换机没有这种处理方法的，为什么要换机呢？

按照国家三包规定，数码照相机在保修期内出现性能故障，经 2 次修理，仍不能正常使用的，可以要求退换货。

记者在调查中发现，因为出现黑色斑点，很多用户都把相机拿给尼康售后清洗过，少的 2 次，多的达到 6 次。唐音之又表示，“2 次修理，清灰不算修理，你到外面随便哪个地方去看，你到 4s 店去做保养，做 100 次保养你（让）给你换辆新车，谁给你换呀？清灰的话不算修理”。

尼康公司以清灰不算修理为由，拒绝用户们的要求。

然而，用户们发现，在尼康公司对外公示的数码产品维修工费表上，只有三个选项——“轻修理”、“普通修理”和“重修理”。尼康售后也承认，在正常修理的时候，清洗相机属于轻修理的范围。“我们就是说 D600 的清洁属于轻修理，是 130（元）”。尼康公司武汉特约维修店的工作人员说道。

尼康公司不仅认为清灰不算修理，对更换快门组件的做法，同样认为这不算修理。记者看到，各地用户的 D600 相机维修单上，都写着同样一句话——“预防性更换”。

原来，尼康公司早有准备。“所以说是预防措施更换快门吧，对不对。然后按厂家的话，不属于质量上的维修，而是机器上的保养之类的”。尼康公司济南特约维修店的工作人员表示。同样，尼康公司上海售后服务中心的工作人员也认为，预防掉渣！换快门的组件是预防快门掉渣。

清灰不算修理、更换叫预防性更换，这样的解释让不少用户对尼康公司失去了信任。

距离上次公告发布整整过去了 1 年时间，2014 年 2 月 26 日，用户们等来了尼康公司发布的第 2 份公告。然而，这份公告里还是没有解释黑色斑点产生的原因，只是依然让用户把相机拿给尼康公司做免费清洁或者更换快门等相关零部件。尼康用户也对此举动有不同的感受，北京的贺国强说，“给人感觉他们要很轻松地把这件事情淡化掉”。上海的杜阳表示无奈，“反反复复这样清理清理再清理，一，会损坏这个相机。二，我不可能有那么多的时间为了一个相机跑来跑去”。山东的李菲建议，“他首先应该站出来正面回应我们所有用户反映的这些个问题”。

记者了解到，不仅在中国，欧洲和美国的不少尼康 D600 用户也遭遇了同样的问题。

美国一家知名律师事务所律师安妮卡·马丁表示，目前已经收集了一千多名尼康 D600 用户的信息。尼康 D600 出现的“污点”并非常规问题，而属于产品缺陷。依据美国消费者权益保护法等法律，他们正准备正式向尼康提起集体诉讼。

美国尼康案的主理律师安妮卡·马丁向记者说道，“我们希望尼康为人们更换没有缺陷的相机。集体维权机制让消费者能够运用法律武器，让相关公司付出代价。如果有问题的产品对消费者造成了影响，他们就应该得到补偿，应该得到退款，或者换货”。

本台驻美国记者贾犁报道，相关法律人士和美国专业摄影网站都表示，目前已有部分美国消费者获得了免费将 D600 更换为 D610 的服务。但到底哪些消费者可以享受这项升级服务，尼康公司还没有给出一个明确的标准。有人戏称说，也许送去维修的次数足够多，就能早日看到希望。

（来源：中国新闻网 2014-03-15 22：09）

① 你同意上述的分析吗？

② 你对尼康危机如何看？

③ 倘若让你写一则危机处理文案，你如何写？

（2）比较题。

① 比较在 2013 年 3·15 央视曝光的苹果危机事件与此次危机事件的异同，并作评论。

② 为什么说危机中的“危”与“机”同时存在？

2．测试题

（1）简述危机处理的原则、程序。

（2）企业如何选择处理危机的最佳时机？

（3）怎样才能做好危机管理工作？

3. 单元评估

表 1　单元课程评价表

单元内容　　　　　　学号　　　　姓名　　　　班级　　　　时间

1. 本单元最有价值的内容是：
2. 以下问题需要进一步了解或得到指导：
3. 教师讲授的思路是否清晰？教学态度如何？
4. 教学方法对你的学习是否有帮助？
5. 你的学习计划是否完成?
6. 教学目标是否达到？
7. 对于教学有何建议？
学生签字： 组长签字： 学习委员签字： 教师签字：

表 2　基本能力测评表

单元内容　　　　学号　　　　姓名　　　　班级　　　　时间

基本能力	评价指标	测评结果（通过√，没通过×）	备注
判断能力			
管理能力			
交流能力			
创新能力			
其他			
教师评语： 教师签字：　　　　年　月　日			
成绩：		学生签字：	

表 3　单元能力测评表

单元内容　　　　学号　　　　姓名　　　　班级　　　　时间

关键能力	评价指标	测评结果（通过√，没通过×）	备注
其他			
教师评语： 教师签字：　　　　年　月　日			
成绩：		学生签字：	

第五模块

Module five

现代公关礼仪

学习目标

知识学习目标

- 了解公关礼仪的概念、特征，认知公关礼仪的实施过程，掌握其实施的方法与技巧，重点掌握其实施的步骤和排除相关障碍，熟练地开展相关公关活动。

能力培养目标

能力模块	能力要求	关键知识
现代公关技能的目标与要求	1. 能认知现代公关交往活动中礼仪的概念、类型和特征，重点掌握日常生活中及一些特殊场合的交际方法和技巧 2. 能运用公关原理分析相关案例 3. 能运用公关原理展开相关礼仪活动	1. 礼仪、静态礼仪、动态礼仪 2. 着装的原则、握手礼 3. 介绍和交谈礼仪、电话礼仪、宴会礼仪、舞会礼仪 4. 礼宾次序、国旗悬挂

第一单元　日常交往的礼仪

案例学习与分析

她们都是从事色情行业的吗

上海《新民晚报》1997年4月10日刊登了一则消息：一位华裔美籍作家回国后，在上海遇到的女性都是从事色情行业的。因为他遇到的女性都是穿着皮短裙，而皮短裙是欧美国家色情服务行业的通用标志。后来，经朋友解释，他才知道是误解了。由此我们联想到改革开放初期，许多女青年穿着标有英文的广告衫，上面印有“kiss　me”、“love　me”、“go on”、“sex me”、“do do me”等字眼，引起了西方人的骚扰、追逐，弄出诸多啼笑皆非的误解云云。

北京某五星级酒店公关部经理，曾说起一桩美国客人的投诉事例。一天午夜，来自美国某大型旅行团的领队下榻酒店，领队毕恭毕敬地递上护照，总台服务小姐很疲惫，只用一只手接过护照，填写完相关表格后，就随手将客人的护照往台上一扔。美国客人不干了，愤怒地说：“我要投诉，把你们经理叫过来！我们跑遍全世界，没有哪个酒店这样对待我们！”立即向经理投诉，公关部经理立即赶到。了解情况后，立即向美国客人道歉，并当即表示：“为了体现我们的诚意，您的住宿费打八八折，我们将扣除总台服务小姐当月的奖金。”美国客人这才勉强答应。

由此可见，穿衣戴帽、待人接物并非小事，往往体现了一个国家、民族、组织和个人的精神风范、品质修养、文化水准。礼仪在人际交往、商务活动、日常生活中具有非常重要的作用。

（根据中国礼仪网资料改写）

案例讨论

（1）你认为上海女性的着装错在哪里？为什么？

（2）总台小姐错在何处？公关部经理的处理妥当吗？为什么？

关联知识

构成礼仪最基本的三大要素是：语言（包括书面、口头和体态的）、行为表情、服饰器物。据此，我们可以将礼仪分为静态礼仪和动态礼仪两种。

一、静态礼仪

1. 服饰礼仪

英国前首相撒切尔夫人是当今世界上出类拔萃的政治家，她十分注重自己的仪表风度。她的仪容顾问戈登·里斯，素有“撒切尔夫人塑造师”之称。人们评论说：撒切尔夫人雍容而又不过度华贵，庄重但不显老相，内心是“铁女人”，而仪表谈吐却显得温善柔和。这一切与戈登·里斯的贡献和她本人注重仪表打扮是分不开的。公共关系人员与各种人打交道，在各种场合露面，应重视修饰自己的仪容仪表。

一个人无论以什么身份在社会上活动，在仪容方面都要有起码的要求，第一是整洁，第二是得体。在社交场合如何穿着，是懂不懂礼仪的重要体现，也是文明素养的一个窗口。穿着不当，往往会降低一个人的身份，很难使周围的人对他有良好的第一印象。

（1）一般着装的原则。

① 与年龄协调。老年人服装应体现成熟、稳重的特点，应穿结构简单、色彩简洁、质地较好的服装；青年人则应突出活泼奔放的特点，选择色彩鲜艳、样式新颖、富有时代感的服装；少年儿童更有适应自己年龄特点的独特的学生装。

② 与身份协调。教师穿着朴素大方，样式不宜过于新颖，以免分散学生的注意力；医生宜穿浅色，显出清新、洁净，并力求稳重，给人以安全感；党政干部服装应力求简朴、庄重；青少年学生应保持纯真活泼，不要过于成人化。

③ 与个人条件协调。肤色深则穿较浅色的服装，肤色白可穿深色的服装等，用这种反衬突出形体的优势，遮掩不足。

④ 与环境、场合协调。通常在选择服饰时必须符合时间（Time）、地点（Place）、场合（Occasion）即“TPO”三个要素，这是选择服饰亘古不变的原则。在喜庆场合，不能穿得太古板，诸如联欢晚会、节假活动、庆典、婚礼、生日宴会等气氛欢快热烈的场合，服饰上应注意色彩丰富、款式新颖、样式活泼、轻松；在庄重场合，穿着不能太随便，如出席重要会议，举行重要活动仪式，一般应穿礼服或套装，不宜穿夹克衫、牛仔裤，更不能穿短裤、背心，女士不宜赤脚或穿凉鞋；悲伤场合，不能太艳丽，例如，在殡仪馆向遗体告别，在病房探视危重病人，气氛比较肃穆，为了表示自己对病逝者及家属的尊重和同情，服饰应注意穿深色素色，切忌大红大绿、色彩鲜艳。服装款式要给人以庄重感，不要穿宽松式、便装，更不能敞胸露怀，不宜佩戴装饰物，不宜化妆。另外，服装穿着还要讲究规范。例如，穿西装一般应打领带，衬衣要放在裤子里，衣袖、裤腿不要卷起。例如，穿毛衣，领带要放在毛衣里面。穿皮鞋，要上油擦亮。女士穿裙子时，长筒袜口不要露在裙外。男子在室内一般不戴帽子和手套，也不宜戴墨镜。在室外，遇有迎送场合，说话或告别时也应将墨镜摘下。总之，服饰穿着因人而异，服装穿着得体，就能突出个人的性格气质，显示出独特的魅力。

（2）具体穿着应注意的事项。

任何服装均应注意清洁、整齐、挺直。衣服应烫平整，裤子烫出裤线。男子穿双排扣西装时一般应将纽扣都扣上，穿单排扣的西装，如是两粒扣的只扣上面一粒，三粒扣的则扣中间的一粒。在一些非正式场合，也可以不扣。但穿西装时衬衫袖口一定要扣上。另外，穿西装时，衬衫袖应比西装袖长出1～2厘米，衬衫领应高出西装领1厘米左右。同时，凡参加正式交际活动时，就应系领带。领带长度以到皮带扣处为宜。若不系领带，衬衫的领口应敞开。穿长袖衫要将前后摆塞在裤内，袖口不要卷起。穿短袖衫（港衫），下摆不要塞在裤内，长裤不要卷起。任何情况下不应穿短裤参加涉外活动。西装应配皮鞋，庄重的西装要配深色的皮鞋。皮鞋要上油擦亮。袜子的颜色也应比西装深一些，花色要尽量朴素大方。女士除军人、学生外，衣着尽量不要千篇一律，样式花色应有所差别。穿袜子时，袜口不能露在衣、裙之外。正式服装的外部衣袋里是不应放东西的，裤子背后的口袋里也不应放东西。皮夹、手帕、钢笔等应放在外衣里侧的口袋里。

参加各种活动，进入室内场所均应摘帽，脱掉大衣、风雨衣等，并送存衣处。男同志任何时候在室内不得戴帽子、手套。西方妇女的纱手套、纱面罩、帽子、披肩、短外套等，作为服装的一部分则允许在室内穿戴。

在室内一般不要戴黑色眼镜，就是在室外，遇有隆重仪式或迎送等礼节性场合，也不应戴黑色眼镜。有眼疾必须戴有色眼镜时，应向客人或主人说明，或在握手、说话时将眼镜摘下，离别时再戴上。

在家中或旅馆房间内接待临时来访的外国客人时，如来不及更衣，应请客人稍坐，立即换上服装、穿上鞋袜，不得赤脚或只穿着内衣、睡衣、短裤接待客人。

（3）饰品礼仪。

随着人们生活水平的不断提高，各类饰物逐渐走进人们的家庭，装点着人们的服饰，增添了新时代人们的神采。然而，饰品的佩戴也是有所讲究的。要注意与服装搭配，与自己的肤色、脸型、年龄、性别相吻合。这里提到的饰品主要包括项链、耳环、戒指和手镯等。一般来说，参加一些社交活动时可适当佩戴一些高质量的饰品，可显示出高雅的气质。比如，女士脖子较短可佩戴带长而细的项链；身材小巧可佩戴小耳环；手腕较细的则以选择较窄的手镯为宜，但戴手表时就不宜再戴手镯了。

（4）服饰的配色原则。

一般来说，服饰色彩要求鲜明开朗，富于变化而又协调统一，求得一种和谐美。这也是服饰色彩美的最高原则。具体搭配方法有同种色搭配、相似色搭配、主色调搭配以及对比色搭配4种。比如相似色中的一条基本原则就是——“三色原则”，就是要求我们在正式场合，在服饰配色时，包括服装、饰品、配件等在内的一切服饰，不应当超过3种以上的颜色。

2. 仪容礼仪

（1）发型。

在现代社会，男子留中、短发（5cm～7cm）才是文明的标志。男子的发型有平头、分头、背头和波浪头等。女子的发型相对来说就比较复杂了。有直发、烫发、马尾辫等形式，一般应根据自己的年龄、脸型、体型、职业和活动场所来选择合适的发型。例如，体型高的人配上长发就显得活泼脱俗、飘逸自如。

② 化妆。

化妆既是一门综合艺术，又是一种技术、技巧。选择适当的化妆品和与自己的气质、脸型、年龄等特点相符的化妆方法能显著增添自己的魅力。化妆要注意以下几点：

a. 化妆要自然。

b. 化妆的浓、淡要视时间、场合而定。

c. 不要在公共场所化妆。

d. 不要在男士面前化妆。

e. 不要非议他人的化妆。

f. 不要借用他人的化妆品。

g. 男士不要过分化妆。

二、动态礼仪

动态礼仪是礼仪中的重点内容。它包括见面礼仪、交谈礼仪和告别礼仪3种。

1. 见面礼仪

（1）问候。

在我国，人们相见习惯说“你吃饭了吗”？“你到哪里去”？等。而在有些国家则不用这些话，甚至习惯上认为这样说不礼貌。在西方，一般见面时先说“早安”、“晚安”、“你好”、“身体好吗”？“最近如何”？“一切都顺利吗”？“好久不见了，你好吗”？“夫人（丈夫）好吗”？“孩子们都好吗”？“最近休假去了吗”？对新结识的人常问：“你这是第一次来我国吗”？“到我国来多久了”？“这是你在国外第一次任职吗”？“你喜欢这里的气候吗”？“你喜欢我们的城市吗”？分别时常说：“很高兴与你相识，希望再有见面的机会”。“再见，祝你周末愉快”！“晚安，请向朋友们致意”。“请代问全家好”！等。在社交场合，还可谈论涉及天气、新闻、工作、业务等事情。

最常用的礼貌用语有：请、您、您好（问候用语）、早上好、再见、谢谢（致谢用语）、不客气、对不起、没关系、请原谅（谢过用语）。礼貌用语要做到：“请”字开路，“谢谢”压阵，“对不起”不离口，“上午好”、“下午好”、“晚上好”、“晚安”这类的问候语天天说。我们应该养成礼貌用语的习惯。因为说“你好”可显示你的修养，表示对别人的尊重而拉近与人的关系；说“谢谢”可让别人感到心情愉快，对微不足道的事情也坦率表达谢意的人是广受欢迎的。

（2）称谓。

称谓指的是人们在日常交往应酬中，所采用的彼此之间的称呼语。记住对方的名字，并把它叫出来，等于给了对方一个很巧妙的赞美。而若是把他的名字给忘了或写错了，你就会处于非常不利的地位。在人际交往中，选择正确、适当的称呼，反映着自身的教养、对对方尊敬的程度，甚至还体现着双方关系发展所达到的程度和社会风尚，因此对它不能随便乱用。选择称呼要合乎常规，要照顾被称呼者的个人习惯，入乡随俗。在工作岗位上，人们彼此之间的称呼是有其特殊性的，要庄重、正式、礼貌。

① 日常生活中的称呼。

a. 职务（职务）称呼。在职务前加上姓或名，适用于正式的场合。如“议员先生”、“市长先生”、“上校先生”、“玛丽小姐”、“秘书小姐”、“护士小姐”。职称称呼在职称前加上姓或名，适用于十分正式的场合。如“部长阁下”、“总统阁下”、“主席先生阁下”、“总理阁下”、“总理先生阁下”、“大使先生阁下”等。但美国、墨西哥、德国等国没有称“阁下”的习惯，因此在这些国家可称先生。对有地位的女士可称夫人，对有高级官衔的妇女，也可称“阁下”。

b. 行业称呼。对于从事某些特定行业的人，可直接称呼对方的职业，如老师、医生、会计、律师等，在职业前加上姓氏、姓名。如“卡特教授”、“法官先生”、“律师先生”、“博士先生”、“马丁博士先生”等。

c. 性别称呼。一般对男子称先生，对女子称夫人、女士、小姐。已婚女子称夫人，未婚女子统称小姐。不了解婚姻情况的女子可称小姐，对戴结婚戒指的年纪稍大的女子可称夫人。如“布莱克先生”、“怀特夫人”。

d. 姓名称呼。一般限于同事、熟人之间。可以直呼其姓名；只呼其姓，要在姓前加上“老、大、小”等前缀；只呼其名，通常限于同性之间。上司称呼下级、长辈称呼晚辈、亲友、同学、邻里之间，也可使用这种称呼。对复姓（欧阳、司马、诸葛、西门等）可直接呼姓。

俄罗斯人的姓名，未婚女性用父姓，已婚女性用夫姓，父亲和本人的名字不变，口头称呼一般可只称姓或只称名。对日本人一般可只称姓，熟人间也可只称名，对男士表示尊重，可在姓后加上“君”，如“岗村君”。口头称呼英美人，一般只称姓，亲密的朋友间可只称名。女性结婚一般都不再用自己的姓，而改为丈夫的姓。

② 称呼注意事项。要区分不同对象和场合。如到同学或同事家，对其父母就不能称职务或同志，要称“伯父、伯母”或“叔叔、阿姨”。小名、昵称不宜在公开场合出现，称绰号要讲分寸。一般只用于同龄人之间，在非严肃场合显得亲切，但不能伤害对方的自尊心，更不能侮辱人格，要做到语言文明。如有些人开口就是“喂”、“老头子”、“卖菜的”、“当兵的”等，既贬低了别人，也抹黑了自己。在多人交谈的场合，要顾及主从关系。称呼人的顺序，

一般为先上后下、先长后幼、先疏后亲、先女后男，要考虑习惯。如称“老大爷”，农民感觉亲切。又如天津人称年轻姑娘为“大姐”，陕西人习惯称“师傅”，山东农村的男子乐于被称为“二哥”。

2．见面动作礼仪

（1）握手礼。

一定要用右手握手。以手指稍用力握住对方的手掌，时间一般以 1～3 秒为宜，双目注视对方，微笑致意或问好，上身要略微前倾，头要微低。当然，过紧地握手，或是只用手指部分漫不经心地接触对方的手都是不礼貌的。姿态正确，右手握右手上下摇晃三下后松开，一般不用双手相握；握手时应站立、微笑、目光热情、握姿沉稳，双方之间的距离以一步为宜。

伸手的顺序：主人、年长者、身份高者、客人、年轻者、身份低者、男士。通常，长幼之间，长辈先伸手；男女之间，女方先伸手；上下级之间，上级先伸手；身份高的先伸手，身份低的立即回握；主客之间，主人先伸手，年轻的立即回握；接待来宾时，女主人主动先伸手；对年长者、职务高者都应稍稍欠身表示尊敬。男士与女士握手时，一般男士不要先伸手，只宜轻轻握女士手指部位。在任何情况下，都不要拒绝他人先伸过来的手。但无论什么人，如果他忽略了握手礼的先后次序而已经伸了手，对方都应不迟疑地回握。

（2）拱手礼。

拱手礼，又叫作揖礼，在我国至少已有 2000 多年的历史，是我国传统的礼节之一，常在人们相见时采用。作揖的基本手势是右手握拳，左手搭与右手之上，表示左阳右阴；两手相抱，是以双手代表自己的头；双手以臂为轴，旋转运动下垂，表示扣头与点头之意，表示对别人的尊重。目前，它主要用于佳节团拜活动、元旦春节等节日的相互拱手致意祝贺等。

（3）鞠躬礼。

鞠躬意思是弯身行礼，是表示对他人敬重的一种郑重礼节。一般只行一鞠躬，“三鞠躬”称为最敬的礼节。鞠躬时，两臂自然垂直或双手在体前搭好（右手搭在左手上），两腿并拢站直，以腰部为轴，上身向前倾斜，目光向下，弯腰鞠躬 30°。有时还要在鞠躬的同时向对方问好。行鞠躬礼时忌不站立或站立不直，随意点头弯腰，边走边鞠躬或其他不礼貌的行为动作。一般情况下，鞠躬时必须摘下帽子，因戴帽鞠躬是不礼貌的。鞠躬时目光应该向下看，表示一种谦恭的态度，不可以一面鞠躬一面翻起眼睛看着对方。鞠躬时，嘴里不能吃东西或叼着香烟，不能够把手插在衣袋里。鞠躬礼节在直起身时，双眼应该有礼貌地注视着双方，如果视线移向别处，即使行了鞠躬礼，也不会让人感到是诚心诚意的。若是迎面相遇，则在鞠躬后，向右边跨出一步，给对方让开路。鞠躬礼一般在下列场合使用：表演谢幕、演讲、发言、领奖、馈赠、婚礼、谢宴、悼念、辞别、表示谢意、迎送宾客、追悔、谢罪等。

（4）拥抱礼。

拥抱礼是流行于欧美的一种礼节，通常与接吻礼同时进行，也是世界各国政府首脑外交场合中的见面礼节。拥抱礼行礼方法：两人相对而立，右臂向上，左臂向下；右手挟对方左后肩，左手挟对方右后腰，握各自方位，双方头部及上身均向左相互拥抱，然后再向右拥抱，最后再次向左拥抱，礼毕。

（5）亲吻礼。

有关亲吻的来历流传最广的说法是，古罗马时严禁妇女喝酒，男子外出归来，常常要检查一下妻子是否饮酒，便凑到她的嘴边闻一闻、嗅一嗅。这样沿袭下来，夫妇把嘴凑到一起的举动逐渐成为夫妇见面时的第一道礼节。后来，这种礼节逐渐普及，范围逐渐扩大，终于演化成今天的亲吻礼。

① 吻手礼。男子同上层社会贵族妇女相见时，如果女方先伸出手做下垂式，男方则可将指尖轻轻提起吻之；但如果女方不伸手表示，则不吻。如女方地位较高，男士要屈一膝做半跪式，再提手吻之。此礼在英法两国最为流行。

② 接吻礼。多见于西方、东欧、阿拉伯国家，是亲人以及亲密的朋友间表示亲昵、慰问、爱抚的一种礼，通常是在受礼者脸上或额上接一个吻。接吻方式为：父母与子女之间的亲脸、亲额头；兄弟姐妹、平辈亲友是贴面颊；亲人、熟人之间是拥抱、亲脸、贴面颊。在公共场合，关系亲近的妇女之间是亲脸，男女之间是贴面颊，长辈对晚辈一般是亲额头，只有情人或夫妻之间才吻嘴。

亲吻礼的注意事项：一般而言，长辈与晚辈之间，宜吻脸颊和额头；平辈之间，宜轻贴面；关系亲密的子女之间可吻脸；异性之间，宜贴面；男士对女士表示敬意可吻手。行亲吻礼时，动作要轻快，勿过重、过长或出声；要注意口腔清洁无异味，不要把唾沫弄在对方脸上、额上或手背上；如果不是特殊关系和特殊场合，年轻、地位低者，不要急于抢先施亲吻礼。

（6）合十礼。

合十礼又称合掌礼，流行于南亚和东南亚信奉佛教的国家。其行礼方法是：行礼时应面对受礼者，两个手掌在胸前合拢并齐，掌尖和鼻尖基本相对平齐，手掌向外向下倾斜，微微向下，以示虔诚，头略低，面带微笑。受礼者应以同样礼节还礼。

（7）脱帽礼。

见面时男士应摘下帽子或举一举帽子，并向对方致意或问好；若与同一人在同一场合前后多次相遇，则不必反复脱帽。进入主人房间时，客人必须脱帽。在庄重、正规的场合应自觉脱帽。

（8）点头礼。

点头礼与握手礼一样是最普遍的见面礼仪，盛行于世界各国和各民族。在剧院、会场、展览会、宴请等不宜随便走动的公共场所，朋友远距离相见时也可用点头致意，用右手打招呼，如果带着帽子还应脱帽再点头示意。由于点头礼简单随意方便，不受时间、地点、对象的限制，因此深得世界各民族的青睐，一直盛行不衰。

（9）举手礼。

举手礼也是一种常见的见面礼仪，在学校、军队中使用频繁。举手礼起源于中世纪的欧洲。当时，骑士们常常在公主和贵妇面前比武，在经过公主的坐席时，他们还要唱歌来赞美公主，歌词往往把公主比喻成光芒四射、美丽绝伦的太阳。因而，武士们看到公主时总要把手举起来做挡住太阳的姿势。久而久之，就演变成举手到眉的“敬礼”了。

3. 介绍和交谈礼仪

（1）介绍。

一般来说，介绍分 3 种形式：即自我介绍、他人介绍和互相介绍。正确的介绍顺序应该是：把年轻的先介绍给年长的；把身份低的先介绍给身份高的；把与自己关系密切的先介绍给与自己关系较疏远的；把男士先介绍给女士；把晚辈先介绍给长辈。

介绍时要遵守以下原则：

① 记住被介绍人的姓名，至少要记住那人的姓。记住别人的名字是表示自己重视他了，他自然会对你表示好感。

② 表示出亲热和友善。当你被介绍给一位陌生朋友时，你一定要表示出热情、友善，体现

出“认识你”很高兴的神态，为今后的交往铺平道路。

现在比较流行的见面介绍方式是送名片，递交名片时要注意双手奉上。接受名片时通常也应双手呈接，接过后应看一看，最起码也应记住姓名。不要马上收起来或随意一放了事。不要乱发你的名片，不然你不是令你的名片贬值，就是使它没有发挥应有的作用。你的名片应放在便于拿出的地方——放在兜里或公文包里。花钱买一个好的名片盒是明智的。为避免寻找名片时在衣兜或包里乱摸一气，你应把它们放在固定的位置，西服或夹克衫上衣的内兜就是很好的地方。你出示的名片应有型有款，不能又皱又褶。

（2）交谈。

① 必要的寒暄。诚恳的态度，能使人感到亲切自然，容易被人接受。无论是说还是听，神情专注，都是对对方最大的尊重。应以微笑、点头等动作或以“嗯”、“是”等，表示认可。在对方需要理解、支持时，要用“对”、“没错”、“我有同感”，给以呼应。必要的话，还要在自己讲话时，适当引述对方刚刚发表的见解，或者直接向对方请教高见。这些都是用语言和对方进行合作。不要去迫不及待地直接陈述让对方不快或反感的事。另外，用语要含蓄、婉转，这样才有利于创造一个融洽的氛围。

② 用语文明礼貌。要避免使用气话、粗话、脏话等。那些不但有失身份、让人反感而且不利于谈话气氛的营造，如“请”、“您”、“谢谢”、“对不起”、“别客气”等。另外，不要抢先说话、不要议论不在场的人、不要谈论别人的缺点和不足、不发火、不说粗话、不造谣。

③ 注意语气语调，把握好分寸。交谈中，说话过快、过慢或是忽快忽慢都会影响交谈效果。另外，少用方言土语，即使只有一个人听不懂，也不要用方言土语，以免让人产生被排斥、被冷落的感觉。同时，也要注意对方的思维与习惯，比如在赞美女性的时候，要考虑对方的思维与习惯，不能直接说对方“性感”，而只适合说“迷人”。另外，说话时要认清自己的身份，说话要客观。

④ 注意说话方式，多用婉言表达。其功效是免除怨怒、促进尊重，让人与人之间充满友好和谐的气氛。

⑤ 谈话的表情要自然，语气和气亲切、表达得体。说话时可适当做些手势，但动作不要过大，更不要手舞足蹈，不要用手指指人。与人谈话时，不宜与对方离得太远，但也不要离得过近，不要拉拉扯扯、拍拍打打。谈话时不要唾沫四溅。谈话要专注，切忌在大庭广众面前耳语。异性之间交谈时，眼睛不能老是盯着对方；在路上与妇女交谈应当边走边谈，不能停下站着说话。

⑥ 参加别人谈话要先打招呼，别人在个别谈话，不要凑前旁听。若有事需要与某人说话，应待别人说完。有人与自己主动说话，应乐于交谈。第三者参与说话，应以握手、点头或微笑表示欢迎。发现有人欲与自己谈话，可主动询问。谈话中遇有急事需要处理或需要离开，应向谈话对方打招呼，表示歉意。

⑦ 谈话现场超过3人时，应不时地与在场的所有人攀谈几句。不要只与一、两个人说话，不理会在场的其他人，也不要与个别人只谈两个人知道的事而冷落第三者。如所谈问题不便让旁人知道，则应另找场合。

⑧ 在交际场合，自己讲话要给别人发表意见的机会，别人说话，也应适时发表个人看法。要善于聆听对方谈话，不轻易打断别人的发言。一般不提与谈话内容无关的问题。如对方谈到一些不便谈论的问题，不对此轻易表态，可转移话题。在相互交谈时，应目光注视对方，以示专心。对方发言时，不左顾右盼、心不在焉，或注视别处，显出不耐烦的样子，也不要老看手

表，或做出伸懒腰、玩东西等漫不经心的动作。

⑨ 谈话的内容一般不要涉及疾病、死亡等不愉快的事情，不谈一些荒诞离奇、耸人听闻、黄色淫秽的事情，也不要谈论涉及私人生活方面的问题。与西方人交谈时应注意“八不问”（年龄、婚姻、收入、住址、信仰、经历、工作、身体）原则。男子一般不参与妇女圈内的议论，也不要与妇女无休止地攀谈而引起旁人的反感侧目。与妇女谈话更要谦让、谨慎，不与之开玩笑，争论问题要有节制。

（3）接电话礼仪。

① 电话预约基本要领：力求谈话简洁、抓住要点；考虑到交谈对方的立场；使对方感到有被尊重的感觉；没有强迫对方的意思。

② 打电话、接电话和挂电话的基本礼仪。

打电话时最好用自然音调，不必提高，更不能装腔作势、娇声嗲气。说话时口齿清楚，保持正常速度，使人听了清晰、明了。如果要找的人不在，可将自己的姓名、电话留给对方，以便于转告他的友人。

接电话时一般在铃响后马上去接，最好不要超过 5 声。态度要彬彬有礼、和蔼可亲。应满足对方要求找到要找的人接电话，如人不在，应向对方说明并表示歉意。

挂电话时要有礼貌地说声：“再见！”，并轻轻地挂上。不能太重，否则会使对方产生疑虑而留下不良印象。

4．姿态与举止礼仪

姿态与举止是一种人际交往中的“无声的语言”，要做到彬彬有礼、落落大方，遵守一般的进退礼节，尽量避免各种不礼貌、不文明的习惯。古人主张，人的姿态要“站如松、行如风、坐如钟、睡如弓”，这是对姿态美的形象概括。它的基本要求如下：

（1）站姿：挺拔、优美、典雅。站立时，上身要稳定，双手安放两侧，不要背臂，也不要双手抱在胸前，身子不要侧歪在一边。

（2）坐姿：在社交场合，不论是坐在椅子上或是沙发上，最好不要坐满，上身应端正、挺直，这样显得比较精神。坐时间长了如感觉疲劳可靠在沙发背上，但不可把脚一伸，半躺半坐，更不可歪斜地倒在沙发上。男性可跷“二郎腿”，但不可跷得太高、不可抖动；女性可采取小交叉的姿势，但不可向前直伸。

（3）步态：上体应保持正直，抬头两眼平视、精神饱满、面带微笑，步履协调稳健、轻盈自然。

（4）动作：不要当着对方的面，擤鼻涕、掏耳朵、剔牙齿、修指甲、打哈欠、咳嗽、打喷嚏，实在忍不住，要用手捂住口鼻，面朝一旁，尽量不要发出声，不要乱丢果皮纸屑等。女性最好不要在人前化妆。

（5）表情：美国心理学家梅拉别思总结出这么一个公式：感情的表达=7%言语+38%语音+55%表情，可见表情在日常交往中的重要性。所以，交往时表情要自然真诚且要符合周围的环境氛围。

（6）交际中的空间距离，一般分为 4 个层次。

① 亲密空间 15cm～46cm，这是最亲的人，如父母、恋人、爱人；

② 个人空间 46cm～1.2m，一般亲朋好友之间，促膝谈心、拉家常；

③ 社交空间 1.2cm～3.6m，社交场合与人接触，上下级之间保持的距离，保持距离会产生威严感，庄重感；

④ 公众空间大于 3.6m，社交场合与人接触，上下级之间保持的距离。

5．拜访和告别礼仪

登门拜访要注意时间、服装的选择。一般来说，访问某人，应事先选择好时间，不宜选择对方较忙或三餐时间，晚上不宜太迟。尽量不做不速之客，不请自到。预约好的拜访，宾主都要守时、守约、守信。衣服要整洁、朴素、大方，不必太过华丽。蓬头垢面、衣冠不整是对主人的不敬。

进门时先敲门或按门铃。敲门要有节奏感，不轻不重、不急不慢，敲两三下为宜。虚掩着或开着的门也不可破门而入，给主人一个措手不及则很失礼，进屋后最好等要拜访的人来后才落座。如果需要较长时间等候，可先落座与接待者交谈或看些报纸书刊杂志之类的读物，要拜访的人来后应起立寒暄。对于约好的正式拜访，无论事情多急，拜访的时间很紧，在门口也只能寒暄问候，不要谈正题，入室落座后再谈，否则会给对方留下不成熟的印象。

交谈过程中，谈话要简要，少说消极、沉闷的话。善于倾听，做出积极反应，不要随意打断别人的谈话。客人在主人家不宜东张西望。不要随便走进主人的卧室，除非主人主动邀请。

掌握好告辞的最佳时机。一般性拜访，时间不宜太长，也不宜太匆忙。一般以半小时到 1 小时为宜。若是事务、公务性拜访，则可视需要决定时间的长短。客人提出告辞的时间，最好是与主人的一个交谈高潮之后，或者是在又有新客人来时。交谈中主人若有疲劳感或有家人来提示有什么急事要办等情况时，适时告辞较为得体。告辞时应对主人及家人的款待表示感谢，如果主人家有长辈，应向长辈告辞。

实践与评价

1．能力训练

（1）案例分析。

丘吉尔说：“要让一个人有某种优点，你就要说得好像他已经具备了这种优点。”如果有人遇到困难畏首畏尾，或者办起事来犹豫不决，那么你不妨适时而委婉地对他说“这样前怕狼后怕虎的可不是你以前的表现”，“你是个很有决断力的人”。先给他戴上他应该具备的优点的帽子，予以鼓励。由于给了他一个良好形象的“定位”，所以他会为此而努力奋斗，从而改变目前的不好做法。而不应直说：“你这个人真笨，什么事都办不成”。这样一锤子把他给打死了，对方也就更加丧失了勇气和信心。此外，不要开门见山、直截了当地说：“你错了，因为……”。这就意味着完全否定了对方的能力，只能伤害对方的自尊心，使他觉得难堪，丧失了尊严。这时，他会为自己的态度找出种种辩护理由，甚至强词夺理，很可能会使交谈陷入难以挽回的僵局。

① 你觉得上述分析对吗？为什么？

② 如果是你遇到类似的情况，你将如何处理？

（2）比较题。

① 介绍的三种形式有区别吗？为什么？

② 比较交际的空间距离，有何差异？为什么？

2．测试题

（1）简述一般着装的基本原则。

（2）试述步态的基本要求。

（3）怎样才能做好称呼礼仪？

3. 单元评估

表 1　单元课程评价表

单元内容　　　　　**学号**　　　**姓名**　　　**班级**　　　**时间**

1. 本单元最有价值的内容是：
2. 以下问题需要进一步了解或得到指导：
3. 教师讲授的思路是否清晰？教学态度如何？
4. 教学方法对你的学习是否有帮助？
5. 你的学习计划是否完成？
6. 教学目标是否达到？
7. 对于教学有何建议？
学生签字： 组长签字： 学习委员签字： 教师签字：

表 2　基本能力测评表

单元内容　　　　　**学号**　　　**姓名**　　　**班级**　　　**时间**

基本能力	评价指标	测评结果（通过√，没通过×）	备注
判断能力			
管理能力			
交流能力			
创新能力			
其他			
教师评语： 教师签字：　　　　年　月　日			
成绩：		学生签字：	

表 3　单元能力测评表

单元内容　　　　　**学号**　　　**姓名**　　　**班级**　　　**时间**

关键能力	评价指标	测评结果（通过√，没通过×）	备注
其他			
教师评语： 教师签字：　　　　年　月　日			
成绩：		学生签字：	

第二单元 特定场合的礼仪

案例学习与分析

一天，欧洲某投资考察团来到某企业考察，在领导的授意下，公关部特意选派了几位年轻漂亮的女士进行接待工作，同时指示她们穿上紧身的花上衣、黑色皮裙、高跟鞋、化浓妆、撒香水。

外商上午来到企业，在漂亮小姐的接待下，被弄得手足无措，还没有洽谈，外商就借口旅途太劳累，先回宾馆休息休息，立即离开了这家企业，再也没回来。公关部经理和小姐们都很尴尬，领导也感到不可思议。

后来请来了礼仪专家，经询问经过，原来该企业在礼仪上犯了大忌。公共环境，一般商务接待，最忌讳女士穿着紧身衣服，这是轻佻失礼的举动。欧美国家，将黑色的皮裙作为不雅的服装，一般色情场所，从事色情服务的女性才着此装束。

案例讨论

（1）你认为某企业的失误在哪里？为什么？

（2）倘若让你来策划，重新设计接待工作，你将如何做？

关联知识

一、宴会礼仪

1．举办宴会礼仪

宴请形式的分类，按接待规格分类，有正式和非正式之分；按宴请活动的性质分类，有私人和公事之分；按宴请活动的形式分类，有中式和西式之分。

（1）正式中餐宴会。中餐宴会是传统的聚餐形式。宴会遵循中国的饮食文化习惯，以饮中国酒、吃中国菜和用中国餐具（主要是筷子）为主。其用餐环境也或多或少体现出中国传统文化的特色——质朴、凝重、古雅、大方。

（2）西餐宴会。这是按照西方国家的礼仪习俗举办的宴会。其特点是遵循西方的饮食习惯，采取分食制，以西菜为主，用西式餐具（刀和叉）、讲究酒水与菜肴的搭配。其布局、台面布置和服务等具有鲜明的西方文化特色。

（3）冷餐会。其特点是不排座位，菜肴以冷菜为主，也可上热菜，食品是中西结合。一般在室外草地上举行。菜肴、酒水均放在桌上，宾客可自由挑选。这种形式多用于官方的正式活动，时间一般为中午12时至下午2时，或下午5时至晚上7时。

（4）自助餐宴会。这是一种自己选择取用食物的宴会方式。宾客可以边走边谈，自由度较高。

（5）鸡尾酒会。具有欧美传统的集会交往仪式。它以酒水为主，可略备小吃食品，形式较轻松，一般不设座位，举行时间较为灵活。

（6）茶会。又叫“茶话会”，是一种非常简便、轻松活泼的宴会形式，为社会举行纪念和庆祝活动所采用。会上一般备有茶、点心和数样风味小吃、水果等。

2．举办宴会时礼仪

（1）较正式的宴请要提前1周左右发请柬，已经口头约好的活动，仍应外送请柬。

（2）在确定客人名单时，第一不要有所遗漏，第二不要邀请正在闹纠纷的人同时参加，第三尽可能使出席的人数为偶数，男女客人数大致相等或男士多一点。

（3）正式宴会时，人数较多，作为主人在客人到达之前，要安排好座位以便客人来了入座。一般情况下，主人坐上座，然后按来宾的身份遵循右高左低的习惯依次排开。如遇主宾身份高于主人，也可为表示尊重，把主人和宾客的位置对调。关于男宾和女宾，按外国习惯是间隔安排；我国习惯则是按各人的职务、身份来考虑。另外，安排桌次时，最好将年龄、身份、习惯、兴趣和语言相似的人放在一桌。

（4）招待客人进餐时，要注意：

① 穿正式的服装，整洁大方。

② 要做适当化妆，显得隆重、重视、有气氛。

③ 头发要梳理整齐。

④ 夏天穿凉鞋时要穿袜子。

⑤ 宴会开始之前，主人应在门口迎接来宾。

⑥ 宴会开始后，主人应及时招呼客人，并是第一位敬酒的人。

⑦ 宴会即将结束时，主人应先行离席，并客气地对来宾说：“各位慢慢吃。”然后走到门口站立，与一些已经吃完并准备离去的宾客握手告别，一定不能自顾自地大吃大喝。

3．赴宴礼仪

接到对方的请柬后，要及时告诉对方，自己是否能按时出席。一般情况下，要愉快接受邀请，如有特殊原因，也应回电表示感谢和歉意。如当初答应后有急事不能赴宴，一定要及时告知对方，并婉言道歉。

出席宴会时要注意仪容和穿戴，男士要洁面剃须，女士要适当化妆。尽量做到仪容整洁、穿戴雅观大方。

不要过早抵达宴会厅，以免给主人增加负担。最好是在宴会开始前10分钟之内到达。当然也不能迟到，那表示对主人的不尊重。

就座进餐时，要注意对号入座，服从主人安排。同时要主动和周围的人打招呼；当主人敬酒时，要起身回敬；对美味可口的菜肴要适当赞扬；喝酒要适度，不能贪杯喝多，弄出笑话。进餐时要举止文雅，服务员送来第一道湿毛巾主要是用来擦手的，有的人一上来就擦脸，甚至连脑袋也擦一遍，显得很不雅观。

用餐时中餐用筷子，需要有汤匙时，应先放下筷子。使用筷子应文雅，不能乱舞，不能用筷子指点人，不能胡乱翻动菜肴。离席时，筷子不可插在碗里，而应当轻放在餐碟边或筷架上。西餐用刀叉，一般左手持叉、右手持刀，而且每用完一份菜，就换一副餐具。餐桌上刀叉往往很多，它们的摆放顺序一般是根据上菜的先后顺序，从外到内摆放，不要打乱秩序使用刀叉。在使用刀叉时，假如将刀叉呈“八”字形摆放在垫盘上，则表示客人已吃完或不再想吃这道菜，而在等待服务员撤下。

喝茶或咖啡时，送上的小茶匙是专为你加牛奶和白糖用的。加上以后可以用它搅拌一下，然后就将茶匙放回茶碟上，千万不能用它来喝咖啡。喝时右手拿杯把，左手端茶碟。吃水果，如梨和苹果，不要整个拿着咬，应先去皮切开几块，用手拿着吃，面包要撕着吃。

注意进餐速度，不能自己“埋头苦干”，也不要不顾同桌人都已吃完，自己还在慢悠悠地吃。另外，宴会进行中要注意女士优先的原则。

宴会上应与大众交谈，不要独占某人，也不要对某人评头论足，更不要说那些与宴会主题无关的无聊话题。

用餐完毕，要等主人宣布散席后方可轻轻离座，并在离去前和主人握手言谢道别。

二、舞会礼仪

（1）参加舞会前应做好准备。要注意服装整洁、美观。男性要透露出稳重成熟的气质，而女性则应表现出高雅大方的气质。同时不要事先吃一些带有强烈刺激性气味的食物，比如蒜、葱、萝卜等。

（2）邀请舞伴时应男方主动，可以向女方半鞠躬，轻声地说：“请您跳舞”或说：“您喜欢随这支舞曲跳舞吗”？当女青年接受邀请后，可以马上起身随乐曲同男青年一起跳舞。舞曲结束后，不论跳的时间长短，男青年都应说：“谢谢！”，女青年也可以说：“我很高兴”，以示谢意。

（3）跳舞时要有良好的姿态。男方不可把女方的手握得太紧，更不要把女方的身体搂得过近或紧盯着对方的脸，以免引起女方反感，造成误会。女青年跳舞时，态度应和蔼可亲，但却不能乱送秋波，有失自己的稳重。

（4）患感冒或其他传染性疾病的时候不要去参加舞会。

（5）舞会结束后，男舞伴可以送女舞伴回家。如果女青年想拒绝他，这时可以礼貌地说：“对不起”并告诉他已经有人送了。说话要婉转得体，使对方不会难堪，也不致苦缠下去。

三、外事礼仪

1．含义

所谓外事礼仪，指的就是在参与涉外交往时，公关人员所必须遵守的基本礼仪规范。

2．外事接待礼仪

（1）了解来访者情况，索取必要的资料。

为安排好接待工作，首先需要了解来访者对这次访问的具体要求，弄清下述情况：代表团名称、性质、访问目的和要求；代表团生活习惯、饮食爱好和禁忌，有无亲属在本地，懂中文的程度；我方接待方针、礼遇规格、参观、座谈、专业考察、业务洽谈、生活接待等方面的要求；外宾抵离日期、火车、飞机班次，行李件数；陪同人员的姓名、性别及身份等情况。如系再次来访的外宾，要查阅档案，了解过去的接待情况。

来访人员的名单，是安排接待工作的重要依据，各项礼仪活动以及住房、乘车安排都需要有准确的名单。因此需要请对方尽早提供全体人员按礼宾顺序排列、注明各人职务、性别的名单。

（2）制订接待计划。

根据上级主管部门的通知精神，结合地方的具体情况，制定接待计划。计划包括接待规格及各项主要活动的安排，通常为迎送、宴请、会见、会谈、晚会、签字仪式、参观游览、外地访问、交通工具、下榻宾馆等项目，以及日程的安排。参观游览和赴外地访问，不仅应考虑对方的愿望，还要考虑对方的风俗习惯和宗教信仰。

日程确定后，应译成外宾使用的文字并印制好，届时放在外宾住房的桌上。接待规格高低表现在安排礼仪活动多少、规模大小、隆重程度，以及由哪些领导人出面接待等。接待规格反映对外宾的重视程度和欢迎的热烈程度。规格往往视政治需要而有所差异，但在国际交往中，都比较注重必要的平衡，不给人以厚此薄彼之感。

为保证接待方案圆满实施，在组织每一项礼宾活动中，要拟订周密计划，严密组织安排，定任务、定内容、定时间、定地点、定单位和定人员，严格执行责任制，使各项活动都能落实。

（3）做好接待准备。

在接待重要外宾的准备工作中，要抓住如下重点环节：

① 根据外事工作的特点和规律，准备工作的重点是组织欢迎队伍（含仪仗队）。

② 布置会见、会谈现场。根据礼宾规格和工作需要，要准备好必需的接待物品，现场要严肃庄重、整洁大方。

③ 准备参观和游览项目。每个参观点要定内容、定人员、定路线、定时间。

④ 安排接见、宴请。接见和宴请要定时间、地点、参加人员、座位安排和菜单。

⑤ 搞好安全保卫。根据外宾身份和接待规格，制订警卫方案。

⑥ 安排好住房、乘车及外出的交通工具。住房分配，由东道主根据来访人员身份做出安排，然后征询对方意见。有时由东道主将房图交给对方，请其自行安排。安排乘车要根据外宾的身份、规格、人数确定。对重要代表团，派开道车，以示重视。除必要礼宾、安全官员安排在主车后外，其余人员原则上按礼宾顺序安排。对大型代表团安排乘坐大轿车。赴外参观访问时，根据需要，其交通工具通常由东道主负责提供。

接待准备除物质准备外，还要做好宣传方面的工作。首先是出席领导人和外事人员，要经常学习有关对外方针、政策，统一表态口径，掌握宣传依据；了解外宾基本情况，包括该国政治、历史、地理知识，对外政策、风土人情，来访目的和要求等，便于有针对性地做好工作。在宣传准备上，视情况和需要，还要做好摄影、摄像等新闻报道的准备工作。

四、涉外交往礼仪

1. 礼宾次序

（1）概念。

所谓礼宾次序，是指国际交往中对出席活动的国家、团体、各国人士的位次按某些规则和惯例进行排列的先后次序。一般来说，礼宾次序体现东道主对各国宾客所给予的礼遇；在一些国际性的集会上则表示各国主权平等的地位。礼宾次序安排不当或不符合国际惯例，则会引起不必要的争执与交涉，甚至影响国家关系。因此在组织涉外活动时，对礼宾次序应给予一定的重视。

（2）方法。

第一种方法，按外宾的身份与职务高低顺序排列。在官方活动中，通常采用这种方法安排礼宾次序。

第二种方法，按参加国国名的字母顺序排列。在国际会议和国际体育比赛中，一般都采取这种方法，并按英文字母顺序进行排列。

第三种方法，按派遣国通知代表团组成的日期排列，若各国代表团的身份与规格大体相等，通常采用这种方法。有时，还可以按照各国代表团到达活动地点的时间先后，来排列礼宾次序。

2．国旗的悬挂

国旗悬挂的礼仪，国旗是一个主权国家的标志，它代表着一个国家的地位和尊严。

世界上各国国旗的颜色主要有红、白、绿、蓝、黄、黑等，这些颜色各有一定的含义：红色象征国家为独立和解放而斗争的精神；绿色是吉祥的标志；蓝色代表海洋、河流、天空。这三种颜色在各国国旗中出现得最为频繁。

悬挂国旗视不同的场合有不同的规范。在室外的旗杆或建筑物上挂国旗，一般是日出升旗、日落降旗，司职人员的表情应庄严、肃穆。升旗的时候，护旗人要托起国旗的一角，国旗触地是极其不严肃的。在重要的场合，例如一国政府的所在地，升旗需要有专职人员严格按照升旗规范行事。重要的时刻，例如外宾来访、国际体育比赛、国庆庆典，升旗时需要以国歌相伴奏。

遇到一国元首来访时，外宾通过的主要街道应悬挂两国国旗，在其住所及交通工具上也应悬挂国旗。

悬挂双方国旗的以右为上、左为下，客在右、主在左。汽车上挂旗，以驾驶员为基准划分左右。在外宾所在的重要场所挂国旗，升旗时应有专职仪仗兵负责，并要向其他国国旗行军礼。

举行国际会议、展览会、体育比赛，应悬挂所有参加国家的国旗；即使没有外交关系的国家，只要它是所举办活动的组织成员，东道主都应悬挂该国国旗。悬挂的次序是从左至右，以英文国名的第一个字母为序。

国旗不能够倒悬，一些国旗因字母和图案原因，不能竖挂，有的国旗竖挂则需另外制旗。

各国国旗的颜色长宽比例均由本国宪法明文规定，国旗图案不能在商品广告、产品宣传等非正规场合乱用。另外，撕扯、践踏、焚烧国旗的行为都是不允许的。

悬挂国旗，有并挂、竖挂、交叉挂几种。如果并排悬挂两面国旗时，其规格、尺寸应大致相等。国旗挂在墙壁上时应挂其正面，而不能用反面。

当某领导人逝世时，为表示哀思，国旗要下半旗。下半旗时要首先把旗升至杆顶，再下降至离杆顶 1/3 处。

实践与评价

1．能力训练

（1）案例分析。

一天，某涉外公司的小张被派往美国实训，在飞机上，她巧遇一位美国姑娘鲁斯小姐。小张第一次去美国，十分拘谨。鲁斯很热情地与她打招呼，使小张觉得倘若不与对方说话就显得失礼了。于是，她就操起比较流利的英语与对方攀谈起来。开头还好，你来我往，在语言交流上，小张没有失礼。说着说着，小张就问："你多大？"鲁斯答非所问："你猜猜看？"小张接着问："你看起来有 30 多了吧？一定结婚了？孩子多大？先生一定很有前途吧？"小张显得非常关心。然而，鲁斯居然默默不语、极力回避，再也不理小张了。直到下飞机，鲁斯也没再看小张一眼，小张非常尴尬。

① 请分析小张失误的地方在哪儿？为什么？

② 请替小张设计一项补救措施。

（2）比较题。

① 中餐与西餐的区别在哪里？

② 礼宾次序有几种规则？如何运用？

2．测试题

（1）简述宴请的种类？

（2）简述舞会的礼仪有哪些？

（3）怎样才能做好外事接待工作？

3. 单元评估

表 1 单元课程评价表

单元内容　　学号　　姓名　　班级　　时间

1. 本单元最有价值的内容是：
2. 以下问题需要进一步了解或得到指导：
3. 教师讲授的思路是否清晰？教学态度如何？
4. 教学方法对你的学习是否有帮助？
5. 你的学习计划是否完成？
6. 教学目标是否达到？
7. 对于教学有何建议？
学生签字： 组长签字： 学习委员签字： 教师签字：

表 2 基本能力测评表

单元内容　　学号　　姓名　　班级　　时间

基本能力	评价指标	测评结果（通过√，没通过×）	备注
判断能力			
管理能力			
交流能力			
创新能力			
其他			
教师评语： 教师签字：　　年　月　日			
成绩：		学生签字：	

表 3 单元能力测评表

单元内容　　学号　　姓名　　班级　　时间

关键能力	评价指标	测评结果（通过√，没通过×）	备注
其他			
教师评语： 教师签字：　　年　月　日			
成绩：		学生签字：	

第六模块

Module six

现代公关成功之路

学习目标

知识学习目标

- 了解公关员成功的基本素质与能力要求，明确应聘（自我推销）的过程，掌握其实施的方法与技巧，重点掌握其实施的步骤和排除相关障碍，熟练地开展相关公关活动。

能力培养目标

能力模块	能力要求	关键知识
现代公关技能训练的目标与要求	1. 能认知现代公关员的基本素质和要求 2. 能运用公关原理分析相关案例 3. 能运用公关原理展开自我推销（自荐）活动	1. 性格气质、思想品德、心理素质、身体素质 2. 表达能力、社交能力、组织能力、应变能力、创新能力 3. 书面自荐、电子自荐、口头自荐、组织推荐

第一单元　公关员的修炼

案例学习与分析

塑造总统形象的专家

美国著名的老资格政治公关专家——罗杰·艾尔斯，为美国总统竞选人效力了二十多个春秋，美国人称之为“利用媒介塑造形象的奇才”。

1968 年，当尼克松总统同约翰逊竞争白宫宝座时，艾尔斯精心指导尼克松在一次电视竞选演讲中克服自卑心理，在赢得竞选方面取得了连尼克松也想不到的奇效。

1984 年，里根参加总统的竞选，起初公众对他的印象不佳，觉得他年龄大，又当过演员，有轻浮、年迈无力之感。但他在政治公关顾问艾尔斯的协助下，在竞选讲演时，注意配合适当的服饰、发型与姿势，表现得庄重，经验丰富，样子看上去也非常健康，努力改变了公众对他的不佳印象，结果取得了成功。

1988 年竞选，在 8 月以前，美国民主党总统候选人杜卡基斯猛烈攻击布什是里根的影子，嘲笑他没有独立的政见与主张。当时布什的形象是灰溜溜的，全美的舆论都称赞杜卡基斯，在民意测验中，布什落后杜卡基斯十多个百分点，于是布什请来了美国称之为“利用媒介塑造形象的奇才”——罗杰·艾尔斯。艾尔斯从公共关系的角度指出了布什的两个毛病：一是讲演不能引人入胜，比较呆板；二是姿态动作不美，风格不佳，缺乏独立和新颖的魅力。这些缺点导致公众觉得他摆脱不了里根的影子的印象。艾尔斯帮助布什着重纠正尖细的声音、生硬的手势和不够灵活的手臂摆的动作，并让布什讲话时要果断、自信，体现出强烈的自我表现意识，这样言谈举止才能成为千万人瞩目的中心。在 1988 年 8 月举行的共和党新奥尔良代表大会上，布什做了生动而有吸引力的接受提名讲演，这几乎成了同杜卡基斯较量的转折点。经过以后一系列的争夺，布什获得了胜利。

案例讨论

（1）你认为罗杰·艾尔斯为里根和布什策划成功的秘诀在哪里？为什么？

（2）从公关角度着眼，你以为如何才能让你成功？

关联知识

公关人员的基本素质

公共关系人员的素质，指公共关系人员在性格、品德、心理等方面的综合品质，也就是在运用各种传播媒介实施增强组织机构的生存能力和在公众心目中树立良好形象的目标过程中，所展现出来的知识、个性、作风、素养等基本品质，决定公关人员从事各项活动能力的各种内在因素的总和。

1. 性格气质

公共关系人员的性格气质是其基本素质的重要方面，性格气质指人相当稳定的个性特点，表现在人的情感、认识、语言和行动中比较稳定的动力方面的心理特征，具有恒常性和稳定性。

公共关系人员应具备什么样的性格气质呢？

（1）气质说。

公元前 5 世纪，古希腊医生希波克拉特提出“气质学”，揭示出人的体内有 4 种不同的体液，即血液、黏液、黄胆汁、黑胆汁。据各人体液的分配比例，将人的气质性格分为 4 种：胆汁质、多血质、黏液质和抑郁质。他认为：

① 胆汁质的人，热情、直率、精力旺盛，豁达开朗、勇猛坚强，但情绪易兴奋冲动，性情急躁，易发脾气、爱冲动、缺乏持久耐性。

② 多血质的人，活泼、敏感、好动，思维敏捷、感情丰富，善于交际、健谈、接受力强，但情绪缺乏稳定性，喜怒易变、兴趣广泛却难以持久，易动摇。

③ 黏液质的人，安静、稳重、沉着，言行谨慎、善于忍耐，情感不易外露，反应迟缓、固执死板、不善交际，灵活性不够。

④ 抑郁质的人，细心谨慎、执著爱思索、喜静少动、敏感多虑、韧性强，善于觉察到别人不易观察的小事物，但孤僻、忧郁，行动迟缓、疑虑重重。

从心理学的角度而言，一般认为多血质的人更适合从事公共关系工作。多血质的人具有活泼开朗、热情奔放、机智大方、兴趣广泛、善于交际等气质特征，能使自己具有较强的感染力、凝聚力，使组织领导的决策和措施能顺利地贯彻和落实，并能迅速掌握公众的意见、态度和期望，使信息得到及时反馈。这正是现代意义上的优秀公共关系人员应当具备和掌握的基本条件。

（2）神经说。

前苏联心理学家巴甫洛夫提出“神经系统学说”，把人的性格分成 4 类：

① 兴奋型。

② 活泼型。

③ 镇静型。

④ 抑郁型。

其特点与“气质说”大体相同。

（3）血型说。

近代医学根据人的血型种类，把人的性格分为以下 4 类：

① A 型，倔犟、固执、坚韧、细心。

② B 型，随和、乐观、热情、爽朗。

③ AB 型，专心、有毅力、较孤僻。

④ O 型，自信、坚定、兴趣广泛。

综上所述，人的性格并非一成不变，它主要受两大因素制约：一是先天遗传；二是后天教育、锻炼。如果说，多血质气质类型的人更适合从事公关工作，并非一概否定其他类型的人就难以胜任公关工作。事实上，在实际工作中，典型气质类型的人并不多见，多数人的性格气质是介于各种类型之中的中间类型。况且，人的性格气质并非仅仅取决于先天遗传，后天的环境、实践和教育条件，却往往能够影响甚至改变人的性格气质类型。因此，属于胆汁质、黏液质、抑郁质及 A 型、O 型、B 型的人完全能够在工作、生活实践中不断克服自身性格气质上的弱点，有意识地培养、锻炼自己的性格气质，使之适应时代的发展和职业化的要求。

优秀公关人员的性格气质应当是活泼开朗、举止文静、谈吐动听、感染力强、知识丰富、兴趣广泛、善于交际、见多识广。

2. 思想品德

思想是人的灵魂、意识的形象展现，品德则是人的品质与道德。

公共关系人员所从事的是一项塑造人类组织灵魂与形象的伟大而光荣的工作，征服公众心灵世界是其神圣的使命。而这一切成功的基础便是公关人员自身所蕴涵并显现出的高尚思想、良好品德的魅力，这也是心理学上的光环效应所使然。倘若公关人员具备这种积极、美好的光环魅力，他就能征服公众、影响组织，从而完成神圣的使命。这一神圣的光环来自于公关人员公正无私的品德，诚实严谨、恪尽职守的行为规范，廉洁自律、奉公守法的作风。具体包括以下几个方面。

（1）公正无私。

公正，指公平，一视同仁，平等相待，以公道之心对待公众，不以貌、以利、以位取人，无论尊卑，无论贵贱，均不能厚此薄彼。

无私，没有私心，不谋私利，不能因为自身及本组织利益而忽视社会公众利益，要以公道之心承担起整个社会的责任与义务，铁肩担道义、公道系心间。

《美国公共关系协会职业守则》的第11条规定："公共关系人员在向客户或雇主提供服务时，在没有充分说明情况，取得有关各方面同意的情况下，不得因这种服务与其他方面有关而接受任何其他人给予的服务费、佣金或其他报酬。"这样的规定是有针对性的，因为类似的损公肥私之行为时有发生。如某些商业公司的销售人员，不是考虑如何向消费者提供物美价廉的商品，而是考虑营业额，总是推荐价高、回扣又多的名牌产品，借机获得高额回报。又如某电器修理商，不是真心诚意地替消费者考虑如何节约，而是动辄更换大部件，借此大捞其意外之财。

（2）诚实守信。

诚实，即真诚务实，"讲实话"，不讲假话、空话、大话，不欺骗组织和公众。

守信，即恪守信誉，"言必信，行必果"。

《英国公共关系协会行为准则》的第2条规定："各会员不得有意不顾后果地散布虚假的信息，而且应注意避免不慎犯此错误。应以保证真实与准确为己任。"诚实守信是衡量公共关系人员思想品德高低的砝码。因为虽然能欺骗别人一时，但不可能欺骗别人一世，终将为此而付出沉重的代价。

（3）宽容助人。

宽容，即宽宏大量，宽厚待人，与人相处，最可贵的便是能容忍别人、善解人意，不仅要理解别人，更要容忍他人的不足、弱点。

助人，帮助别人，乐于助人是处理良好人际关系、赢得他人信赖与认同的基础与条件。

公关人员在工作中理解、宽容他人，善于接受他人，为下一步的友好交往奠定良好基础；热心助人，勇于扶危济困，善于雪中送炭，富于同情心，"老吾老以及人之老，幼吾幼以及人之幼"。

3. 心理素质

公关人员的心理素质主要指公关职业对于人的基本心理要求，主要有以下几个方面。

（1）兴趣广泛。

兴趣是人们力求认识某种事物或爱好某种活动的倾向，它直接影响人们对事物的注意、选择和态度。

公关人员的工作涉及面广，与各种不同背景、思想、性格的人交往，决定其“相关知识”面必须宽广，兴趣爱好与其工作作风、工作方法紧密相连，又将决定开展公关工作质量的高低。兴趣既能驱使人们学习公关知识、刻苦钻研公关技能，又能使人经受困难与挫折的考验而勇往直前。如果对金融业陌生又不感兴趣，就很难去银行或保险公司做好公关工作。

（2）自信力强。

法国哲学家卢梭说：“自信对于事业简直是奇迹，有了它，你的才智可以取之不尽，用之不竭。一个没有自信力的人，无论他有多大才能，也不会有成功的机会。”自信力是公共关系人员心理素质的最基本的要求，也是事业取得成功的重要基石。

公共关系人员只有牢固地树立持久的自信力，才能勇敢地面对各种艰难困苦的考验，勇于接受挑战，勇于历经挫折而永不言败，最后战胜艰难、取得成功。

（3）善于自控。

自控力是公共关系人员与内外公众密切沟通、交往的心理智能法宝，人上一百、五颜六色，各种利益、性格、思想、品质在交融碰撞，当矛盾、冲突发生时，不要急躁、冲动，既要善于控制自己的情绪、冷静思考、沉着应对，又要“宰相肚里能撑船”、“大人有大量”，不拘小节、求同存异、与人为善，谦和待人，从而营造出良好、和谐的人际关系氛围。

（4）情绪稳定。

稳定乐观的情绪，是公关人员必须具备的心理素质。

在公关工作中，公关人员始终保持稳定乐观的情绪，既能增强克服困难的自信心，又能感染公众，建立起互信、友好的协作关系，为塑造组织的良好形象奠定坚固的基础。

（5）意志坚韧。

意志是人们自觉确定目的，并据以支配和调节自身行动，克服各种困难，实现目的的心理活动。公共关系活动是一项复杂多变的智力操练，是组织与组织、人与人之间思想、心理、情感的角逐较量，组织公关目标的实现总与排除障碍、克服困难紧紧相连。公关人员应自觉地用坚韧克服脆弱，用自制力克服冲动性，用果断性克服优柔寡断和草率、马虎。只有具备坚强的意志，才能以充沛的精力和坚韧不拔的毅力去排除万难、探索前进，实现预期目标。

4．身体素质

公共关系人员的工作性质和特点要求他（她）们必经具备良好的身体素质。

（1）身体健康。

公关工作是车轮滚滚的流动性强、变化大的特殊性质的工作，要求公关人员四面出击、居无定所。健康的体魄是公关人员开展工作的先决条件，唯此才能应对千变万化的环境和繁重复杂的工作。

（2）仪表端庄。

公关工作是塑造组织良好形象的系统工程，作为主体——组织的代言人、形象大使，公关从业人员的外在仪表显得尤为重要，体形完美、长相漂亮、风度潇洒、仪表端庄是衡量一个组织公关工作的硬指标，这是公关作为形象工程的前提。国际、国内知名公关公司都有一批俊男靓女作为窗口和门面，诸多星级宾馆、大酒店、旅游公司、金融保险公司均对员工的体形、长相、仪表、风度有着明确的标准和要求。这也是公关工作的性质所使然。

（3）年富力强。

公关工作人员的年龄十分重要，直接影响着公关工作人员的身体素质、智力水平和技能技巧。

人在不同的年龄阶段，生理、心理将呈现出相应的变化和差异。青年阶段，身体健壮、精力旺盛、求知欲强、勇于进取，但经验不足、容易冲动。中年阶段，积累了一定的经验和智慧，思维发展全面，观察事物全面而深刻，是创造性思维最活跃的时期，也是工作卓有成效的关键时期。老年阶段，经验丰富、老练沉着，但思维不敏捷，易因循守旧、按部就班，难有青年时期的蓬勃朝气和中年阶段的成熟稳健、富有创造力。

公关工作并非一定要在年龄阶段上限制过多，但应遵循人的生理发展规律和工作性质的基本要求。中年人应是公关工作的骨干力量，在管理层的位置上较为合适；青年人是公关工作的生力军，收集信息、开拓市场的重任非彼莫属；老年人是公关工作的把关人、守门人，直接权衡利弊得失，善于处理社会组织与公众之间的矛盾与纠纷，调解人的角色最为恰当。一家成功的公关公司，应是老、中、青三位一体，相互配合、取长补短，开拓进取、共谋发展，追求卓越、创造完美。

实践与评价

1. 能力训练

（1）案例分析。

被辞退的杜先生

一天，杜先生被公司派去接待上海来的客户。由于是同乡，杜先生在酒席间放得很开，一会儿，几杯酒下肚，大家都出了不少汗。吃徽菜，讲究的是色香味俱全，喝酒讲究的是痛快。杜先生拿出了在公司里的哥儿们义气，“干！干！我做主”！说着说着，酒精升了上来！杜胡言乱语起来，什么我们公司酒肉当家！总经理找小姐陪酒，漂亮的妞逃不过老总的魔爪，我们也跟着沾沾光。全不顾客人的反应，嘴里的饭菜渣也随着他的话语往外喷。饭后，客人全走了，再也不理杜先生了。这笔原来要到手的生意也泡汤了。而外界传闻该公司老总好色的丑闻也使杜先生被公司辞退了。

① 你认为杜先生被辞退的原因在哪里？为什么？

② 倘若你是杜先生，应当如何接待客户呢？

（2）比较题。

① 胆汁质的人与多血质的人的区别在哪里？

② 中年人与青年人的差异在哪里？如何互补？

2. 测试题

（1）简述优秀公关人员的性格气质。

（2）企业如何选择优秀的公关人员？

（3）公关人员怎样才能做好公关工作？

3. 单元评估

表 1　单元课程评价表

单元内容　　　　学号　　　姓名　　　班级　　　时间

1. 本单元最有价值的内容是：
2. 以下问题需要进一步了解或得到指导：
3. 教师讲授的思路是否清晰？教学态度如何？
4. 教学方法对你的学习是否有帮助？
5. 你的学习计划是否完成？
6. 教学目标是否达到？
7. 对于教学有何建议？
学生签字： 组长签字： 学习委员签字： 教师签字：

表 2　基本能力测评表

单元内容　　学号　　姓名　　班级　　时间

基本能力	评价指标	测评结果（通过√，没通过×）	备注
判断能力			
管理能力			
交流能力			
创新能力			
其他			
教师评语： 教师签字：　　　　年　月　日			
成绩：		学生签字：	

表 3　单元能力测评表

单元内容　　　学号　　姓名　　班级　　时间

关键能力	评价指标	测评结果（通过√，没通过×）	备注
其他			
教师评语： 教师签字：　　　　年　月　日			
成绩：		学生签字：	

第二单元 公关与谋业

案例学习与分析

一次难忘的求职应聘

小李是某院校的应届毕业生，毕业时，他到一家海外著名的营销公司应聘，这是主考官与他的一场对话。

主考官：从你递交的简历、材料来看，你在校的成绩优秀，平时一定很用功吧？

小李：哪里，哪里。其实我主要凭运气，很多次考试就是猜到了大部分题目才得了高分，把班级里的书虫们气得够呛啊！

主考官：是吗？看来你很聪明啊！你有何特长？

小李：（拿出自己的写真照片），一点小爱好。

主考官：你的写真照得不错嘛！

小李：哪里，哪里，过奖了！

主考官：你为何来我公司，有何想法？

小李：我从报上看到的，主要想来锻炼锻炼。

主考官：我们不是招实习生，而是要实干的人。

小李：工作再辛苦我不怕，薪水多少？

主考官：工作很紧张，营销任务参与考核规范，工资主要看业绩。

小李：有没有底薪？是多少？

主考官：没有底薪，主要看业绩。

小李：我试试看吧。

主考官：请你回去等通知。

1周、2周，小李的同学吴精、万慧均被招去了，可他却始终没有被录用。

案例讨论

（1）你认为小李的应聘失误在哪里？为什么？

（2）如果是你，如何应对主考官的问题，请设计一套新的求职方案。

关联知识

一、公共关系人员的能力

知识是能力的基础与条件，但绝不能因此而相互替代。能力是知识与实践经验相结合的产物，也是现代公关人员出色完成公共关系任务的必要条件。

作为一名现代意义上的公关人员，应当具有的能力是由一系列彼此关联的技能结构所决定的。美国著名的公关学者斯科特·卡特利普、艾伦·森特和格伦·布洛姆在其经典性著作《有效公共关系》中，将公共关系工作概括为以下 10 类：写作、编辑、与新闻媒介的联络、特殊事件的组织与筹备、演讲、制作、调研、策划与咨询、培训、管理。这就说明公共关系工作对公关人员的能力要求十分高而全，为新世纪公关人员的能力要求提供了明确的目标。

综合国际、国内各知名大公司、企业等组织对公关人员的要求，我们认为公关人员应具备的能力有以下几个方面。

1. 表达能力

表达能力是指运用文字、语言、形体等方式，将自身的思想、观点、意见明确有效地传播给他人的能力。能说会写是公关工作对公关人员表达能力的最基本的要求。

表达能力是衡量一个公关人员综合素质的基本技巧，主要有 3 种形式。

（1）书面文字表达。

"擅长写作"是国外诸多组织公关部门用来衡量公关人员能力的第一职业要求。"在所有要求中，一种条件常处于第一位，那就是文字表达能力。正确地运用语法，写出易懂、具有情报价值和较强说服力的稿件，供发表和讲话使用，是公共关系人员所应具备的基本条件"。（《有效公共关系》）

公关人员的书面文字表达能力主要表现在：与新闻界联络，要写新闻稿；组织演讲活动，要写演讲稿；筹备大型活动或特殊事件，要写计划方案；参与组织管理，要写年度报告或工作总结；还要能够撰写各种涉内及涉外的公务文书。同时，要求公关人员能利用自己的丰富知识与能力给文章润色、加工，使文章规范、流畅。

（2）口头语言表达。

口头语言与书面语言虽有相通之处，但差别也很大。表情达意、叙述得当、吐字清楚、反应敏捷、符合逻辑是口头语言表达十分重要的方面。

公关人员口头语言表达能力主要体现在：出席演讲会、座谈会、商务谈判、社会交际等社交场合，需要公关人员思维敏捷、反应迅速、条理清晰、谈吐得当，能够吸引人、说服人、打动人，从而达到给人好感、赢得听众赞赏的目的。

（3）形体语言表达。

形体语言表达又称人体语言或动作表达，即通过动作、体态、表情向公众传达信息，是一种无声的语言。

形体表达往往涉及整体的利益，运用得当，能够加强和丰富所要表达的内容，收到书面语言所难以起到的效果。公关人员要用心研究人体语言，善于根据不同场合和目的，妥当运用人体语言，加强公关传播的沟通效果，并给人们留下美好难忘的印象。

表达能力的 3 种形式既相互联系，又相互区别。公关人员务必综合运用、相互配合，寻求最佳效果。

2. 社交能力

社交能力是进行交往、联络公众的能力，是衡量一个现代人能否适应开放社会的标准之一，也是公关人员广结善缘、协调四方关系、争取公众理解支持的基本条件。

一个公关人员只有具备较强的社交能力，才能在任何场合中左右逢源、伺机行事，广交朋友、受人欢迎，营造良好的人际关系氛围，收到良好的公关效果。

公关人员是组织的形象代言人，肩负着沟通协调公众、环境与社会的重任，务必学会综合运用表达能力、组织能力、应变能力和逻辑思维能力，懂得倾听、理解和赞美他人，从而吸引、影响和改变公众的思想态度，赢得理解与赞同。

社交能力既是一个人多方面能力的综合表现，又是通晓各种社交场合礼仪规范的逼真体现。公关人员所接触的对象来自五湖四海，语言、民族、民俗、宗教信仰等差异，使得自身务必懂得、通晓和遵守一定的社交礼仪，在日常生活、对外交往、各种宴会及公共场合使用和遵守恰当的礼仪规范，从而获得对方的认同、接受和赞赏。

3. 组织能力

组织能力是指人们有计划、有步骤地从事某项活动，并达到预期目标的实际操作能力。组织能力就是指策划、指挥、安排和调度的能力。

公共关系组织的每一项专题活动、各种庆典暨会议都是公关人员组织能力的充分表现。公关人员在筹备组织每一次活动时，都要做许多周密的准备与安排，这正是其出色组织能力的生动展示。公关人员实际上就是这些具体活动的组织者与领导者，除了做周密布置外，还要安排好实施步骤，精心设计每一环节的衔接，确保井井有条，以鲜明的特色给人留下深刻的印象。

4. 应变能力

应变能力是指人们在无准备情形下应对突发情况的能力。在公关活动中，出人意料的事随时都可能发生，这就要求公关人员一定要有镇定自若、机警灵敏、冷静思考、果断处理的应变能力。

应变能力包括超前应变能力和临场应变能力。

超前应变，指在组织的发展过程中，公关人员能根据组织内外发展的大趋势，未雨绸缪，及时制定预防措施，以超前意识预防灾变发生，即使当灾变降临时，也能处乱不惊，按应变计划，采取相应措施，确保顺利过关。

临场应变，指面临灾变现场的实际情况，保持清醒头脑，快速查清事发原委，善于在困境中调动一切主、客观的有利因素，化被动为主动，果断及时地采取行动，迅速摆脱困境，化险为夷，确保问题尽快妥善解决。

应变能力还体现在公关人员处于组织发展的不同时期，能及时有效地调整策略和措施，如在组织顺利发展时，公关人员能认清形势，进一步提高组织的影响力和扩张力；在组织遇到障碍时，公关人员要保持清醒的头脑，并设法及时排除障碍、消除阻力、顺利前进；在组织形象受到损害时，公关人员要寻找原因，探索解决矛盾、恢复组织良好形象的重要方法和技巧，尽快扭转不利局面；在日常公关活动中，每遇临时性或突发性问题，公关人员务必临危不惧、保持冷静，及时采取应对措施，从而保证公关活动目标的顺利实现。

5. 创新能力

创新能力是指人们创立新思想、新观念、新事物和新环境，不断满足自我实现或适应自身变化的能力，是现代经济发展的最大原动力。

公关工作，从本质上来衡量，每一次成功的策划或实施活动本身就是一次创新性的重大举措。在激烈竞争的现代社会，公关人员在开展公关活动中，只有不断地创造新颖的方法、奇特的方式，才能满足公众不断求新、求异的心理需要，从而取得公众的注意、理解和支持。

公关人员的创新能力体现在竞争中不断创新、求异，才能技高一筹、领先一步，从而达到扩大影响、树立形象、推销产品、争取公众支持合作的根本目的。这一切均依赖于公关人员勤于思考、突破常规、大胆设想、追求新颖别致，具有“语不惊人死不休”的精神气度。

重大策划、重要事项的组织，最能体现公关人员创新能力的高低；即使在公关日常工作中，如宣传、接待等工作，也要与众不同、别致独到、令人难忘，体现出创新精神。

公关工作最忌千篇一律、一味模仿，这可能导致思想的苍白、行动的迟钝与萎缩。

创新能力既是公关组织的生命力所在，也是衡量公关人员才能高低的砝码与标尺。

二、自我推销的方法与技巧

1．自我推销的方法

（1）书面自荐。

求职前，写一封求职信，是推销中非常重要的形式。求职信主要包括以下几方面。

① 本人基本情况：姓名、年龄、民族、政治面貌、籍贯、毕业学校、专业、学习成绩等。

② 实际具备的专业技术能力：双证、多证书及获得的能够证明实际专业技能的证明材料。

③ 对于工作岗位的基本要求：能够做什么等。

④ 联系方式：通信处、邮编、电话、电子信箱等。

（2）电子自荐。

在网络时代，通过电子邮件自荐的方式已经非常普遍了，既说明你所掌握的办公自动化水平，也能检验你的电脑实际操作水平。具体内容同上。

（3）口头自荐。

口头自荐即亲临现场或到用人单位，直接向求职单位、招聘人员口头陈述自己的学习、工作简历、知识结构、业务能力、学习成绩，同时及时展现自身的才华、修养、风度的过程。

（4）组织推荐。

学校根据用人单位的要求与毕业生的实际状况，以组织名义负责向用人单位推荐，对于用人单位具有较大的可靠性和权威性，此种方式是就业成功率最高的方式。

2．自我推销的技巧

（1）实事求是原则。

求真、求实，这是自我推销成功的先决条件，切忌浮夸、不诚实。

（2）讲究说话的艺术。

① 选择适当的用语。

② 充分注意对方的反应。

③ 注意语调。

④ 关注语序。

⑤ 注意语态自然。

（3）做好充分准备。

① 知己。

② 知彼。

③ 适度。

（4）学会展示。

① 实物与语言同步。

② 表情自然。

③ 辅助证明资料要充分。

实践与评价

1. 能力训练

（1）案例分析

罗娜的困惑

罗娜在学校读酒店管理学时，所学的理论较多。毕业后，在一家3星级酒店任公关人员。一天，她的上司让她一同负责2个星期后的酒店周年纪念宴会，因她尚属新手，故只需要从旁辅助，依吩咐行事即可。

2星期后，宴会在酒店最豪华的大厅举行，被邀请的嘉宾除了股东、业务上的客户之外，还有其他酒店的董事和一些高级行政人员，自然也少不了绅商巨贾。罗娜是头一次参与如此隆重盛大的场合，凭着她亲切的态度，颇受嘉宾们的赞赏。但这时她并未真正与嘉宾接触，只是给予别人初步的印象而已。

问题终于来了，一位经常租用酒店客房的客户，走近罗娜的身边，欲与她闲谈。握手、交换名片等礼节难不倒她，可是交谈之下，罗娜暗暗叫苦。该客户不知是卖弄学识，抑或是想尽量找些话题与她攀谈，由政治谈到社会，由哲学谈到人生观，根本跟酒店和商业扯不上关系，罗娜不知如何是好。搭讪一段时间后，最后借故溜开，她犯了公关的大忌。自此之后，她明白公关犹如一个万花筒，随时呈现不同的图案。只有知多识广才能拓宽与别人交谈的话题，以照顾到不同的客户。

① 这则案例说明作为一名现代意义上的公关人员必须具备优良的职业素养与知识结构，你认为罗娜失误与欠缺之处有哪些？应如何通过学习、培养来弥补？

② 请替罗娜开出解除困惑的良方。

（2）比较题。

① 超前应变能力和临场应变能力的区别在哪里？为什么？

② 在求职中，你如何综合运用3种表达能力？为什么？

2. 测试题

（1）简述公关人员的基本能力。

（2）如何做好自我介绍？如何体现你的创新能力？

（3）怎样才能获得用人单位的好评？并取得应聘的成功？

3. 单元评估

表 1　单元课程评价表

单元内容　　　　学号　　　姓名　　　班级　　　时间

1. 本单元最有价值的内容是：
2. 以下问题需要进一步了解或得到指导：
3. 教师讲授的思路是否清晰？教学态度如何？
4. 教学方法对你的学习是否有帮助？
5. 你的学习计划是否完成？
6. 教学目标是否达到？
7. 对于教学有何建议？
学生签字： 组长签字： 学习委员签字： 教师签字：

表 2　基本能力测评表

单元内容　　　学号　　　姓名　　　班级　　　时间

基本能力	评价指标	测评结果（通过√，没通过×）	备注
判断能力			
管理能力			
交流能力			
创新能力			
其他			
教师评语： 教师签字：　　年　月　日			
成绩：		学生签字：	

表 3　单元能力测评表

单元内容　　　学号　　　姓名　　　班级　　　时间

关键能力	评价指标	测评结果（通过√，没通过×）	备注
其他			
教师评语： 教师签字：　　年　月　日			
成绩：		学生签字：	

参 考 文 献

〔1〕郭惠民，居易等.《公关员》. 上海：复旦大学出版社，1999 年版.

〔2〕李安纲，杨俊著.《心解论经》. 北京：中国社会出版社，2005 年版.

〔3〕李安纲，杨俊等.《三教九经》. 北京：中国社会出版社，2005 年版.

〔4〕杨俊等.《公共关系》. 合肥：合肥工业大学出版社，2005 年版.

〔5〕杨俊等.《新型实用公共关系教程》. 北京：高等教育出版社，2008 年版.

〔6〕朱同娴，杨俊等.《公共关系原理与实务》. 北京：高等教育出版社，2008 年版.

〔7〕林友华，杨俊编著.《公关与礼仪》. 北京：高等教育出版社，2008 年版.

〔8〕方习文，杨俊等.《秘书原理》. 合肥：合肥工业大学出版社，2005 年版.

〔9〕钱立静，杨俊等.《秘书实务》. 合肥：合肥工业大学出版社，2005 年版.

〔10〕杨俊等.《公共关系》（修订本）. 合肥：合肥工业大学出版社，2007 年版.

〔11〕方铭、杨俊等.《新大学语文》. 合肥：合肥工业大学出版社，2006 年版.

〔12〕杨俊.《诚信：现代公共关系的灵魂》. 公关世界（A），2005（4）期.

〔13〕杨俊.《新思想新体系新方法》. 公关世界（A），2006（2）期.

〔14〕张为国、宫文.《评杨俊教授新著公共关系》，公关世界（A），2007（5）期.

〔15〕程思，区家林.《评新型实用公共关系教程》. 公关世界（A），2008（2）期.

〔16〕杨俊.《高举旗帜 立足安徽 和谐兴皖》. 公关世界（B），2008（4）期.

〔17〕杨俊.《致全国公关教育出版界一封公开信》. 公关世界（B），2008（4）期.

〔18〕杨俊.《和谐：现代公共关系的终极目标》. 公关世界（A），2008（5）期.

〔19〕杨俊.《高考公信力与危机公关》. 公关世界（B），2008（6）期.

〔20〕杨俊.《新时代的公共关系教学新路径》. 公关世界（B），2008（8）期.

〔21〕杨俊.《公共关系教学新探索》. 公关世界（A），2008（9）期.

〔22〕孟建，纪华强，钱海红等.《中国公共关系发展报告》. 上海：复旦大学出版社，2006 年版.

〔23〕杨俊.《说话的艺术与技巧》. 武汉：华中师范大学出版社，2006 年版.

〔24〕杨俊.《科学 人文 艺术：公共关系教学与高校人文素质教育》. 公关世界（A），2009（1）期.

〔25〕杨俊.《危机公关新探》秘书. 2009（2）期.

〔26〕杨俊.《信息化背景下的公关案例教学新探》. 公关世界（A），2009（2）期.

〔27〕杨俊.《2008，中国公关迈开坚实的脚步》. 公关世界（B），2009（2）期.

〔28〕杨俊.《2009，从“大接防”到“规定动作”，中国政府公关大手笔》. 公关世界（A），2009（3）期.

〔29〕杨俊.《新形势下召开新闻发布会的方法与技巧》. 办公室业务，2009（3）期.

〔30〕杨俊.《提升中国公关品质时不我待》. 公关世界（A），2010（1）期.

〔31〕杨俊.《新闻发言人之缺失》. 青年记者，2013，1（中）期.

〔32〕杨俊.《新媒体时代的高校新闻发言人制度建设新论》. 新闻知识，2013（6）期.

〔33〕杨俊.《网络背景下新媒体人才培养与公关专业教育》. 价值工程，2013（4）期.

后　记

2014 年，大喜大机遇的年度，从 1 月至 3 月筹划修订，到 5 月中旬正式修订出版，我将 30 多年来的教学、探索付诸实施。这首先要感谢贾瑞敏编辑，她多次的电话交流、提醒和催促，十分辛劳而喜悦啊！

本书是我出版的关于公共关系学方面的第 10 本书，我觉得是合作最愉快的一次！众所周知，公共关系学方面的书，尤其是教材，实在太多。我于 2014 年 1 月负笈北上出席全国学术研讨会间隙，在国家图书馆查阅公关书目，竟有 2889 种之多。30 多年来，公共关系在中国落户，于是在中国教育界掀起了一场举世瞩目的“革命运动”，从疑惑、疯狂、误导到理性地接受，公共关系在中国伴随着改革开放、思想解放运动而兴起、发展和逐渐完善。

中国公关教育创造了举世的辉煌，造就了一代精英，解放了一个民族的思想，实现了将西方文明与东方文明的融合，为创造和谐世界奠定了坚实的基础。

32 年的教育、教学生涯，可谓弹指一挥间。伴着公共关系的教学、研讨，我从青春走向了成熟，我一次次尝试、一次次失败、一次次成功，屡败屡战，我变得更加坚强。因为心中有公共关系，公共关系点燃了我心中的创造之火，也点亮了 10000 学子的心中圣火，我们在公关圣火的熊熊燃烧中，思想、精神均得到升华。在中国公关教育史上，我们是先驱、探路者，我们坚信：路茫茫、心依旧、步如飞、勇向前！因为我们是历史的见证者，也是历史与未来的创造者。

当然，本书也许是一个匆匆过客，我们力求引领当前公共关系实训教学的新路径，由于条件、思维和才学的不足，难免存在诸多不够完善的地方，敬请各位专家、教授和学者们批评、指正，以便下一次再版时修订完善。

目前，在国内，由于公共关系学实践教学还处于探索阶段，我们真诚地期盼与您合作，在未来的教学中提炼得更加尽善尽美，达到教育、教学的至真、至善、至仁、至美的境界。

最后，我要感谢中国公关核心期刊《公关世界》杂志的社长兼总编汪钦先生，是您的惠助、提携与无私，使我的 30 多篇公关教育教学论文在近期以最快的速度发表，在国际、国内公关界造成较大影响，从而入围 2008 年中国十大公关人物。我还要感谢安徽省公共关系学会副会长暨秘书长、安徽大学郑明珍教授，安徽省公共关系学会副会长、中国科技大学许锡文教授，安徽省著名思想政治理论教育研究专家、合肥工业大学钟玉海教授等。我要感谢我的家人，没有你们背后的无声鼓励、支持，我很难会有今日的成绩！我还要感谢网络世界的无数无名英雄，是你们的精彩案例给了我无限的启迪，也使我创作欲勃发。为了今天、未来的高等教育教学，我选用了你们的一些案例，实在寻找不到你们的详细通信地址，只能在这里表示深深的感谢！欢迎你们与我联系，共同探讨公共关系教育、教学的真谛！

我的 E-mail:yangjun4732@sohu.com；yang-jun-88@163.com

杨　俊